기독교문서선교회 (Christian Literature Center: 약칭 CLC)는 1941년 영국 콜체스터에서 켄 아담스에 의해 시작되었으며 국제 본부는 미국 필라델피아에 있습니다. 국제 CLC는 59개 나라에서 180개의 본부를 두고, 약 650여 명의 선교사들이 이동 도서차량 40대를 이용하여 문서 보급에 힘쓰고 있으며 이메일 주문을 통해 130여 국으로 책을 공급하고 있습니다. 한국 CLC는 청교도적 복음주의 신학과 신앙 서적을 출판하는 문서선교기관으로서, 한 영혼이라도 구원되길 소망하면서 주님이 오시는 그날까지 최선을 다할 것입니다.

Faith, Church and Life in Covid-19

추천사

서 정 운 박사
장로회신학대학교 명예총장

그의 말과 글이 그 사람됨을 나타낸다고 합니다. 제가 아는 박동식 목사는 한마디로 야무진 사람입니다. 단단합니다. 글이 이런 그의 특징을 증거하고 있습니다. 독자들도 동감하겠지만 다양한 분야에 대한 그의 관심과 독서와 진한 사색, 이 어려운 팬데믹 시대를 '어떻게 살아야 하는가' 하는 고민이 글에 담겨 있습니다.

사람들의 말이, 목사들의 책은 설교집이거나 그의 전공 분야에 관한 것이 대부분이라고 하는데 이 책은 다릅니다. 신학과 철학, 문학적 요소가 적당하게 비벼진 따뜻한 밥 같습니다. 잔혹한 시기에 부딪혀 힘들어하는 우리에게 주님 안에서 위안과 용기를 주는 귀한 책입니다. 많은 이가 읽고 이 같은 은혜를 누리기를 기대합니다.

이 찬 수 목사
분당우리교회 담임

이 책은 코로나19 기간에 한 신학자가 신앙과 교회와 삶에 대해 묵상한 글입니다. 일찍이 경험해 본 적 없는 시대에 무엇을 해야 할지 몰라 성도도 교회도 당황하고 있습니다. 이때 우리에게 필요한 것은 형식적 신앙이 아니라 삼위일체 하나님과 만나는 진정한 신앙일 겁니다. 교회에도 가지 못하는 이 시기에 교회가 얼마나 소중한 곳인지 다시금 깨닫는 시간이면 좋겠습니다. 그리고 우리의 신앙이 삶 속에서도 살아 있는 신앙이기를 소망합니다. 코로나19를 건너는 기간, 이 책이 도움이 될 것이라 생각하여 추천합니다.

김 도 훈 박사
장로회신학대학교 조직 신학 교수

  코로나, 떠올리기 싫은 단어이면서 떠올리지 않을 수 없는 단어가 아닌가 합니다. 이로 인해 모든 것이 변했습니다. 우리의 일상도 큰 변화를 겪고 있습니다. 이런 혼란 속에서 어떻게 생각하고 무엇에 위로받을 수 있을지 혼란스러워하는 사람이 많아졌습니다. 그리스도인들도 마찬가지입니다.

  이런 위기 속에서 그리스도인으로서 읽을 만한 좋은 책이 발간되어 매우 기쁘게 생각합니다. 이 책은 일상의 영성을 잘 이야기해 줍니다. 또한 위로와 희망을 던져 줍니다. 한 장 한 장 넘기고 있으면 마치 엄마가 아이에게 조곤조곤 건네는 이야기 느낌이 납니다. 나도 모르게 몰입되고 잔잔한 감동이 오래 남는 책입니다.

  그렇다고 내용이 가벼운 책은 결코 아닙니다. 깊은 영성과 묵상이 아니면 나오기 힘든 글들입니다. 철학과 문학과 문화가 조화롭게 어우러져 있습니다. 흔히 말하는 인문학적 성찰이 잘 녹아 있습니다. 맛있고 건강에 좋은 비빔밥 같다고 할까요.

  기독교 인문학 수업을 하면서 이런 유의 글이 나오기를 바랐는데, 마침내 박 교수님의 노력으로 귀한 글이 출판되었습니다. 반가운 마음에 기꺼이 추천해 봅니다.

김 기 석 목사
청파교회 담임

코비드19는 우리가 당연하게 생각하던 모든 것이 결코 당연하지 않다는 사실을 일깨웠다. 사람들은 당혹감과 혼란 그리고 어둠 속에서 바장인다. 어디에 마음을 두고 살아야 할까? 산다는 것은 무엇일까? 교회는 여전히 세상의 희망일 수 있나? 박동식 교수는 따뜻하고 은은한 등불 하나 밝혀 들고 이런 질문 앞에 서 있는 이들에게 말을 건네고 있다. 희망이란 그저 주어지는 것이 아니라 살아 내는 것이라고. 그는 신학 언어가 반드시 고담준론일 필요가 없음을 일깨워 준다. 밭을 갈다가 보화를 발견하는 농부처럼 그는 섬세한 관찰자가 되어 삶의 갈피를 살핀다. 그리고 그 속에 깃든 아름다움을 보여 준다. 대중가요, 다큐, 영화, 고전 작품 등 우리 삶이 스며든 모든 것을 텍스트로 삼는 것을 주저하지 않는다. 그가 조근조근 들려주는 이야기를 듣다 보면 어느새 가쁘던 숨이 가지런해지는 것을 느끼게 될 것이다. 이 책은 일상의 신학, 공적인 신학이 아름다운 이야기와 표현을 만날 때 얼마나 풍성해질 수 있는지를 보여 준다.

*Faith, Church and Life
in Covid-19*

코로나 일상 속 신앙, 교회, 삶

코로나19와 한국교회의 과제

Faith, Church, and Life in Covid-19
Written by Dong Sik Park
All rights reserved.
Korean Edition Copyright ⓒ 2021 by Christian Literature Center, Seoul, Korea

코로나 일상 속 신앙, 교회, 삶
코로나19와 한국교회의 과제

2021년 2월 19일 초판 발행

지 은 이 | 박동식

편　　집 | 박경순
디 자 인 | 김현진
펴 낸 곳 | (사)기독교문서선교회
등　　록 | 제16-25호(1980.1.18.)
주　　소 | 서울특별시 서초구 방배로 68
전　　화 | 02-586-8761~3(본사) 031-942-8761(영업부)
팩　　스 | 02-523-0131(본사) 031-942-8763(영업부)
이 메 일 | clckor@gmail.com
홈페이지 | www.clcbook.com
송금계좌 | 기업은행 073-000308-04-020 (사)기독교문서선교회
일련번호 | 2021-13

ISBN 978-89-341-2246-3 (03230)

이 책의 저작권은 저자와 (사)기독교문서선교회가 소유합니다. 신저작권법에 의하여 한국 내에서 보호받는 저작물이므로 무단 전재와 무단 복제를 금합니다.

Faith, Church and Life in Covid-19

코로나19와 한국교회의 과제

코로나 일상 속 신앙, 교회, 삶

박동식 지음

CLC

Faith, Church and Life in Covid-19

차례

추천사   1
   서정운 박사 | 장로회신학대학교 명예총장
   이찬수 목사 | 분당우리교회 담임
   김도훈 박사 | 장로회신학대학교 조직 신학 교수
   김기석 목사 | 청파교회 담임

들어가는 말   10

제1장 코로나19의 시간을 견디며   16
   한없이 고독하게, 한없이 소통하며 영원에 잇대어 있기를 소망하며!

제2장 자유로운 삶 또는 죽음?   36

제3장 봄의 침묵에서 인간의 침묵으로   56

제4장 길 위에서 스치는 만남   76

제5장 언제나 그리움 저편에 있는 고향과 가족   98

Faith, Church and Life in Covid-19

제6장 가슴 뛰는 일 하며 산다는 것	127
제7장 우리는 그러한 리더를 가질 수 없는가?	147
제8장 그럼에도 믿는 신앙	168
제9장 내일을 희망하지 않는 죄	191
제10장 포스트 코로나19 한국교회 과제 우리는 여우가 올라가도 무너질 교회를 짓고 있는가?	212
나가는 말	246

Faith, Church and Life in Covid-19

들어가는 말

박 동 식 박사

미주장로회신학대학교 조직 신학 교수

갑자기 등 어디쯤이 간지러울 때가 있습니다. 손이 닿지 않아 난감하고 막막합니다. 이럴 때 효자손이든 긴 자든 무엇이든 있으면 좋으련만 찾을 수 없어서 몸만 배배 꼬고 있습니다. 도저히 참지 못해 벽 모서리에 기대어 가려운 부분을 긁습니다. 누가 보면 난감한 몸짓일 겁니다. 더운 여름 산책할 때 냉동고에서 꺼낸 얼음 몇 알갱이를 손에 쥐고 가곤 합니다. 몇 분 지나면 손안에 있는 얼음이 스르르 녹습니다. 확실하게 손에 쥔 듯해도 손가락 사이로 빠져나가 형체도 없이 사라집니다.

코로나19가 오면서 우리의 상황이 마치 두 손이 닿지 않는 자기 등의 사각지대가 가려운 것과 마찬가지 같습니다.

어떻게 해야 이 가려움을 해소할 수 있을까요?

손에 있는 얼음이 녹아 사라지는 것을 어떻게 막을 수 있을까요?

난감합니다. 우리 자신도 교회도 무엇을 어떻게 해야 할지 몰라 난감합니다.

어찌해야 이 위기를 극복할 수 있을까요?

아니 극복이라는 단어가 가당하기나 한 걸까요?

많은 진단과 대안적 글이 여러 매체를 통해 올라옵니다. 바라기는 그 글들이 자기 입장만을 주장하며 자신과 다른 입장을 무조건 비판만 하는 자위적 글쓰기나 배설적 글쓰기가 아니면 좋겠습니다. 사람은 누구나 세상을 보는 눈, 즉 관점이 있습니다. 그 관점이 서로 다르면 반목하는 경향이 있습니다. 주어진 세상을 같은 관점으로 보아야 편하다고 생각합니다. 자신은 이렇게 보는데 다른 사람이 저렇게 보면 서로 불편해하거나 서로 미워하고 대립합니다. 함께하지 못하게 됩니다. 그렇게 한 극단에 서서 시원하게 말하는 것이 더 편하며 쉬울지도 모르겠습니다. 그러나 대안을 이야기할 때는 다른 입장이 무엇을 이야기하는지 우선 들어 보아야 합니다.

관점이라는 것은 다양합니다. 입장에 따라서 달리 보이는 것이 관점입니다. 그렇다면 우리가 코로나19 세상에 대해서도 다양한 관점을 가질 필요가 있겠습니다. 반목은 정치적 입장의 차이 혹은 자신의 자리를 지키려는 욕심 때문에 생기는 경우가 많습니다. 건강한 사회는 그런 반목이 아니라 서로 차이를 인정해 주는 배려 있는 사회일 것입니다. 투명 유리 바깥을 아무리 닦아도 안쪽의 더러운 것이 닦이는 것은 아닙니다. 두 쪽 모두 닦아야 깨끗해지듯이, 대안은 상충하는 입장을 아우를 때 나올 것입니다.

흔히들 '책 한 권만 읽은 사람이 가장 무섭다' 합니다. 그런데 더 무서운 사람이 있는 것 같습니다. 유일하게 읽은 그 책 한 권을 반복해서 읽는 사람입니다. 즉 다른 관점을 전혀 보지 않는다는 의미입니다. 사회 문화적 현상에 대해서는 다른 관점을 들을 필요가 있습니다. 다른 책을 볼 필요가 있습니다.

어떻게든 이 위기를 극복하려면 우선 이 시대를 바르게 진단하는 것이 필요합니다. 한국 사회에서는 30년 전 즈음부터 포스트모더니즘이 유행했었습니다. 유럽은 그보다 훨씬 전이었고요. 지금은 어쩌면 포스트-포스트모더니즘 시대라 할 수 있을 것 같습니다. 코로나19로 인해 포스트모더니즘의 특징인 불확실성으로 인한 예측 불가능성, 거대 담론에 대한 반발로 등장한 일상의 다양한 이야기에 대한 관심이 증폭되고 있다는 점에서, 진정한 포스트모더니즘이 이제야 전 세계적으로 시작된 것은 아닌지 모르겠습니다.

'포스트모더니즘 시대'라 쓰고 '코로나19 시대'로 읽어야 할지도 모르겠습니다. 고대, 중세, 근대, 현대, 코로나19 시대처럼 말이지요. 이는 그동안 당연시했던 사상, 교육, 일상, 환경을 코로나19로 인해 재점검하는 시기가 되었기 때문입니다.

더 나아가 코로나19 시대를 거치면서 인류 역사는 독일 철학자 칼 야스퍼스가 부른 "축의 시대"(Axial Age) 2.0의 시대로 진입할지도 모르겠습니다. 축의 시대는 'B.C. 900-B.C. 200 사이에 중국의 유교와 도교, 인도의 힌두교와 불교, 이스라엘의 유일신교, 그리스의 철학적 합리주의가 발생한 시기'입니다.[1] 그만큼 거대한 사상적, 문화적 전환의 시대라는 의미입니다.

코로나19 시대가 지금까지 인류 역사의 정신적 흐름의 토대를 형성한 이 축의 시대에 버금갈 만한 대전환의 시대라 진단해도 지나치지 않을 것입니다. 이제 철학적, 정신적, 미래 세계의 이론이 급격히 등장할 것입니다. 그동안 인류가 걸어왔던 길에 대한 근본적 재고가 분명히 있을 것입니다.

'상궤'(常軌)라는 단어는 '항상'[常], '길/바큇자국'[軌]이라는 뜻이 있습니다. 단어 뜻만 보면 '항상 길을 따라가는 것', 즉 "떳떳이 늘 좇아야 할 올바른 길"이라는 뜻입니다. 간단히 말하면, 바른길(정도, 正道)과 비슷합니다. 원래 이 세상에는 길이 없었습니다. 사람이 다니면서 길이 생기기 시작했을 것이고, 차가 다니면서 도로가 생기고, 배가 다니면서 뱃길이 생기고, 비행기가 다니면서 하늘에 길이 열렸을 겁니다.

인생에도 바른길이라는 것이 암묵적으로 형성되어 있어서 그 길로만 가면 별문제가 없었습니다. 하지만 코로나19로 인해 우리가 그동안 지켜 온 상궤가 막히는 것 같습니다. 상궤가 더 이상 상궤가 아닐 수도 있을 것 같습니다. 수정하고 공사한다고 문제가 해결될 정도로 가벼운 것이 아닌 것 같습니다. 새로운 길을 만들어야 할지도 모르겠습니다. 어쩌면 완전히 다

---

[1] 카렌 암스트롱, 『축의 시대』, 정영목 역 (교양인, 2010), 6.

른 세상이 열릴 수도 있을 테니까요.

그러면 코로나19 이후 우리 그리스도인은, 교회는 무엇을 해야 할까요? 자신의 정체성은 분명 자신의 행동을 통해 직접적으로 드러나기도 하지만 때로는 간접적 증거를 통해서도 드러납니다. 우리가 그리스도인임을 입증하는 직접적 증거는, 삼위일체 하나님을 고백하는 것이나, 교회에서 예배를 드리는 것이나, 혹은 성경책을 읽는 것일 수 있습니다. 그러나 그런 기독교적 의식이 없더라도 삶에서 그리스도인의 향기가 나타난다면 그 사람은 그리스도인임을 방증하는 것일 겁니다. 어쩌면 이 시대는 직접적으로 그리스도인임을 자처하는 사람보다 간접적으로 그리스도인임을 나타내는 이들이 더 필요한지도 모르겠습니다.

정부가 교회 예배 외에 모이지 말 것을 명령한 적이 있었습니다. 이러한 통제를 보고 교회 탄압으로 규정하는 이들이 있었습니다. 판단은 조심스럽게 해야 할 것입니다. 과한 부분도 없지는 않겠지만 한국교회에서 확진자가 많이 나왔기에 정부에서 내린 조치이지 싶습니다. 교회가 질서를 잡으려는 정부의 노력을 따라 주는 것이 교회에 대한 인식을 전환시키는 계기가 될 수도 있을 것입니다. 비판은 누구나 할 수 있습니다만 비판을 하더라도 전체 사회가 흘러가는 상황 분석은 하고 비판해야 할 것입니다. 그러지 않는 이상 그 비판은 비난이 되기 쉽습니다.

코로나19로 인해 마스크를 쓰고 다닙니다. 입과 코를 막았으니 '말하기는 더디하고' 눈과 귀는 열어 두었으니 보고 '듣는 것은 속히 하라'(약 1:19)는 의미인지도 모르겠습니다. 말하지 못하니 숨 쉬지 못하는 것처럼 답답할 수 있습니다. 그동안 말로 다른 사람에게 피해를 주는 경우가 많았는데 말조심하라는 경고로도 받을 수 있을 것 같습니다. 또한 보고 듣는 데 더 집중해야 할 것 같습니다.

코로나19 기간 동안 한 사람 한 사람에 더 집중하는 시간이 되면 좋겠습니다. 보편자로 존재하는 인간 일반이 아니라, 집합으로 존재하는 조직이 아니라, 홀로 안타까워하고 홀로 우울해하고 홀로 말할 수 없는 삶의 긴 터널을 건너고 있는 이들에게 관심을 기울이는 시간이면 좋겠습니다. 그들을 어떻게 도와줄까를 고민하는 시간이면 합니다.

우리가 창조주 하나님을 믿는다면, 지금도 역사하시는 하나님을 믿는다면, 궁극에는 역사를 완성하실 하나님을 믿는다면, 교회만 돌볼 것이 아니라 삼위일체 하나님이 창조하신 세상을, 삼위일체 하나님이 다스리시는 역사를, 삼위일체 하나님이 완성하실 전 우주를 돌보고 비전을 줄 수 있는 예언자적 목소리를 내야 할 것입니다. 바울은 '무슨 일이든 사람에게 하듯 하지 말고 마음을 다하여 주님께 하듯 하라'(골 3:23)고 권면합니다. 모든 일에 온 마음을 다해 최선을 다하라는 말씀일 것입니다.

분석 철학자인 루드비히 비트겐슈타인은 '말할 수 없는 것에 대해서는 침묵해야 한다' 했습니다. 코로나19 이후에 대해 아무것도 말할 수 없는 상황인 듯합니다. 그만큼 그 누구도 진단하기 어렵기에 그렇습니다. 하지만 어떻게든 말은 해야 할 듯합니다. '침묵하라'는 것이 단순히 말하지 말라는 수동적 의미를 넘어 참다운 말을 하라는 능동적 의미도 있을 겁니다. 실제로 침묵 속에서도 올라오는 말들이 있습니다. 자기 내면에 울려 퍼지는 소리가 있습니다. 그 소리를 조용히 들을 필요가 있습니다.

주택가 거니는 걸 좋아합니다. 고즈넉하고 안온해서 좋습니다. 사람 사는 세상 한가운데 고요함이 있다는 것이 역설적으로 좋습니다. 골프장 주변에서는 골프공을 주울 수 있고 테니스장 주변에서는 테니스공을 주울 확률이 높습니다. 그런 곳에서 농구공, 탁구공을 줍는 경우는 극히 드물 것입니다. 주택가를 거닐며 사람들 사는 세상 속에서 고요함을 주워 봅니다. 그 고요함을 묵상합니다. 묵상은 개인도 살리고 교회도 살리는 것 같습니다.

우리에게는 '지구를 들어 올릴 수 있는 긴 지렛대'나, 사람이 살 수 있는 다른 행성으로 인류를 이동시켜 줄 우주선이나, 이 땅의 모든 바이러스를 싹쓸이해 줄 알약보다도 지금을 견디고 내일의 삶을 꿈꾸게 해 줄 수 있는 소망의 작은 씨앗 하나가 더 절실히 필요한 것 같습니다. 이 글이 그러한 소망이 될 수 있기를 바랍니다. 이러한 마음을 담아 영성, 삶과 죽음, 생태, 만남, 고향과 가족, 열정, 리더, 신앙, 희망, 교회 순으로 글을 엮어 보았습니다.

코로나19가 시작되면서 LA에 있는 「기독일보」(이인규 사장)에 아래의 일곱 가지 글을 연재했습니다.

제1장 코로나19의 시간을 견디며: 한없이 고독하게, 한없이 소통하며, 영원에 잇대어 있기를 소망하며!
제2장 자유로운 삶 또는 죽음?
제3장 봄의 침묵에서 인간의 침묵으로
제6장 가슴 뛰는 일 하며 산다는 것
제7장 우리는 그러한 리더를 가질 수 없는가?
제9장 내일을 희망하지 않는 죄
제10장 포스트 코로나19 한국교회 과제: 우리는 여우가 올라가도 무너질 교회를 짓고 있는가?

다시 한번 감사함을 전합니다. 출판을 허락해 주신 기독교문서선교회(CLC) 대표 박영호 목사님과 이경옥 실장님, 편집을 진행해 주신 박경순 간사님께 감사함을 드립니다. 늘 기도로 응원해 주시는 양가 부모님과 언제나 쓴 글을 처음으로 들어 주고 조언해 주는 아내에게 감사함을 전하며, 사랑하는 딸 은유, 아들 존도 코로나19 기간을 잘 견디며 생활해 주어서 고마움을 전합니다. 이 글을 읽는 모든 분이 코로나19를 지나면서 웅숭깊은 희망의 시(詩) 하나 노래할 수 있기를 소망합니다.

2020년 12월 LA에서

Faith, Church and Life in Covid-19

제1장

코로나19의 시간을 견디며

한없이 고독하게, 한없이 소통하며
영원에 잇대어 있기를 소망하며!

1. 비정한 길을 허정허정 걸으며

비정한 길[1] (함민복)

길에 진액을 다 빼앗긴
저 바싹 마른 노인
길이 노인을 밀어내는지
노인은 걷지도 못하고
길 위에서 촘촘 튄다

어찌 보면 몸을 흔들며
자신의 몸속에 든 길을
길 위에 털어놓는 것 같다

---

[1] 함민복, 「눈물을 자르는 눈꺼풀처럼」 (창비, 2013), 18-19.

> 자신이 걸어온 길인, 몸의 발자국
> 숨을 멈추고서야
> 자신만의 길을 갈 수 있을거나
> 길은 유서
> 몸은 붓
> 자신에게마저 비정한
> 길은 짓밟히려 태어났다

시인 함민복이 그리는 '힘겹게 길을 걸어가는 노인의 모습'은 코로나19 사태를 건너는 우리 모습과 조금, 아니 많이 닮아 있는 듯합니다. 그것도 어느 한 지역이나 한 나라만이 아닌 전 지구적으로 말이지요. 세계가 허정허정하고 있습니다.

지금껏 그 어떤 것이 세계를 이렇게 휘청거리게 했을까요?

이렇게 비정하고 비틀거리는 상황을 상상이나 해 보았을까요?

역사 자료에서만 보던 대재난의 시간을 우리가 보낼 거라고는 생각도 못 했습니다.

사람들을 만나지 못하고, 직장에 가지 못하고, 교회 공동체에서 예배드리지 못하고, 서로 격리된 채 있어야 하는 이런 상황을 누가 예측했을까요?

제4차 산업혁명이다, 인공 지능(AI)이다 해도 바이러스 하나 예측하지 못하는 것이 목하 우리의 현실인 것을 목도하니 우리 인간이 얼마나 나약한 존재인지를 다시금 깨닫게 됩니다.

코로나19로 인해 우리는 우리 인생 가운데 어쩌면 단 한 번도 걸어가 보지 못한 '일상'을 비틀거리며 걸어가고 있는지도 모르겠습니다.

그 끝나는 길이 어디일지, 언제 끝날지 모른 채 걸어가야 하는 이 막연함에 일상이 흔들리곤 합니다. 그러나 이러한 시간에 우리에게 할 일이 있는 것 같습니다. 우리 각자와 교회는 이러한 상황을 어떻게 받아들여야 하고, 이러한 가운데 무엇을 해야 하는지, 그리고 어떻게 살아야 하는지를 고민하며 보내는 시간이면, 이 시간도 귀한 시간일 것 같습니다.

2. 한없이 고독하라!

　어떤 분이 이런 표현을 한 기억이 납니다. 감옥에서는 여름보다는 겨울을 지내기에 낫다고 말이죠. 왜 그런가 하니, 겨울에는 같은 감방에서 서로 붙어 지내야 덜 춥지만, 여름에는 옆에 있는 존재가 37도의 열 덩어리이기에 서로를 미워할 수밖에 없는 조건이라는 것입니다. 아무런 이유 없이 그저 존재 자체를 미워할 수밖에 없는 상황이라는 것이지요. 그건 그만큼 옆에 있는 존재와 거리 두기가 되지 않기 때문에 발생하는 본능에 따른 미움일 것입니다.

　코로나19로 인해 우리는 겨울임에도 떨어져 있어야 하는 각자의 감옥에서 사회적 거리를 두고 시간을 보내고 있는 듯합니다.

　무탈하신지요?

　될 수 있으면 사람 많은 곳에 가지 않고, 사람을 만나지 않고, 만나더라도 악수하지 않고, 마스크를 쓰고 대화합니다. 마치 악몽 같습니다. 아니 악몽을 꾸고 있는 것이면 차라리 더 좋을 것 같습니다. 악몽을 꾸다가 깨어났을 때 그것이 꿈인지 알고 안도감을 느낄 때가 있지요. 그런데 이것은 악몽이 아니라 현실입니다. 심해지면 가족끼리도 거리 두기를 하고 지내야 하는 상황이 올지도 모르겠습니다.

　거리 두기를 하고 살아야 한다면, 우리가 그동안 살아온 삶의 방식도 고려해야 할 것입니다. 더더욱 개별적인 삶을 살게 될 것입니다. 아니 이제는 온라인으로 거의 모든 것이 가능한 시대가 되었기에 몸으로 직접 만나지 않아도 살아갈 수 있는 인생이 가능한지도 모르겠습니다.

대륙 합리론 철학자 중 한 명인 라이프니츠(1646-1716)는 실체를 '단자'(單子, 모나드, monad)라 했습니다. 단자의 특징은 '창이 없다'는 것인데, 그것은 '소통 없는 닫힌 세계'를 말하기도 하지만, 소통이 필요 없을 만큼 자족적인 모습이라는 의미이기도 합니다.

이렇게 단자같이 격리된 시기를 보내는 지금 우리는 무엇을 해야 할까요? 이 시기에 '멈춤'을 생각하면 좋을 것 같습니다. 자동차 달리는 도로에는 체증이 있기 마련입니다. 그러나 그것을 견딘다는 것이 그리 쉽지만은 않습니다. 체증 없는 도로를 달리고 싶다면 다른 시간대에 운전대를 잡으면 되겠죠. 그러나 그런 시간대에는 갈 곳이 없습니다. 그러기에 체증 있는 도로에 있다면 견디는 법을 배워야 합니다. 우선 그런 상황에 갇혀 있다는 인식에서 오는 짜증을 지워 버리는 것, 좀 더 빨리 가고자 하는 운전대 잡은 손과 어깨에서 힘을 빼는 것, 조급한 마음을 가라앉히는 것 등 인내하며 브레이크를 밟는 것이 중요하겠다 싶습니다.

우리 인생의 수많은 '멈춤' 사인 앞에서는 브레이크를 밟을 필요가 있습니다. 지금이 그런 때인 것 같습니다. 강제적 멈춤일지라도 자발적으로 생각하고, 고독한 영성을 길러 보는 시간이면 좋겠습니다. 이것이 시대 저항일 것입니다.

올리비에 르모는 그의 책 『자발적 고독』에서, 자발적 고독을 추구하는 이들은 현실에 안주하는 삶을 사는 것이 아니라, '아니요'라고 말하며 자신만의 '절대적 자유'를 추구하는 이들이라고 진단합니다.[2]

자발적으로 고독하며 철저히 홀로 선 존재로 살아가면서 질문하면 좋겠습니다.

---

[2] 올리비에 르모, 『자발적 고독』, 서정희 역 (돌베개, 2019), 11.

코로나19는 왜 생겼는지?

'존재'가 무엇인지?

'인생'이 무엇인지?

'일상'이 무엇인지?

'삶과 죽음'이 무엇인지?

'가족'이란 무엇인지?

멈추어 선 듯한 달팽이가 지나간 곳에는 왜 발자국이 남아 있는지?

일상은 멈추었는데 왜 배는 그렇게 자주 고픈지?

하루 세 끼는 꼭 먹어야 하는지?

삼위일체 하나님은 코로나 사태 속에서 무얼 하고 계시는지?

신대원 동기 이 목사는 왜 자주 전화 걸어서 했던 얘기 또 하고 자기 이야기만 하는지?

인생에 답이 있기나 한 건지?

스스로 묻는 시간이면 좋겠습니다.

그렇게 많은 질문을 던졌으니 스스로 답을 찾아가야겠지요.

그렇게 한없이 고독하게 질문하고 답하며 보내는 것, 그것도 인생길을 걸어가는 것 아니겠습니까?

누구보다 우리 주 예수 그리스도께서 자발적으로 제자들과 무리와 떨어져 고독한 시간을 가지시며 기도하셨습니다. 오병이어 사건을 일으키신 후에도(마 14:23), 십자가에 달리시기 전날 밤 겟세마네 동산에서도(마 26:36) 그리하셨습니다. 우리 주님도 고독한 시간을 자발적으로 마련하여 아버지 하나님과 잇대어 있었습니다.

헨리 나우웬은 수도원에 있으면서 잊힌 존재로 살아가는 것이 한편으로는 두려웠지만, 모두가 자신을 잊고 산다 해도 그 시간에 "변함없이 신실하게 맞아 주실 하나님을 만날 기회"를 더욱 가진다면 그 시간도 복된 시간이 될 것이라 했습니다. 고독한 마음에 "하나님을 맞아들이는 특권"을 누릴 수 있다는 것이죠.[3] 변하는 것과 변하지 않는 것의 차이, 곁에 없는 것과 항상 곁에 있는 것의 차이가 사람과 하나님의 차이일 것입니다.

그러한 자발적 고독 가운데 서로 만나야 합니다. 이는 우리가 관계적 존재이기에 그렇습니다. 토머스 머튼이 이렇게 말합니다.

> 우리는 서로 얽혀 있는 존재이기에 고독은 나만의 것이 아니며 다른 이들의 고독에도 일부 책임이 있다. 낯선 인간은 존재하지 않는다.[4]

우리는 서로 고독한 존재지만 고독이라는 공통분모가 있으니 서로 압니다. 저녁노을 바라보며 홀로 서 있는 이도 자신이 던진 수많은 질문에 답하는 고독한 시간을 보내고 있을 겁니다. 질문하고 답하는 가운데 인생도 붉게 익어 가겠지요. 그렇게 고독한 존재들끼리 가슴에 붉은 노을을 담은 채 서로 만나 소통해야 할 것입니다.

3. 한없이 소통하라!

여름에는 옆에 있는 존재가 한없이 미울 수 있지만 겨울에는 한없이 필요한 존재이니, 홀로 떨어져 살 수만도 없습니다. 함께 더불어 소통하며 지내야 합니다. 고독한 가운데 소통해야 합니다. 우리는 모나드처럼 자족할 수 있는 실체가 아니기에 그렇습니다. 창이 없으면 창을 만들어야 합니다. 우리가 타자를 만들 수는 없지만 그들과 우리 사이에 창은 만들 수 있습니다.

---

3   헨리 나우웬, 『제네시 일기』, 최종훈 역 (포이에마, 2010), 97.
4   나우웬, 『제네시 일기』, 151.

이탈리아에서는 코로나19로 많은 사람들이 죽어 가고 있는 슬픈 상황에서도, 자기 집 창문을 열어 놓고 혹은 발코니에서 노래하거나 악기를 연주하는 이들이 많더군요. 그것은 자기만의 고독한 자리에서 창을 열고 세상과 소통하는 것이겠지요. 소통이 시작되면 주변의 이웃들도 자기들의 창을 열거나 발코니에 나와 함께 그 연주에 참여합니다. 분리되어 있지만 그 속에서도 음악을 통해 소통의 방법을 찾는 것이지 싶습니다. 죽음이 가까이에서 둘러싸고 있어도 살기 위한 몸부림으로 그렇게 합니다. 산 사람은 어떻게든 살아야 한다는 의미겠지요. 그 소통이 아름다워 보입니다.

코로나19 이후 노래하거나 연주하는 것이 야만일까요?

야만적이려면 공감 능력이 없어야 합니다. 그러나 이렇게 소통하고 공감한다면 그것은 야만이 아니라 낭만입니다. 서로를 위한 아픔의 눈물에도 낭만이 있습니다.

어떠신가요?

소통하고 계신가요?

전화든 인터넷이든 창문이든 열어 세상과 소통하기를 소망합니다. 소통의 매개체를 통해 연결망을 형성할 필요가 있습니다. 우리 스스로 이웃과 세상과 이어져 있음을 확인할 필요가 있습니다. 엄마의 배 속에 있는 아기도 탯줄로 엄마와 연결되어 세상과 소통하는 것이겠지요. 그렇게 연결되어 있지 않고는 홀로 살 수 없듯이 홀로만 있지 말고 연결 고리를 만들어야 합니다.

성부, 성자, 성령 삼위 하나님도 서로 소통하며 공동체를 형성하고 일체로 계시지 않습니까?

서로 잇대어 있는 것이지요. 이렇게 세상과 소통하는 모델을, 신학자들이 주장하는 것처럼, 삼위일체 하나님의 모델에서 찾으면 좋겠습니다. 서로 내어 주고, 서로 자기를 낮추고, 서로를 위해 빈자리를 만들어 주는 모습을 우리도 찾으면 좋겠습니다. 이렇게 소통하기 위해서는 타자의 존재를 전제하고 그 존재를 존중해야 합니다.

산책하다 보면 좁은 길에서 사람들과 마주칠 때가 있습니다. 저쪽에서 두 명이 오고 이쪽에서 혼자 가면 그동안 저쪽에서 오던 미국 사람 둘은 자기를 제한하는 법이 거의 없었습니다. 그런데 코로나19로 거리 두기가 시행되자 저쪽에서 오던 이들이 옆으로 피하며 자리를 내주더군요. 코로나19는 미국 사람도 겸손하게 만들어 주는 것 같습니다. 그들이 가던 걸음을 옆으로 옮기고 거리를 만들어 준다는 것은 아주 놀라운 긍정적 변화 중 하나일 것 같습니다.

언젠가는 산책길에 할아버지 할머니를 그렇게 마주쳤습니다. 내가 걸음을 옮겨 길 건너편으로 가니 "땡큐"라고 해 주시더군요. 그 상황에서 그런 말 처음 들어 봤습니다. 그분들은 상대방이 자리를 비켜 준 것에 감사함을 전한 것입니다. 그런 말 하지 않아도 되지만 감사의 말 한마디가 상대방의 기분을 좋게 만들어 주기도 합니다. 서로를 존중해 주는 모습입니다.

그런데 이렇게 소통하는 가운데 부정적 사건도 있습니다. 특별히 SNS를 통한 가짜 뉴스 소통입니다. 어디서 나왔는지도 모르는 근거 없는 가짜 뉴스가 돌아다닙니다. 그것은 "네 이웃에 대하여 거짓 증거하지 말라"는 제9계명을 어긴 것이라 할 수 있습니다. 그것은 타자를 존중하지 않을 뿐만 아니라 타자에 대한 거짓 정보를 주는 것이며, 더불어 살아가는 사회를 왜곡하는 것이기에 그렇습니다.

연결망으로 이어져 있는 사람이나 그들이 공동으로 갖는 역사를 왜곡하여 증언하는 것은 하나님이 창조하신 세상을 왜곡하는 것이기에 반드시 벌을 받아야 할 것입니다. 그것이 바로 죄인 것이지요.

이러한 부작용을 잘 극복하고 소통해야 합니다. 더불어 살아야 합니다. 그러니 홀로서기와 더불어 살기를 적절히 유지하는 것이 필요할 듯합니다. 자주 인용하는 디트리히 본회퍼 목사의 말입니다.

> 공동체 안에 있을 때에만 우리는 홀로 있을 수 있고, 또한 홀로 있을 수 있는 사람만이 공동체 안에 있을 수 있다. 이 둘은 결코 분리될 수 없다.[5]

홀로 선 자발적 고독자와 공동체는 서로 유기적 관계 속에 있어야 합니다. 공동체의 거대 담론으로 개인의 자유를 억압해서도 안 되며, 개인의 자유를 지나치게 강조하여 공동체의 공동 이익을 방해해서도 안 될 것입니다.

한없이 고독한 시간을 보냅시다. 그러면서 한없이 소통하며 삽시다. 니체가 그랬습니다.

> 만일 우리가 거울 그 자체를 관찰하고자 한다면 결국 거울에 비친 사물 이외에는 아무것도 발견하지 못한다. 우리가 사물을 잡고자 하면 우리는 결국 거울 표면 이외에는 어떤 것에도 도달하지 못한다. 이것이 인식의 가장 일반적인 역사다.[6]

니체가 말한 인식에서 거울과 사물은 분리될 수 없듯이, 고독과 소통 또한 결코 분리될 수 없습니다. 이것을 코로나19를 견디면서 배우기를 소망합니다.

이제는 조금 나아가 우리가 속한 공동체인 '교회'를 한번 보도록 하겠습니다.

---

[5] 디트리히 본회퍼, 『신도의 공동 생활』, 정지련, 손규태 역 (대한기독교서회, 2010), 83.
[6] 프리드리히 니체, 『아침놀』, 박찬국 역 (책세상, 2016), 255.

4. 바벨론 포로기 같은 현실을 견디며 나아가는 교회

코로나19로 인해 한국교회든 미국교회든 교회에서 예배드리지 못하고 있습니다. 물론 초기에 예배를 강행했던 교회도 있었지만 말입니다. 그런데 이 시기가 마치 바벨론 포로기 같아 보입니다. 바벨론의 느부갓네살 왕 때 유다에서 사로잡아 간 이들을 후대의 바사 왕 고레스가 그들의 고국으로 돌아가게 해서 성전을 건축하게 합니다.

바벨론 포로로 살아가면서 그들은 조국을 그리워하고 성전을 그리워하고 예배를 그리워했을 겁니다. 고레스의 선포로 42,360명이 예루살렘으로 돌아갑니다. 그리고 성전을 짓기 시작합니다. 그 성전의 기초를 보고 그들은 대성통곡합니다(스 3:12).

포로 생활에서 돌아와 무너진 성전을 다시금 짓는 그들의 감격이 그대로 드러난 모습입니다. 그들의 뜨거운 눈물을 우리는 충분히 공감할 수 있을 것 같습니다. 코로나19로 인해 바벨론 포로기 같은 시기를 보내면서, 교회에 모여서 드리는 예배가 온라인 예배로 바뀌었습니다. 그러나 언젠가 다시 교회에서 온 성도가 함께 예배드릴 날을 상상해 봅니다.

그 첫 예배가 얼마나 감격스러울까요. 교회에서 예배드리지 못하는 아픔을 단 한 번도 경험하지 못한 이 시대의 성도들이 그런 경험을 한 후 드리는 예배는 얼마나 은혜로울까요. 모이기를 더 사모하고 모이기에 더 힘쓸 것입니다.

그런데 처음 걷는 길이기에 삐걱거릴 때가 있습니다. 온라인으로 드리는 예배를 두고 예배니 아니니 하는 논쟁도 있었습니다. 예배는 교회에서 드려야 하는데 그러지를 않으니 논쟁이 발생한 것이지요. 거기에 따라 교회가 무엇인지에 대한 논쟁도 있었습니다.

정말로 교회란 무엇인가요?

건물인가요, 아니면 우리 자신인가요?

주일학교 때 교회는 건물이 아니라고 배웠습니다. 또 그에 따라 교회와 예배당은 다르다고 배웠죠. 예배당은 건물이지만 교회는 우리 한 사람 한 사람이라고 배웠습니다. 또 그렇게 배운 것을 우리 자녀들에게도 가르쳐 왔습니다.

그러나 지금은 이 구분이 무색할 정도입니다. 예배를 예배당에서 드린 우리의 오래된 전통 때문에 교회와 예배당을 구분하지 않고 사용합니다. 잘못되었다고 할 수도 없을 것 같습니다. 그래서 우리는 무의식중에 예배당을 교회와 분리하지 않고 같은 의미로 사용합니다. 교회를 우리 자신이라고 말하는 이들도 예배당을 교회라고 말하기 때문입니다.

예배를 예배당에서 드려야 한다는 것은 아마도 3세기 카르타고 주교였던 키프리아누스가 "교회 밖에는 구원이 없다"고 말한 데까지 거슬러 올라가야 답이 나올 것 같습니다. 이 명제는 오늘까지 그 영향력이 있는 것 같습니다. 그러나 이 말은 당시 교회 즉 예배당 밖에 이단이 득실거렸기 때문에 나온 말입니다. 그러니 교회 안에만 구원이 있다고 가르쳤어야 했을 겁니다. 그런 의미를 제대로 파악한다면 그 말도 맞는 말이지요.

하지만 교회 건물에서 예배를 드리지 못하는 상황이 도래하니 교회라는 것이 본질상 무엇인지 다시금 질문하게 됩니다. 교회는 우선 우리 자신입니다. 그렇다면 '교회 밖에는 구원이 없다'는 말은 문자의 의미 그대로 교회 건물 밖에는 구원이 없다는 의미가 아닐 것입니다. 그렇다면 이 기회에 '교회'의 정체성은 무엇인지, 본질이 무엇인지, 그리고 더 적극적이고 냉정하게 교회를 중심으로 했던 신앙 생활이 괜찮았는지, '교회 안에 정말로 구원이 있는지'를 묻고 답하면 좋겠습니다.

그럼 하나님은 교회 안에만 계시나요?

교회가 소중함에도 불구하고 하나님은 교회/예배당보다 크십니다. 그러니 교회에서도 하나님을 만날 수 있지만, 교회 밖에서도 하나님을 만날 수 있다는 의미입니다. 교회에서만 하나님을 만날 수 있다는 사람은 하나님을 교회 건물에 가두는 것과 같습니다. 마치 코끼리를 냉장고에 집어넣었다는 이들도 있듯이 말이지요.
그러나 7년 동안 성전을 건축한 솔로몬의 고백이 무엇입니까?

> 그러나 하나님, 하나님이 땅 위에 계시기를, 우리가 어찌 바라겠습니까? 저 하늘, 저 하늘 위의 하늘이라도 주님을 모시기에 부족할 텐데, 제가 지은 이 성전이야 더 말하여 무엇 하겠습니까?(왕상 8:27, 새번역)

솔로몬의 고백처럼 우리는 하나님을 우리 인간이 지은 건물 안에 가둘 수 없음을 알아야 할 것입니다.

교회에서 예배드리지 않으면 예배드리지 않은 것이라 생각하시는 분들은 교회에서 하나님을 만나기도 하겠지만, 정해진 예배 시간에 교회라는 건물 안에 있었다는 것으로 하나님을 만났고 하나님께 예배드렸다고 큰 위안을 받았는지도 모르겠습니다. 교회 가는 것으로 자신이 지은 죄를 용서받았다고 생각했는데 그런 기회를 가질 수 없으면 불안할 수 있습니다. 교회에서 하나님을 만났다면, 그리고 살아가는 모든 순간에 하나님을 만날 수 있다면, 어디서든 예배드릴 수 있는데 교회 갔다 온 것으로 하나님을 만났다고 생각하니, 교회 못 가면 기도도 못 하고 하나님도 못 만나는 것으로 착각을 하는 것은 당연하지 싶습니다.

온라인으로 예배드리면서 예배에 참여하는 사람들의 숫자가 화면에 보이니 우리는 혼자가 아님을 알게 됩니다. 매주 만나 함께 예배드리던 교회 공동체 식구가 있구나 다시금 깨닫게 됩니다. 그러니 외로워도 힘을 낼 수 있는 것 같습니다. 그런 공동체 지체들이 숫자로만 존재하지 않고 함께 신앙 생활하던 교회를 떠올릴 수 있으니 교회 공동체가 중요합니다.

부차적이지만 교회에서 예배드려야 한다는 주장을 가지고 헌금 때문이라는 이야기도 있었습니다. 그런 비판이 무엇을 의미하는지는 알겠는데,

교회 공동체가 헌금 없이 돌아가는지요.

목회자들 사례비는 어디서 나오나요?

선교비는 또 어디서 나오고요. 이 시기에 개교회는 헌금의 소중함도 깨닫게 되면 좋겠습니다.

무엇보다 우리 모두 소모적 논쟁을 피하고 다시금 교회 공동체와 자기 신앙을 돌아보는 시간이면 좋겠습니다. '교회'가 무엇인지, '참된 신앙'이 무엇인지, '참다운 그리스도인'은 어떤 모습으로 살아야 하는지, 나는 정말로 참된 그리스도인인지, 나는 그동안 교회를 다니기만 했는지, 아니면 정말로 삼위일체 하나님을 고백했는지를 고민하는 시간이었으면 합니다. 코로나19는 우리에게 본질과 진짜를 묻는 시간을 주는 것 같습니다. '때가 가까이 왔으니 회개하고 진짜인지를 물어라'고 말이죠.

이제 교회 밖 사회로 우리의 관심을 옮겨 보겠습니다.

5. 사회적 공감에 기반한 신학 패러다임의 전환

백종원이 <골목 식당>이라는 프로그램에서 식당 개선을 도와준 강원도 팥죽 할머니가 암에 걸리셨다는 소식을 듣습니다. 그 소식에 눈물을 훔치며 "세상 참 거지 같네"라는 혼잣말을 하더군요. 그 할머니는 아들을 먼저 보내고 식당도 불이 나서 힘겨운 삶을 살고 계셨던 중이었습니다. 그러던 차에 백종원을 만나 도움을 받고 식당을 다시금 시작한 지 얼마 되지 않아 그런 진단을 받은 것이지요. 그러니 백종원이 그렇게 말하는 것을 충분히 이해하게 됩니다. 할머니와 영상 통화를 하면서도 그는 자신의 얼굴을 보여 드리지 않았습니다. 고통당하신 분에게 자신의 눈물을 보여 드리는 것이 도움이 되지 않을 것이라 생각했기 때문일 겁니다.

이런 탄식과 이런 눈물이야말로 '공감' 아니겠습니까?

우리 교회가 적어도 세상에 대해 이런 공감의 눈물을 흘리면 좋겠습니다. 코로나19 사태는 그리스도인뿐만 아니라 세상과 사회적 연대를 통해 해결해야 합니다. 창조주 하나님이 세상을 창조하시고 "보시기에 좋았더라"고 하신 그 말씀을 기억한다면, 교회가 세상에 대해 어떤 자세를 지녀야 하는지는 자명한 것 같습니다. 그저 세상에 대해 구제 헌금을 보내는 것으로 주님께서 명령하신 이웃 사랑을 다한 것처럼 여기는 것은 값싼 적선밖에 되지 않을 것입니다. 교회는 더 본질적으로 공공 영역에 대해 가져야 할 신학적 교회론적 이론을 먼저 정립해야 할 것입니다.

그러나 코로나19가 시작되고 나서 일부 교회의 예배 강행은, 앞에서 교회의 소중함은 이미 언급했지만, 세상에 대한 공감이라고는 전혀 없는 맹목적 믿음이 드러내는 비상식적 행동이었다고 해도 과언이 아닐 것입니다. 이러한 모습은 지금 한국교회 신앙이 어느 정도인지를 여실히 드러낸 증거라 할 수 있습니다.

'죽으면 죽으리이다'라는 신앙은 자신은 순교자가 될지 몰라도, 그 증상을 타자에게 전염시키면, 그것은 엄연히 타자를 죽일 수도 있는 것임을 기억해야 할 것입니다. 기도하면, 예배만 잘 드리면, 하나님이 우리를 바이러스에서 지켜 주신다고 믿는 것은 참다운 신앙이 아님을 알아야 할 것입니다. 믿음이 상식적 수준만 되어도 좋을 듯합니다. 질병 전문가들이 이야기하는 것을 들어야 합니다. 병 고침에 믿음이 그들의 전문 지식 위에 있는 것이 아닙니다. 이런 모습을 보면 마치 어느 게임처럼 언제 터질지 모르는 폭탄을 교회가 안고 있는 것 같아 안절부절하게 됩니다.

교회의 바른 모습을 위해 기본 신앙의 밑바탕에 있는 신학이 바뀌어야 합니다. 세상을 속된 것으로만 여길 것이 아니라 세상과 더불어 살 줄 알아야 합니다. 그러기 위해 세상을 공부해야 합니다. 세상은 우리와 떨어져 그 어딘가에 따로 존재하는 것이 아니라 우리가 발 딛고 살아가는 이곳이지요. 우리가 함께 호흡하는 곳입니다. 내가 내쉰 날숨을 이웃이 들숨으로 받아들이고 그들이 내쉰 날숨을 우리가 들숨으로 받아들이며 살아갑니다.

우리는 그리스도인들만이 내쉰 날숨만을 골라서 들숨으로 받아들이나요?

아니죠. 어떤 경계도 없습니다. 그러면 세상 사람들과 경계선만 그으려고 할 것이 아니라 경계선을 조금씩 조금씩 지워 나가며 선한 영향력을 끼치는 교회가 되어야 할 것입니다.

다시금 예수님의 성육신을 깊이 묵상하면 좋겠습니다.

예수님은 굳이 육으로 오지 않으셔도 세상을 구원하지 못하시나요?

말씀으로 천지를 창조하신 하나님이 말씀으로 구원하지 못하시나요?

왜 굳이 인간의 몸으로 오셨나요?

주님은 이 땅에 인간으로 오시면 겪어야 할 여러 가지 고난을 생각하지 못하셨을까요?

아셨음에도 오신 것이지요. 죽음이라는 것을 겪을 것을 분명히 아셨죠. 그럼에도 세상으로 오셔서 십자가 지신 예수님을 생각하며 이 땅의 고난에 실제적으로 동참하는 교회가 되기를 소망합니다.

6. 일상의 소중함을 기억하며

코로나19로 인해 막연한 불안감 같은 것이 우리에게 도사리고 있습니다. 혹시나 내가 걸릴 수 있고 혹시나 나를 통해 다른 사람이 걸릴 수 있기에 그러한 두려움에서 완전히 자유로울 수는 없을 겁니다.

내가 걸리면 어떻게 해서든 극복할 수 있을 것 같은데, 나를 통해 다른 사람이 걸리면 얼마나 미안하고 죄책감에 시달리겠습니까.

그러한 고난의 시기에 일상의 소중함을 다시금 느낍니다. 다시금 그 소중한 일상으로 돌아가기를 소망합니다. 언젠가 온 가족이 동네 공원에 나가 시간을 보냈습니다. 해거름 질 무렵 집으로 함께 돌아올 때 느꼈던 것은 일상의 작은 행복이었습니다. 행복이 뭐 별건가요. 들숨조차 내줄 수 있는 가족과 함께 무탈하게 하루를 보내며 살아가는 것, 그것이 행복이지 싶습니다. 큰 것 이루지 못하며 필부로 살아간들 행복하지 않다고 말할 수 있을까요. 꼭 무엇인가 이루어야 행복할까요.

내가 SNS에 올리는 일상에 관한 글의 1차 독자는 아내입니다. 내가 쓰는 글을 읽으면서 때로는 서로 함께 겪은 일상이지만 자신은 자칫 흘리며 지나가는 사사로운 사건들을 남편이 글로 남겨 그런 일상을 공유하게 해주니 그것이 좋답니다. 그리고 농담으로 그것 때문에 데리고 산다고 하네요. 허걱. 일상 속에 흘러가는 모든 것은 어쩌면 기억되지 않고 사라지기도 하지만 남긴 기록은 가족의 추억이 될 수 있음을 새삼 깨닫습니다.

누구나 일상을 살아갑니다. 그런데 그 일상에 의미를 부여할 때만 그 일상이 살아 있는 삶의 요소가 되는가 봅니다. 그러기에 오늘도 그 일상의 한쪽 끝을 잡으려 손을 내밉니다.

무엇이 스쳐 지나갈까요?

우리에게 주어지는 매일매일은 누군가가 우리에게 주는 선물임에 틀림없습니다. 우리가 받은 선물은 이제 우리의 것이 되었지만, 그러나 그 선물을 준 자의 뜻이 분명히 그 속에 깃들어 있기에 그 뜻을 바르게 파악할 필요가 있습니다. 매일매일 주어지는 일상이 선물이며 은혜이기에 그 일상이 글 되게 노래 되게 해 봅시다. 그러면 이 코로나19 시간이 주는 의미도 희미하게나마 이해할 수 있을것입니다.

7. 영원에 잇대어!

비록 시대가 불안하여, 내가 들은 대로,
어려운 일이 생긴다 하더라도,
당신에게는 만사가 잘 되려면 어떻게 해야 할지를
정확하게 말해 줄 당신의 안내자들이 있다.
어떤 시대나 타당한 진리와
언제나 도움이 되는 처방을
알고 있는 사람들에게서
그들은 모든 요령을 수집해 놓았을 것이다.
당신을 위하여 이렇게 많은 사람들이 있는 한
당신은 손가락 하나 움직일 필요가 없다.
그러나 만일에 사정이 달라진다면
물론 당신도 배워야만 할 것이다.

<살아남은 자의 슬픔>이라는 시로 유명한 베르톨트 브레히트의 <당신들이 아무것도 배우려 하지 않는다고 나는 들었다>라는 시의 일부입니다.[7] 코로나19 이전의 삶과 이후의 삶, 코로나19 이전의 신학과 이후의 신학, 코로나19 이전의 교회와 이후의 교회에는 분명한 차이가 있을 겁니다. 그리고 코로나19 사태를 건너면서 인간의 삶 또한 완전히 달라질 것이기에 우리는 분명히 이 대전환의 시대를 배워야 할 것입니다.

깃발의 펄럭임을 보면 바람의 방향을 알 수 있습니다. 시대의 방향을 알기 위해, 특히나 지금의 상황을 알기 위해, 영원에 잇대어 있기를 소망합니다. 중심은 없고 펌프질만 해대는 인생이 아니라, 중심을 잡고 견고히

---

[7] 베르톨트 브레히트, 「살아남은 자의 슬픔」, 김광규 역 (한마당, 2014), 72.

가기를 소망합니다. 동시에 시대를 우리 자신과 연결해서 사고해야 할 것입니다. 태양은 동쪽에서 떠서 서쪽으로 지는 것이 아니라, 이 방에서 떠서 저 방으로 지지요. 대상 세계를 먼 곳에만 둘 것이 아니라 자신의 삶의 영역으로 끌어들일 필요도 있을 겁니다.

'이런 일이 왜 일어날까'와 같은 신정론적 질문은 주님 오시는 그날까지 제기될 것입니다. 이번에도 마찬가지였죠. 몇몇 목사들이 그 원인을 어떤 특정한 사건과 연관 지어 설교하기도 했습니다. 그러나 그런 원인-결과 답변은 설득력이 별로 없습니다.

전 세계가 고난을 받고 있으니 무엇이 그 원인이라 해야 할까요?

다만 우리 모두가 회개해야 할 것입니다. 그리고 지금은 신정론을 물을 것이 아니라 우리가 무엇을 해야 할지를 묻고 답을 찾아야 할 것입니다.

고난 중에 기도하지만 응답이 없을 때, 우리는 아삽의 시처럼 "그의 인자하심은 영원히 끝났는가, 그의 약속하심도 영구히 폐하였는가"(시 77:8)라고 묻기도 합니다. 주를 믿는 백성의 기도를 들으시고 약속하신 약속을 분명히 성취하실 하나님으로부터 아무런 반응이 없을 때 우리는 하나님의 속성을, 더 나아가서는 하나님의 존재 자체에 대해 의심하기도 합니다.

그러나 그렇게 의심했던 이들이 어디 우리뿐이겠습니까?

그럼에도 불구하고 의심 자체가 그 고난에 대한 다른 답을 가져다주지 못함을 알게 되지 않습니까?

그럴 때는 다시금 하나님께 조용히 나아가 그가 하신 말씀과 그가 베풀어 주셨던 은혜를 묵상하는 것이 더 중요할 것 같습니다. 그래서 아삽처럼 우리도 "주의 모든 일을 작은 소리로 읊조리며 주의 행사를 낮은 소리로 되뇌"(시 77:12)기를 소망합니다. 이는 역사 속에서 일하신 하나님이 우리의 삶 속에서 역사하지 않으시라는 법은 없기 때문이죠. 고난 가운데 묵묵히 영원에 잇대어 말씀에 침잠하는 우리가 되기를 소망합니다.

가끔 외줄 타는 이들의 모습을 보면 신기합니다. 우리가 걸어가는 인생길 자체도 어쩌면 외줄의 폭만큼만 필요로 하지 않을지도 모릅니다. 외줄의 폭이면 인생길을 걷기에 족할 텐데 너무나 넓은 길을 차지하려 할 때가 많습니다.

그 넓은 길을 걷다 보면 오히려 부질없는 욕망에 사로잡히지 않던가요?

그 길 자체가 자기 것인 양 걷게 되지 않던가요?

반면 외줄 위의 인생은 신중합니다. 한순간도 허튼 곳에 생각을 두지 않게 됩니다. 함부로 입을 열지 않게 됩니다. 온 힘과 정성을 다해 목표를 향해 시선을 모으고 한 발짝 한 발짝 걸어가게 됩니다. 허우적거리는 두 팔을 보세요.

누가 저 공간을 허공이라 했던가요?

두 팔 뻗어 하늘을 잡으며 균형을 잡지 않나요?

잡을 것이 저 하늘에 있는 것이지요. 오늘도 주어진 인생길, 보다 신중히 온몸과 정성을 다해 걸어가 봅시다. 그렇게 살아가 봅시다. 그러면 외줄 위에서 각(覺)하는 때가 오겠지요.

철학자이자 목회자인 달라스 윌라드의 어머니는 윌라드가 2살 되는 해에 남편이 운전하는 차 뒤 건초더미에 타고 가다가 떨어져 탈장된 후 돌아가셨습니다. 죽기 직전 남편에게 "여보, 아이들에게 늘 영원을 보여 주세요"라는 말을 남겼다 합니다.[8] 돌아가시면서 저런 말을 남기다니 어머니의 평소 신앙이 얼마나 깊고 간절했을지 짐작할 수 있을 것 같습니다.

그런데 영원은 어떻게 아이들에게 보여 줄 수 있나요?

시간 안에 있는 자가 어떻게 영원을 보여 줄 수 있을까요?

윌라드의 어머니는 그런 철학적 질문과 그에 따른 철학적 답변을 원했던 것은 아닐 것입니다. 아이들이 하나님을 만날 수 있도록 잘 길러 달라

---

[8] 게리 문, 『달라스 윌라드』, 윤종석 역 (복있는사람, 2020), 53.

는 의미일 것입니다.

영원을 사모해야 합니다. 영원에 잇대어 있어야 합니다. 그런데 그것이 우리 힘으로 되지는 않는 것 같습니다. 날마다 영원을 보기 위해서는, 영원에 잇대어 있기 위해서는 삼위일체 하나님을 만나야 합니다. 영원 자체로 계시는 하나님을 만나면 하나님이 각자에게 영원을 보여 주실 것입니다. 그러면 유한한 시간 세계에 살지만 영원한 세계에 이미 사는 자일 것입니다.

코로나19를 건너며 한없이 고독하게, 한없이 소통하며, 영원에 잇대어 있기를 소망합니다.

Faith, Church and Life in Covid-19

제2장

자유로운 삶 또는 죽음?

1. 자유로운 삶 또는 죽음?

「미주중앙일보」 보도에 따르면, 2020년 4월 17일 헌팅턴비치에 100여 명이 모여 "자유로운 삶 또는 죽음" 등의 문구가 적힌 피켓을 들고 코로나19로 인한 자택 대피령을 이제는 끝낼 것을 요구했다고 합니다.[1] 그런데 그들이 요구한 표현인 "자유로운 삶 또는 죽음"은 좀 생각해 볼 필요가 있을 것 같습니다. 인터넷에 이 시위를 검색해 보니 "give me freedom or give me death"라는, 우리에게도 다소 익숙한 "자유를 달라 그렇지 않으면 죽음을 달라"라는 표현이더군요. 이 유명한 구호는 1775년 당시 버지니아 의회 의원이었던 패트릭 헨리(Patrick Henry)가 영국으로부터 독립하기를 원하면서 한 연설의 일부였다 합니다.[2]

「미주중앙일보」가 원래의 의미를 다소 어색하게(?) 번역한 "자유로운 삶 또는 죽음", 이 문구가 '우리는 자유인이기에 자신의 삶과 죽음 또한 자유롭게 선택할 수 있어야 한다'는 요구로도 들립니다.

---

[1] http://www.koreadaily.com/news/read.asp?page=1&branch=LA&source=LA&category=&art_id=8228804
[2] https://en.wikipedia.org/wiki/Give_me_liberty,_or_give_me_death!

일견 맞는 말 같기도 하지만 삶과 죽음이 그렇게 선택의 문제로 볼 수 있을까요?

사실 우리 존재는 우리가 선택하기 이전에 주어진 것이지요. 우리가 우리 삶을 선택하지 않았지요. 죽음 또한 선택의 문제가 아니라 주어지는 것일 겁니다. 죽음을 스스로 선택할 수는 있지만 그렇다고 죽지 않는 것을 선택할 수는 없기 때문이지요. 그렇다면 삶과 죽음은 자유롭게 선택 '만' 할 수 있는 것이 아님을 알게 됩니다.

운전하고 가는데 다람쥐 한 마리 갑자기 나타나 도로를 가로질러 갑니다. 다람쥐가 저 정도 속도로 가고 내가 이 정도 속도로 가면 사고가 날 것 같은데, 더군다나 다람쥐가 중간에 잠깐 멈춰 섭니다. 내 마음이 다급해졌습니다. 브레이크를 밟으면서 입과 동시에 손으로 휘저으면서 "빨리 건너가!" 외쳤습니다.

엉뚱한 생각을 해 봅니다. 다람쥐가 길을 빨리 건너가는 것은 본능적으로 죽지 않기 위해서이겠지만, 길 중간에 서는 것을 보면 죽음이 무엇인지 잘 모르는지, 아니면 지금 상황이 어떤지 잘 모르는 것 같다는 생각도 하게 됩니다. 다람쥐나 다른 동물과 달리 우리 인간은 '죽음이란 무엇인가' 질문할 수 있는 존재입니다. 그러기에 질문해야 합니다.

코로나19로 인해 너무 많이 죽어 갑니다. 전 세계적으로 2020년 12월 1일 현재 140만여 명이 죽어 가고, 미국에서만 27만여 명이 목숨을 잃었습니다.

어떻게 이렇게 죽어 가는 이들이 많을까요?

죽은 이들이 계속해서 늘어나는데 생명을 숫자로 표기하는 것이 아주 불편하기도 합니다.

어디까지일까요?

언제까지일까요?

언제까지 이렇게 치료제를 만들어 내지 못하고 죽어 가야 하나요?

또 그렇게 죽어 가는 생명을 구하기 위해 의사들과 간호사들이 너무 고생합니다. 그들 중 2차 감염으로 죽어 가는 이들도 있습니다. 너무 많은 사람들이 죽어 가고 있고, 의료 시설은 환자와 죽은 자들을 감당하기에 턱없이 부족합니다. 더군다나 이 총체적 극한 상황에 너무 오래 있다 보니 자신도 감염에 걸려 극단적 선택을 한 분도 있다는 뉴스를 접하게 됩니다.

그들의 죽음은 무엇인가요?

그들 중 마스크도 없이 환자들을 치료하는 이들도 있었습니다.

무엇인가요?

그들에게는 자유로운 삶의 선택권이 없었던 것인가요?

이렇게 보면 "자유로운 삶 또는 죽음"이라는 시위 문구가 무엇을 말하는지는 충분히 알겠는데 너무나도 무책임하게 들립니다.

자신의 자유로운 삶은 좋은데 혹시나 그 자유로운 삶으로 인해 타자에게 죽음의 그림자를 드리운다는 생각은 안 하는지요?

그리고 타자에게 드리운 그 죽음의 그림자는 누가 거두나요?

자유로운 삶을 선택한 그 자신이 거두나요?

그 죽음의 그림자를 거두기 위해 가족도 몇 달씩 보지 못하고 목숨 다해 애쓰는 의료진들이 그 수고를 또 하지 않나요?

이쯤 되면 생각이라는 걸 해야 합니다. 자신의 자유가 타자에게 아픔을 주는 것이라면 그런 자유는 자유가 아니지요. 방종도 아닙니다. 바로 '죄'일 것입니다. 그런 자유는 패트릭 헨리가 원래 말하고자 했던 의도를 왜곡하는 것임에도 틀림없을 겁니다.

2. 죽음을 향한 존재

우리가 코로나19 이후 집에 머무는 것은 자신의 안전을 위해서이기도 하지만 죽음을 퍼트리지 않기 위함도 있습니다. 이런 때에 '존재'를 다시금 생각합니다. '있음'을 생각합니다. 그러기에 함께 따라오는 '없음', 즉 '무'(無) 또한 생각합니다. 없다가 있는 것은 '기쁨'이지만, 있다가 없는 것은 '슬픔'입니다. 없어지면 할 수 없는 것이 너무나 많기에 그럴 것입니다. 있다는 것에 더욱이 감사할 뿐입니다. 언제까지 그렇게 이 땅에 있을 것인지 우리는 알 수 없습니다. 언젠가는 없어지겠지요. 없어진 후에는 이 땅에서 할 수 있는 일이 아무것도 없겠죠. 그것 참 아련하지 않을까요. 그러니 '지금'이 중요합니다. 비존재가 되면 이 땅에서는 아무것도 아니게 될 터이니 인생이 얼마나 덧없겠습니까.

그런데 그 죽음이 우리에게 멀리 있는 것이 아니라 생각보다 가까이 있음을 이 코로나19로 인해 다시금 깨닫게 됩니다. 실존주의 철학자 마르틴 하이데거가 『보헤미아 출신의 농부』라는 책에서 인용한 문장이 우리의 심장을 멍하게 합니다.

> 인간은 태어나자마자 이미 죽기에는 충분히 늙어 있다.[3]

이 말은 받아들이기에 슬픈 말이지만 죽음은 저 멀리 있는 것이 아니라 늘 우리 곁에 있음을 말해 줍니다. 하이데거의 "죽음을 향한 존재"라는 표현은 우리가 매일 살아가는 것이 사실은 죽음을 향해 한 발 더 내딛는 그런 의미일 것입니다. 그것도 태어나자마자 죽음이 전방위적으로 곁에 있음을 의미합니다.

---

3   마르틴 하이데거, 『존재와 시간』, 이기상 역 (까치, 1998), 329 재인용.

죽음을 앞둔 인간의 모습은 어떨까요?
그것도 어느 날 만나 함께 가정을 이루다가 이제는 떠나보내야 하는 분들의 심정은 어떨까요?
김광석이 부른 <어느 60대 노부부 이야기> 가사의 일부분입니다.

> 세월은 그렇게 흘러 여기까지 왔는데
> 인생은 그렇게 흘러 황혼에 기우는데
> 다시 못 올 그 먼 길을 어찌 혼자 가려 하오
> 여기 날 홀로 두고 여보 왜 한마디 말이 없소
> 여보 안녕히 잘 가시게 여보 안녕히 잘 가시게

인생은 사실 누구에게나 외로운 법입니다. 떠나 봐야 이별의 아픔을 알겠지만 아픔 없이는 인생의 성숙 또한 없겠지요. 사람 사는 세상, 이별은 늘 언제나 그렇게 아린 법이지만, 인생의 가장 먼 이별을 눈앞에 둔 이들의 마음은 더 아릴 것 같습니다. 더 사랑하지 못했기에 만시지탄(晚時之歎)인 경우가 많은 법이지만 어쩔 수 없을 때가 올 것입니다. 후회도 사랑도 그 어떤 것도 자신의 의지대로 무얼 어찌할 수 없을 그날이 올 것입니다.
이 세상 내 의지대로 살아왔다고 큰소리치기도 하지만 내 의지대로 더 이상은 살 수 없는 그날이 온다는 말이겠지요.
그날에 우리는 무어라 작별 인사할까요?
자신이 먼저 떠날 때, 아니면 사랑하는 이를 먼저 떠나보낼 때, 우리도 아마도 이런 비슷한 말을 할 것 같습니다.
"나와 살아 줘서 고마워. 그 나라에서 만나."
우리는 이 마지막 한마디 말을 하기 위해 오늘도 주어진 인생을 살아가는지도 모르겠습니다.

다큐멘터리 영화 <오래된 인력거>를 연출한 이성규 감독이 2013년 간암 말기 판정을 받고 병실에서 어느 신문사와 한 인터뷰에서 "제일 힘든 게 무엇이냐고 물으면, '잊혀진다는 것'이에요"라고 답한다고 합니다. 사람이 사람에게서 잊힌다는 것, 그것이 죽음의 의미일 것입니다. 슬픈 이야기입니다. 그는 또 이렇게 덧붙입니다.

> 허락된 시간이 그런대로 충분한 줄 알았어요. 그러나 아니네요. 내가 살아갈 하루의 숫자가 줄어든 기분. 아직은 훌쩍훌쩍 울곤 합니다만, 임종이란 현실을 받아들이고 있습니다. 인간에게 죽음이 두려운 건, 죽음 그 자체가 아니라 죽음의 과정일 겁니다. 죽음의 과정이 내게 축제일 수 있게 도와주세요. 나는 축제 현장에서 놀고 있어요. 재미나게 놀고 싶어요. 그리고 '안녕'이라 님들에게 인사하고 싶어요.[4]

이성규 감독은 잊히는 것으로 죽음의 과정을 견디기 힘들어 했습니다. 그러나 그 죽음의 과정에 대한 의미를 새롭게 바꿉니다. 슬픔이 아닌 '축제'로 말입니다. 이것이 어디 쉽겠습니까마는 그렇게 죽음에 대한 의미를 바꾸면 죽음을 받아들이는 태도도 달라질 것입니다. 모두가 가는 그 길을 축제의 장으로 만든다면 그 마지막 가는 인생길이 좀 편하지 않을까 생각해 봅니다. 이 땅에 살아가는 모든 이는 예외 없이 그 길로 가기에 죽음이 축제의 장이 될 수 있기를 또한 소망해 봅니다.

---

[4] http://hani.co.kr/arti/culture/movie/615276.html?_fr=mt2

3. 늙어 가는 것이 아니라 익어 가는 삶

'안경이 코끝에 걸려 있는 것'을 전문 용어로 '노안'이라 칭합니다. '그녀의 자전거가 내 가슴속으로 들어온' 것이 아니라 노안이 코끝에 찾아왔습니다. '평안'이 찾아와도 시원찮을 판에 '노안'이 엄습했습니다. 허리띠가 배 밑으로 내려간 지 오래되었습니다. 중고등학교 때 그런 모습으로 다니시는 선생님들을 이해 못 했습니다. '어떻게 혁대가 허리 아래에 있을 수 있지' 궁금했는데, 막상 당해 보니 헛웃음만 나옵니다.

요즈음 앉고 일어설 때 저도 모르게 입에서 "아야야~" 소리가 납니다. 어릴 때 어른들이 내던 그 소리를 이제 내가 내고 있습니다. 그런데 이것은 의지적으로 내는 소리가 아니라 그냥 자동 반사적으로 입에서 터져 나오는 소리입니다. '벌써 이렇게 되었나'라고 생각해 보지만 인생이 그런 것이겠지요. 하지만 살아 있기에 또 그렇게 살아갑니다. 풀이 얽혀 있는데 자라듯, 조그만 틈만 있어도 자라듯, 인생은 또 그만큼 자라며 그렇게 흘러가나 봅니다.

허리가 굽으신 할머니 한 분이 지팡이 하나에 의지한 채 횡단보도를 건너십니다. 마치 지금껏 살아오시면서 지신 인생의 모든 무거운 짐을 여전히 지고 가시는 듯, 슬로비디오 한 장면처럼 힘겹게 느리게 걸어가십니다. 한 걸음 한 걸음 내딛으실 때마다 삶의 고단이 묻어나는 듯합니다. 그 모습을 신호를 기다리며 차에서 보고 있는 내 마음이 급합니다.

'저렇게 걸으시다가 시간 내에 건너지 못하시면 어떡하나?'

걱정이 앞섭니다. 할머니의 고단한 인생을 아는 듯 신호등도 잠시 호흡을 멈춘 듯합니다. 아니 온 세계가 할머니의 그 경건한(?) 걸음을 마음속으로 애태우며 응원하는 듯합니다. 그렇게 겨우겨우 그 길 건너시자마자 신호등 불빛이 바뀌네요. 휴, 다행입니다. 할머니 인생길, 이만큼만이라도 아무 일 없으셨으면 합니다.

할아버지 한 분 버스를 기다리시면서 어깨 운동을 하십니다. 힘껏 올리시는 어깨가 안쓰럽습니다. 모두가 거쳐야 할 미래겠죠. 우리 인간은 언젠가는 온 힘을 다해 마지막으로 호흡 한 번 할 날이 올 것입니다.
영화 <은교>에 나오는 대사입니다.

너희 젊음이 너희 노력으로 얻은 상이 아니듯이, 내 늙음도 내 잘못으로 받은 벌이 아니다.

시인 로스케의 이 말은, 인생은 '주어진 것'이라는 혹은 '어쩔 수 없이 흘러가는 것'이라는 늙은이의 항변 같지만, 그 속에는 존재에 대한 진리의 한 조각이 들어 있는 것 같습니다.
최근 임영웅이라는 트로트 가수가 다시 불러서 알게 된 노사연의 <바램>이라는 곡이 있습니다. <존재의 이유>와 <사랑을 위하여>라는 곡으로 유명한 가수 김종환이 작사 작곡을 했더군요. 가사가 참 좋습니다.

> 내 손에 잡은 것이 많아서 손이 아픕니다
> 등에 짊어진 삶의 무게가 온몸을 아프게 하고
> 매일 해결해야 하는 일 땜에 내 시간도 없이 살다가
> 평생 바쁘게 걸어왔으니 다리도 아픕니다
> 내가 힘들고 외로워질 때 내 얘길 조금만 들어 준다면
> 어느 날 갑자기 세월의 한복판에 덩그러니 혼자 있진 않겠죠
> 큰 것도 아니고 아주 작은 한마디 지친 나를 안아 주면서
> 사랑한다 정말 사랑한다는 그 말을 해 준다면
> 나는 사막을 걷는다 해도 꽃길이라 생각할 겁니다
> 우린 늙어 가는 것이 아니라 조금씩 익어 가는 겁니다
> 저 높은 곳에 함께 가야 할 사람 그대뿐입니다

때로는 인생살이 힘겨울 때 누군가 함께해 준다면 그것으로 힘을 얻을 때가 많습니다. 그것은 우리가 살아가는 삶의 모습이 거의 비슷하기 때문일 겁니다. 돈이 많든 적든, 어느 나라에서 살든, 어떤 정치적 성향을 지니고 살아가든, 이 땅에 살아가는 이들의 기본적인 모습은 비슷할 것입니다. 그렇게 우리는 늙어 갑니다. 그런데 가사에 보니 우리는 '늙어 가는 것이 아니라 조금씩 익어 간다'고 합니다. '늙어 가는 것'과 '익어 가는 것'은 같은 현상에 대한 다른 표현입니다. 기왕이면 모두가 표현할 수 있는 것 아닌 표현을 찾아도 괜찮을 것 같습니다.

니코스 카잔차키스의 『그리스인 조르바』에서 조르바는 "사물을 제대로 보고 생각하려면 나 남 없이 나이 처먹어 분별이 좀 생기고 이빨도 좀 빠져야 합니다"[5]라고 합니다. 다소 거친 듯한 표현이지만, 나이 들어 몸의 여기저기가 고장이 나고 젊은 시절에는 이러지 않았는데 생각할 때에야 세상이 그나마 제대로 보이나 봅니다. 젊은 시절에 보지 못하던 것을 나이 들어 보면 보일 때가 있습니다. 살아 봐야 보이는 것이 있습니다. 아무리 책을 많이 읽고 똑똑하고 천재라 할지라도 그 나이가 되지 못하면 깨닫지 못하는 것이 있습니다. 그러니 인생은 늙어 가는 것이 아니라 익어 가는 것일 겁니다.

100세 시대입니다. 죽음을 향한 존재이지만 고령화 사회가 되어 가는 세상 속에서 우리 인생을 나이로 정해 놓고 살지 않아야 할 것입니다. 삶은 다양합니다. 다양한 삶 속에 치열하게 살아가는 이들이 많습니다. 나이가 들어도 할 일이 있다는 건 좋은 것이겠지요. 배워야 합니다. 손발을 움직이고 두뇌를 사용해야 합니다.

인생은 누군가의 시선으로 살아가는 것이 아니라 자신을 이 땅에 존재하게 하신 그 누군가의 뜻대로 그리고 자기의 속 자아가 진정으로 원하는

---

[5] 니코스 카잔차키스, 『그리스인 조르바』, 이윤기 역 (열린책들, 2009), 34.

삶을 사는 것이 중요할 것입니다. 언젠가는 죽음이라는 단어를 직접 경험하겠지만 삶의 의미를 제대로 고민하고 알아 가는 것보다 더 행복한 것은 없을 것 같습니다.

'아, 생(生)이여!'

4. 소중한 목숨

아시아나항공의 비행기 한 대가 2019년 7월 8일 뉴욕에서 인천으로 가던 중 앵커리지공항에 비상 착륙했습니다. 사연은 이러했습니다.

> 미국에 거주하는 최 모 양(8세)이 엄마와 함께 아시아나항공을 이용해 한국으로 가던 중 갑자기 고열과 복통에 시달렸습니다. 탑승했던 의사의 소견에 따라 병원으로 이송해야 하는 결정이 났습니다. 기장은 당시 470여 명이나 되는 승객들의 동의를 얻어 앵커리지공항에 비상 착륙했습니다. 뉴욕에서 출발 후 1시간 30분이 지났기에 안전한 착륙을 위해서는 15톤이나 되는 연료를 소진해야 했다고 합니다. 다행히 최 양은 병원으로 이송되어 위기를 넘겼습니다.[6]

항공사의 이러한 조치는 경제적 수치로 따지면 상당한 비용을 지불한 일일 겁니다. 그렇지만 돈과 생명 중 생명을 선택한 아주 귀한 결정이라 생각합니다. 그 비용을 지불하고 한 생명을 구한 항공사에 박수와 함께 감사의 말을 전하고 싶습니다. 생명은 소중합니다. 생명은 그 어떤 비용으로도 등치될 수 없습니다.

---

[6] https://news.v.daum.net/v/20190806090045803?d=y

수백억, 수천억을 준다 해도 한 생명을 바꿀 부모가 어디 있겠습니까?
몸에 붙어 있는 것 중 잘라 내도 무방한 것들이 있습니다. 머리카락, 손톱, 발톱, 수염 등이 있겠지요. 그러나 자르면 안 되는 것이 있습니다. 그것은 바로 목숨입니다. 하나뿐이기에 그렇습니다. 자르면 재생하지 못하기에 그렇습니다. 그러니 목숨이 소중합니다.
코로나19로 사회적 거리를 두고 살아가는 이유는 우리의 목숨을 유지하기 위해서입니다. 나의 목숨도 소중하지만 상대방의 목숨도 소중하기에 그렇습니다. 타자의 목숨과 상관없이 자신의 목숨을 유지하는 것은 쉽지 않습니다. 목숨이 연결되어 있기에 그렇습니다. 우리의 생명을 연속시키기 위해 우리는 이 모든 불편함을 참고 살아가는 것일 겁니다. 목숨이 가장 소중하기에 그렇습니다. 죽음을 멀리하고 싶어서 그렇습니다. 살고 싶어서 그렇습니다. 그러기 위해 운동도 합니다. 코로나19를 이겨 모두 살아남기를 바라는 마음입니다. 이제 생존의 안부를 물어야 하는지도 모르겠습니다.
면도하다 피가 아주 조금 났습니다. 그것도 전기 면도기로 했는데 말이죠. 물로 씻는데 따갑습니다. 저렇게 피가 조금 나는데도 물이 닿으니 따가움을 느낍니다. 몸이 신기합니다. 따갑다는 의식을 하게 해서 나의 관심을 유도합니다. 거울을 보게 합니다. 아픈 부위를 드러나게 해서 자기 몸의 주인에게 그곳을 돌보라고 하는 것 같습니다.
우리는 그렇게 생존해 왔을 겁니다. 인류 역사는 그렇게 아픈 부위들을 치료하며 세대를 거듭해 온 것이겠지요. 삶의 역사, 생명 연장의 역사 말입니다.
LA에서 산책하다 보면 곳곳에서 도마뱀을 만납니다. 어느 날 길을 걷는데 도마뱀 한 마리가 길 중간에 떡 하니 배를 깔고 엎드려 있습니다. 보통 사람이 다가오면 미리 몸을 피하는데 낮잠을 자는지 그냥 가만히 있습니다. 다음 발걸음이 땅을 디디면 곧 도마뱀을 밟을 것 같은데도 가만히 있습니다. 급기야 그 짧은 순간에 어느 쪽으로 발을 움직여야 할지 선택하고 그 방향으로 발을 움직이는데 도마뱀이 나와 같은 방향으로 몸을 피합니다. 그사이에 나는 또 한 번 발을 움직여 가까스로 다행히 도마뱀을 비켜 갔습니다. 그야말로 한 생명을 죽이지 않기 위해서 우스꽝스러운 걸음을 걸었던 것이지요. 누가 뒤에서 봤으면 왜 저러나 했을 겁니다.

100세 학자로 여전히 글을 쓰고 계시는 김형석 교수님이 언젠가 98세 노인에게 세배하면서 '백수하시기 바랍니다'라고 인사드렸더니 덕담을 하지 않으시더라는 겁니다. 이유를 몰랐는데 알고 보니 백수(白壽)가 99세를 칭하는 말이니 1년만 더 살라는 말로 들렸을 거라는 것이지요. 거의 100세를 살아도 더 살려는 마음에는 끝이 없나 봅니다.[7] 살아 있기에 더 살려는 마음이 있을 겁니다.

5. 어쩔 수 없이 오는 그날을 준비하며

시인이자 작곡가인 백창우가 노랫말을 쓰고 곡을 붙인 <내 하나의 사람은 가고>란 노래가 있습니다. 임희숙 씨가 오래전에 부르고 최근에 여러 후배 가수들이 다시 불러 알려진 곡이지요. 가사도 곡도 너무 좋은데 가사를 보면 가슴을 후빕니다.

> 너를 보내는 들판에 마른 바람이 슬프고
> 내가 돌아선 하늘엔 살빛 낮달이 슬퍼라
> 오래도록 잊었던 눈물이 솟고
> 등이 휠 것 같은 삶의 무게여

---

[7] 김형석, 『행복 예습』(Denstory, 2018), 21.

가거라 사람아 세월을 따라
모두가 걸어가는 쓸쓸한 그 길로
이젠 그 누가 있어 이 외로움을 견디며 살까
이젠 그 누가 있어 이 가슴 지키며 살까
아! 저 하늘에 구름이나 될까
너 있는 그 먼 땅을 찾아 나설까
사람아 사람아 내 하나의 사람아
이 늦은 참회를 너는 아는지

  사랑하는 사람을 떠나보내는 슬픈 마음을 추스르는 것은 쉽지 않을 것입니다. 자신과 관계하는 존재를 떠나보내는 것도 가슴 아픈데 특히나 사랑하는 이가 먼저 떠나면 그 아픔은 이루 말할 수 없을 것입니다. 그 누구나 예외 없이 "모두가 걸어가는 쓸쓸한 그 길로" 갈 것입니다. 그러나 떠나보내는 자는 외롭습니다. 쓸쓸합니다.
  그 허전함을 어떻게 견디며 살겠습니까?
  그를 찾아 나설 수도 없습니다.
  가사에도 있듯이, 구름이 되면 만날 수 있습니까?
  바람이 되면 찾아갈 수 있습니까?
  그러니 그 헤어짐의 쓸쓸함을 미리 마음으로나마 준비할 필요가 있는 것 같습니다. 죽음을 미리 준비할 필요가 있을 겁니다.
  야구 선수가 타석에 들어서기 전 혹은 타석에 들어서서도 투수가 던지기 전 한두 번 스윙을 합니다. 그런데 그것을 헛스윙이라고 하지는 않습니다. 투수가 던지는 공을 치지 못하면 헛스윙이지만 그전에 하는 것은 공을 제대로 치기 위한 연습입니다. 그 연습이 의미가 없는 것이 아닙니다. 실전을 위해 정말로 중요하기 때문이지요.

우리도 죽음을 준비하는 연습이 필요한지도 모르겠습니다. 어쩔 수 없이 죽음을 맞이해야만 하는 날이 올 것입니다. 어쩔 수 없이 마지막 인사를 해야 하는 날이 올 것입니다. 그날을 잘 맞이하기 위해 준비할 필요가 있습니다.

그런데 코로나19로 죽어 가는 가족들과 작별 인사도 제대로 못 하는 이들이 너무나도 많습니다.

이렇게 생을 마감하면 얼마나 슬프겠습니까?

죽어도 장례 절차를 제대로 밟지 못하는 실정입니다. 시신이 너무 많아 병원에서 감당할 수가 없습니다. 그래서 냉동차에 보관하기도 하고 어느 섬에 매장하기도 하더군요. 가족들의 작별 인사도 없이 말이죠.

장로회신학대학교 선교학을 가르치시는 박보경 교수님도 코로나19로 인해 사랑하는 큰언니를 잃은 슬픔을 겪으셨습니다. 대구에서 가족들과 함께 있다가 교수님이 감기 증세로 자가 격리를 하던 상태였고 큰 언니도 감기 증상이 점점 심해지자 검사를 받았는데 확진자가 되었다는 것입니다. 당시 대구는 병실이 부족해서 그렇게 집에서 일주일을 누워 있었다고 합니다. 그때 형부가 관계자들에게 이렇게 애원했다 합니다.

> 선생님 죽더라도 링거 한번 맞고 죽게 해 주셔야지요.
> 치료 한번 못 받고 죽게 할 수는 없지 않습니까?
> 구급차에는 산소 호흡기가 있지 않습니까?
> 그거라도 받게 해 주세요

그렇게 사정하셨다 합니다. 상태가 위급해서 구급차에서 산소 호흡기로 도움을 받다가 병실이 나서 입원을 했는데 1시간 후 병원에서 희망이 없다는 연락이 왔다 합니다. 전화기를 구해 병실에 넣었지만 언니는 의식이 이미 없어진 상태였다고 합니다.[8] 그러니 제대로 작별 인사도 못한 채 이별을 한 것이지요.

오래전 교인 장례식에 갔다가 돌아오는 길에, 이사한 집에서 아직 인터넷 사용이 안 되어 교회에 들러 인터넷 좀 하는데 그런 생각이 들더군요. 우리의 죽음은 인터넷이 안 되는 것과는 비교할 수 없이 사랑하는 가족과 이웃과 친구와 단절되는 것 아닌가 말입니다. 슬픈 일이지요.

사회학자인 노베르트 엘리아스가 "마지막 길을 떠나는 사람에게 에누리 없는 애정을 보여 주는 것이야말로 '남아 있는 사람이 줄 수 있는 가장 중요한 일'"[9]이라 했는데, 우리에게 그런 시간마저 없다면 그 마지막이 얼마나 가슴 아프겠습니까?

이어령 전 문화부 장관이 쓰신 『딸에게 보내는 굿나잇 키스』라는 책에 나오는 표현이라고 합니다.

> 딱 한 번이라도 좋다. 낡은 비디오테이프를 되감듯이 그때의 옛날로 돌아가자. 나는 펜을 내려놓고, 읽다 만 책장을 덮고, 두 팔을 활짝 편다. 너는 달려와 내 가슴에 안긴다. 내 키만큼 천장에 다다를 만큼 널 높이 들어 올리고 졸음이 온 너의 눈, 상기된 너의 뺨 위에 굿나잇 키스를 하는 거다.[10]

암에 걸린 딸을 먼저 보내며, 일에 빠져 살다 보니 그 흔한 굿나잇 키스 한번 딸아이에게 해 주지 못했던 것을 뒤늦게 후회하는 장면입니다.

죽음이 안타까운 건 이렇게 돌이킬 수 없다는 사실에 있습니다. 죽음 그 이전의 일상으로 돌아갈 수 없다는 말이지요. 까닭에 지금 함께 살아가는

8　박보경, 「코로나19가 우리 곁에 바짝 다가왔을 때: 선교학적 단상」, 박경수, 이상억, 김정형 편집, 『재난과 교회』 (장로회신학대학교출판부, 2020), 148.
9　노베르트 엘리아스, 『죽어 가는 자의 고독』, 김수정 역 (문학동네, 1996), 42.
10　이기주, 『언어의 온도』 (말글터, 2016), 153 재인용.

이들을 더 사랑하고 그들의 얼굴을 더 많이 봐 주고 더 안아 주고 해야겠습니다. 돌이킬 수 없기 전에 말이죠. 죽음의 일상적 절차도 제대로 밟지 못하는 이 시기에 죽음을 연습할 필요가 있습니다. 같은 산책로이지만 왼쪽으로 걷느냐 오른쪽으로 걷느냐에 따라 마주 대하는 대상의 각도도 달라지고 느낌도 달라집니다. 때로는 다르게 볼 수도 있어야 할 것 같습니다. 죽음도 마찬가지인 것 같습니다. 모두가 그 길로 갑니다. 그런데 어떤 관점을 가지고 죽음을 맞이하느냐에 따라 살아가는 일상의 삶도 달라질 것이며 죽음을 맞이하는 태도도 달라질 것입니다.

6. 그 끝 너머를 소망하며

'자유가 아니면 죽음을 달라'는 구호를 다시금 생각합니다.
그런데 죽음의 문제를 해결하지 못한 자유가 진정한 자유인가요?
단순히 하고 싶은 것을 마음대로 하는 것이 자유인가요?
죽음의 문제를 해결하지 못했기에 가장 자유롭지 않게 살아가는 이가 자유를 이야기하는 것이 얼마나 어불성설인지요. 빅터 프랭클이 "철조망병"[11]을 소개해 사전을 찾아보니, '2차 세계대전 당시 포로로 잡혀 철조망으로 둘러쳐진 수용소에 살던 사람들이 철조망이 거둬졌음에도 밖으로 나올 생각을 못 하는 병'이라 합니다. 구속에서 벗어나서 자유의 몸이 되었음에도 그 자유를 제대로 누리지 못하는 일종의 트라우마입니다.
진정한 자유는 자신이 하고 싶은 대로 하는 것이 아니라 지금 정말로 자신의 존재를 옭아매고 있는 것에서 벗어나는 것을 의미합니다. 우리 인간을 옭아매는 것은 죽음입니다. 그 죽음에서 자유로울 수 있는 것은 죽음을

---

11 빅터 프랭클, 『죽음의 수용소에서』, 김충선 역 (청아출판사, 1995), 26.

이기신 예수 그리스도를 믿고 살아가는 데서 오는 것입니다.

가을이면 나뭇잎들이 단풍으로 예뻐집니다. 그러면 동네방네 단풍 구경 갑니다.

그런데 가만히 생각해 보면, 단풍이라는 것은 어쩌면 나뭇잎 스스로에게는 죽음의 징조 아닌가요?

단풍이 든다는 것은 그때가 '곧' 임박했음을 의미하는데 사람들은 그때가 빨리 오기를 바라고, 그 아름다움을 빨리 보고 싶어 합니다. 나뭇잎의 죽음을 의미하는지도 모른 체 말입니다. 그것이 죽음의 관광, 아니 정확히 말하면 죽음에 대한 관광인 것을 잊은 채 말입니다.

나무는 왜 곧 떨어질 나뭇잎에 아름다운 색깔을 부여할까요?

못내 떨어질 잎들이 가여워서 마지막 아름다움을 부여하는 것일까요?

그 아름다움으로 인해 죽음의 슬픔을 잊게 하는 것인가요?

낙엽조차 아름답습니다. 죽음조차 아름답습니다. 그 낙엽은 이제 땅과 하나가 되겠지요. 죽음이 다시 생명과 하나 되는 시간일 겁니다. 인간의 죽음도 일면 흙으로 돌아가는 것이니(전 3:20), 어쩌면 땅과 하나 되는 것 아닐까 생각해 봅니다.

그런데 인간의 죽음은 왜 그리 슬픈지요. 아무리 아름답게 꾸미려 해도 꾸밀 수 없는 것이 인간의 죽음 아닌가 생각해 봅니다. 그 죽음을 구경하기 위해 죽음의 관광을 하는 이 아무도 없으니 말이죠. 단풍을 통해서 배운 것은 또 세상과 인생입니다.

간혹 물에 빠진 개나 철조망에 뿔이 걸린 사슴이나 동물들을 그곳을 지나가던 사람들이 구하는 영상들을 보게 됩니다. 그런데 그 동물들은 구하는 사람을 물려고 하거나 뿔로 위협합니다. 사람들이 헤치거나 잡아먹기 위해 그렇게 하는 것이 아니라 반대로 구해 주기 위해서 그렇게 하는 것인데도 저항합니다. 정말로 미움하기 그지없습니다. 그리고 사람들이 그러한 저항을 견디고 자신들의 목숨을 구해 주면 예의상 인사 정도는 해야 하는데 감사하다는 말 한마디 없이 뒤도 안 돌아보고 냅다 도망가는 것을 봅니다.

우리 인간의 모습도 이와 별반 다를 것이 없어 보입니다. 죽음의 한계 안에 있으면서도, 다시 말해 죽음의 문제를 해결할 능력도 없으면서도, 밖에서 들어오는 생명의 손길을 거부합니다.

물론 우리 인간은 동물과 달리 죽음이 무엇인지 질문은 할 수 있지만, 그렇다고 그 죽음이 무엇인지에 대한 정확한 답은 알 수도 없고, 또한 그 죽음을 해결할 능력도 없습니다. 이는 그 죽음 너머의 영역은 우리 인간이 어떻게 할 수 있는 영역이 아니기에 그렇습니다. 그 죽음 너머는 죽음의 문제를 해결하신 분의 영역입니다. 그러니 그분께 소망을 두어야 합니다.

그분이 누구이겠습니까?

바로 시작하시고 끝맺으시는 삼위일체 하나님이십니다.

우리 인간이 아무리 잘났다 하더라도, 생명의 문제조차도 해결하지 못하는 연약한 인간이기에, 그 끝/죽음 너머의 소망을 하나님께만 두어야 할 것입니다. 그럴 때 우리의 죽음은 끝이 아니라 새로운 시작이 될 것입니다. 그 하나님이 말씀하십니다.

> 보라 내가 만물을 새롭게 하노라(계 21:5).

이 땅에서 존재하는 모든 것들은 어떤 형태로든 아픕니다. 관계 맺는 모든 것들은 어떤 형태로든 슬프죠. 그러니 새롭게 될 필요가 있습니다. 그런데 그 새로움이 이 땅에서는 완전히 실현되지 않을 것입니다. 이는 이 땅 또한 아프고 슬픈 곳이기 때문입니다. 그러기에 우리는 "새 하늘과 새 땅"(계 21:1)을 소망합니다. 모든 아픔의 눈물이 없고, 죽음이 없고, 슬퍼하는 것이 없는(계 21:4) 그런 새 하늘과 새 땅에서 하나님이 만물을 새롭게 하실 것입니다.

그럼 우리는 그 끝 너머로 가기 전 이 땅에서 무엇 해야 하나요?

그 끝 너머에 온전히 새롭게 하실 하나님에 대한 소망을 가슴에 품고, 우리는 우리의 생이 다하는 날까지, 지금 여기의 삶 또한 변화시킬 수 있어야 할 것 같습니다. 하나님이 새롭게 하시도록 하기 위해 우리는 우리의 낡은 것들을 떠나보내야 합니다. 그것은 생각의 낡음일 수 있고, 존재 방식의 낡음일 수 있고, 관계 맺음의 낡음일 수 있습니다. 그러한 새로움이 오늘 여기서 일어나야 할 것입니다. 만물을 새롭게 하실 하나님을 정말로 믿는다면 오늘 우리의 삶 또한 변화되어야 합니다.

새사람이 된다는 것, 다른 사람은 모두가 그 길을 간다 해도 나만큼은 보다 본질적으로 중요한 것을 위해서 사는 삶, 그것이 보기에 힘들고 바보 같은 삶이라 할지라도, 주위의 손가락을 받는 삶이라 할지라도 새사람이 되는 방법일 것입니다. 그러기 위해 우리가 버려야 할 것들이 무엇인지, 반대로 우리가 정말로 가져가야 할 것은 무엇인지 물어야 합니다.

정말로 참다운 크리스천이 없다고 하는 이 시대에 우리는, 아니 나 자신은 참다운 크리스천이 될 수는 없는가?

참다운 크리스천이 되는 것은 세상과 하나님을 동시에 섬길 때는 절대로 불가능한 것인데 그것은 세상에 대한 가치관을 버리고 하나님만 바라볼 때 가능한 것일 겁니다.

내일의 변하지 않는 소망을 품고 있다면 오늘의 삶이 바뀌게 되어 있습니다. 그것이 현재의 삶을 살아가게 하는 힘일 것입니다. 현재가 그러한 희망의 힘을 주는 것이 아니라 궁극적으로 완성될 하나님 나라의 미래가 지금 여기 살아가는 우리에게 희망을 주는 것이지요. 그러면 흔들리지 않을 수 있습니다.

차가 지나가며 일으키는 바람에 떨어진 꽃잎들이 흩날립니다. 바람을 맞설 만큼의 무게가 되지 않기 때문이겠죠. 사람과 나무와 집은 그 바람의 강도를 견딜 만하여 흩날리지 않습니다. 그러니 존재의 무게가 있어야 합니다. 그것은 흔들리지 않는 중심의 무게일 것입니다. 비록 지금은 죽음을 향해 가는 존재지만, 바람에 흔들리지 않는 중심을 잡고, 죽음 이후의 삶을 다시금 기대하며 우리를 사랑하시는 삼위일체 하나님과 영원토록 살아갈 수 있기를 소망합니다.

제3장

봄의 침묵에서 인간의 침묵으로

1. 낯선 봄

봄입니다.

그런데 이렇게 쓰고 나니 이 '봄'이라는 단어가 왜 이리 낯설까요?

'봄'이라고 발음해 봅니다. 여전히 낯섭니다. 봄, 여름, 가을, 겨울, 발음해 봅니다.

분명히 '봄'이 맞는데, 왜 이리 '봄'만 낯설까요?

혹시나 해서 사전을 검색합니다.

'봄'이 맞습니다.

그런데 어떻게 이렇게 '봄'이 낯설 수 있을까요?

이렇게 '봄'에 대해 생각하다 보니 신대원 입학 논술 시험이 생각납니다. 그때 주제가 '환경 문제'에 관한 것이어서 레이첼 카슨의 『침묵의 봄』(Silent Spring)을 언급하면서 써 내려간 기억이 납니다.

다시 발음해 봅니다.

봄입니다.

네, '봄'입니다. 그런데 이 '봄'이 고요합니다. 아니 고요하다 못해 적막합니다. 어느 노래 가사인 "웃고 있어도 눈물이 난다"는 모순 표현처럼, 봄임에도 가을 같습니다. 적막을 넘어 스산하기까지 합니다. 카슨은 환경 오염으로 더 이상 새들이 노래하지 않거나 울지 않는 모습을 '봄'이 침묵한다 했지요. 그런데 지금은 코로나19로 인해 '인간'이 침묵하고 있습니다.

봄의 침묵이 무서운가요, 아니면 인간의 침묵이 무서운가요?

봄의 침묵이 슬픈가요, 인간의 침묵이 슬픈가요?

별 쓸데없는 생각을 하다 다시금 봄 길을 걸어가 봅니다.

그렇게 코로나19는 봄에 시작하여 여름을 지나 가을을 거쳐 겨울에 와 있습니다. 여름 즈음이면 괜찮아질 것이라 했는데 여전히 코로나19는 기승을 부리고 있습니다. 전문가들이 코로나19가 금방 사라지지 않을 것이라 합니다.

앞으로 계속 인간과 같이 살 것이라는 우울한 진단만을 하고 있습니다. 어떻게 해야 하나요?

인간도 아프고 자연도 아픕니다.

2016년 마지막 날 생전 처음으로 마사지를 받았습니다. 6개월 전부터 아프던 양팔이 학기 중에는 칠판에 글씨 쓰기도 힘겨울 때가 있었고 급기야 점점 저려 왔습니다. 몇 번 한의원에서 침도 맞았는데 낫지를 않았습니다. 한국에 있는 친구 한의사와 전화 통화로 진료해도 낫지를 않았습니다. 팔이 아픈 것은 목 디스크 증상 중 하나라는 인터넷 검색으로 간단한 운동도 해 보았지만 소용이 없었습니다.

너무 아파 독서 모임 카톡 방에 좋은 한의원 소개 부탁을 남겼더니 어느 분이 마사지하시는 분을 소개해 주셨습니다. 급한 마음에 아니 살기 위해 바로 다음 날로 약속을 잡고 찾아갔습니다. 조선족 남자분이 마사지사였는데 한 시간 동안 비명만 지르다 온 것 같습니다. 회개가 절로 나오더군요. 마사지사가 "소개해 주신 분이 아프다는 말을 해 주지 않았느냐"고 되레 물으십니다. "중간에 포기하는 사람이 없었느냐"고 제가 물으니 다 끝나고 심한 말하는 사람과 째려보는 사람이 있었다고 합니다. 전 중간에 (살 좀 붙여서) 주먹이 나갈 뻔했습니다. 하나님의 은혜로 가까스로 참았습니다.

　지구가 아파도 너무 아픈 것 같습니다. 마사지 가지고 될 문제가 아닌 것 같습니다. 심폐소생술이 필요하거나 대대적 수술이 필요한 것 같습니다. 그런데 자연이 우리에게 이런 바이러스를 주는 것은 자연이 문제를 일으키는 것이 아니라 인간이 문제의 중심에 있다 합니다. 자연은 끊임없이 우리에게 생태적으로 위기 신호를 보내고 있습니다. 그런데 우리가 그 경고음을 무시하거나 우리 자신의 것으로 받아들이지 않고 있습니다. 벌써 오래전부터 여러 단체에서 학계에서 생태 문제 환경 문제를 제기했지만 세상이 별 관심이 없었습니다. 겨우 한 것은 재활용 내지 쓰레기 분리수거였습니다.

　앞으로 생태 문제는 인류가 직면한 가장 큰 숙제일 것입니다. 초등학교 때 새벽 5시 반이나 6시 되면 아버지가 깨우셨습니다. 아버지가 형과 나를 깨우기 위해서는 마당을 건너오셔야 했습니다. 그런데 아버지가 귀찮으셨던지 안방에서 우리 방까지 초인종을 연결하셨던 것입니다. 빽빽 하는 그 소리가 얼마나 듣기 싫었던지요. 그렇게 매일 아침 깨어난 기억이 납니다. 그러면 형과 나는 불은 켰지만, 이불 속에서 졸고 있었습니다.

　자연이 보내는 경고음을 무시하고 졸고 있으면 안 될 것 같습니다. 별문제 없겠지 하고 보내다가는 지구 환경적으로 큰 문제가 발생할 것 같습니다. 경고음은 많습니다. 다만 우리가 듣지 않을 뿐입니다.

　데이비드 웰즈는 기후 재난으로 지구가 거주 불가능할 것으로 전망합니다. 2100년까지 기온이 4도 증가할 것으로 전망하는데 그렇게 될 경우, "아프리카, 호주, 미국, 남아메리카의 파타고니아 북부 지역, 아시아의 시베리아 남부 지역이 직접적인 열기와 사막화, 홍수로 인해 사람이 거주할 수 없는 곳으로 바뀐다"는 것입니다. 이런 면에서 마셜제도의 외무부 장

관은 지구 온난화를 "대량 학살"로 불러야 한다고 제안합니다.[1]
 코로나19 이전에는 이렇게 이야기하면 지나치다 했을 텐데 코로나19로 인해 많은 사람이 죽는 것을 보니 그럴 수도 있겠다 싶습니다. 지구의 위기입니다. 오래전 끄적인 글이 있습니다.

위기

아스팔트는 죽음이다.
도시는 아스팔트로 덮여 있다.
아스팔트의 네트웍이다.
그래서 도시는 죽음이다.

그러나
생명은
틈이 있는 한
살아남는다.

 어느 날 문득 도심의 거리를 걷다가 보도 블럭 사이사이에 새싹(생명)이 숨 쉬고 있는 것을 발견하고는 순간적으로 생명의 끈질김과 신비함에 놀랐습니다. 어디에도 희망은 없는 듯하고 어디에도 암혹인 듯하지만 틈만 있으면, 틈이 있는 한, 생명은 그 온기를 가질 수 있고 햇살은 그 틈 사이를 비출 수 있습니다.
 온기를 가진 존재는 그것이 무엇이든지 간에 살아남으려는 본성이 있습니다. 심지어 자기 존재를 세상에 알리는 것이 창피한 나머지 자꾸 머리를

---

[1] 데이비드 웰즈, 『2050 거주불능 지구』, 김재경 역 (청림출판사, 2020), 20, 24.

자기 껍질 속으로 삼키려는 달팽이조차도 그것이 살아남기 위한 몸부림이 아닐까 싶습니다. 혹, 죽은 듯싶지만 툭 건드려 보면 조금씩 움직이는 모습이 애처롭기도 합니다. 바람이 있다면 좀 모가지를 쑥 빼고 세상을 바라봤으면 하는 바람입니다. 꿈을 가졌으면 하는 바람입니다.

자기와 관계를 맺는 이들 간에 틈이 있었으면 합니다. 죽음인 삭막한 아스팔트 가슴으로 이어진 싸늘한 산 송장의 모습으로 이어지지 말고 진실로 서로에게 틈을 주는 그래서 그 틈을 통해 새 생명을 탄생시키면 좋겠습니다. 혼자 왕 노릇 하려는 자위적인 삶의 모습에서 벗어나서 틈만 있으면 살아남으려는 생명의 몸짓이 되었으면 합니다. 그것이 설령 살아남은 자의 슬픔일지라도 말입니다.

2. 다시 돌아오는 봄/자연

산책하며 동네 언덕에 올라서니 하늘이 청명합니다. 평소 이렇게 깨끗한 하늘을 본 적이 별로 없는데 인간이 침묵한 이후로 잘 보이지 않던 LA 마천루가 눈에 들어옵니다. 평소에는 먼지층이 굵은 혁대처럼 드리우고 있어서 누리끼리한 하늘이었는데 LA 하늘이 이렇게 푸르고 맑은 것은 사람이 다니지 않고 차가 다니지 않아서일 겁니다. 동네 골프장에도 사람이 없으니 토끼들이 서로 장난을 치고 하늘을 날던 오리들이 내려앉습니다. 서로 골프 회동을 하나 봅니다.

누가 이길까요?

사람들이 다니지 않는 도시에 사슴이나 산짐승들이 나타난다는 소식이 빈번합니다. 인간이 침묵하니 자연이 제 모습을 드러내고 제 색깔을 내는 것 같습니다.

산책하다 보면 앞 정원이 잘 관리된 집이 있는가 하면 그냥 둔 집도 있습니다. 잘 정리된 정원은 깔끔해서 보기에 좋을지는 몰라도 좀 방치된(?) 정원에는 각종 풀이 자랍니다. 문득 그런 생각이 듭니다.

우리 인간이 이 땅에서 그 원인이 어떠하든 사라진다면, 자연도 사라질까요?

반대로 자연이 사라지면 우리 인간도 사라질까요?

답은 자명한 것 같습니다. 인간은 사라져도 자연은 그대로 있을 것 같습니다. 하지만 자연이 사라지면 우리 인간도 사라질 것 같습니다.

이렇게 나약한 인생임에도 그동안 너무 목에 힘주고 살아온 우리 인간들이 아니었던가요?

겸손해야죠. 그러라고 창조주 하나님이 우리에게 침묵의 시간을 주는지도 모르겠습니다.

킹스 캐년(Kings Canyon)의 모로바위(Moro Rock)에 올라간 적이 있습니다. 너무 높아서 중간에 멈춰 섰습니다. 고소공포증 때문이었습니다. 아내와 아이들이 정상에 다녀오는 동안 중간에 멈춰서 아래 산들을 보고 있는데 새들이 날더군요. 이 높은 산에서 나는 새들이 위대해 보였습니다. 고소공포증도 없나 봅니다.

저 자신은 물론이거니와 우리 인간이 한없이 약해 보였습니다. 어디 이뿐입니까?

바다가 그렇게도 넓은데 인간이 물놀이하는 곳을 가만히 보면 불과 몇 미터 되지도 않습니다. 우주가 이렇게도 큰데 우리가 살아가는 이 지구는 점보다 작습니다. 교만하지 말고 겸손해야겠죠. 그리고 돌 하나도 함부로 차지 말아야 할 것 같습니다. 돌에도 생(生)이 있을 테고 어쩌면 우리가 산 햇수가 범접하지 못한 생을 산 존재들일 수 있을 테니까요.

인간이 침묵하고 인간이 멈추니 자연이 돌아옵니다. 근대 초기 철학자인 토머스 홉스는 자연 상태를 "만인 대 만인의 투쟁"의 상태로 봤지만, 자연

상태는 그런 투쟁의 장만이 아닌 조화와 공존의 상태도 있는 것 같습니다. 타락 전 에덴동산처럼 말이죠.

아이들이 흙을 좋아하는 것은 어쩌면 흙에서 온 지 얼마 되지 않았기 때문이며, 사람이 늙어서 농촌으로 돌아가고 싶은 것은 흙으로 돌아갈 날이 얼마 남지 않았기 때문인지도 모르겠습니다. 그래서 인간을 '흙에서 왔다가 흙으로 돌아간다'(전 3:20) 하지 싶습니다.

땅을 소중하게 여겨야 합니다. 종교학자인 카렌 암스트롱이 20세기 여러 폭력 사태를 보면서 이렇게 진단합니다.

> 이제 우리는 땅을 성스럽게 여기지 않고 단순하게 '자원'으로 보기 때문에 환경 재앙의 위험에 처해 있다. 뛰어난 과학기술적 재능에 뒤처지지 않는 어떤 정신적 혁명이 없으면, 이 행성을 구하지 못할 것 같은 느낌이 든다. 순전히 합리적이기만 한 교육으로는 불충분하다. 우리는 쓰라린 경험을 통해서 대규모 대학교가 강제수용소와 함께 우리 가까이에 존재할 수 있다는 사실을 알게 되었다. 아우슈비츠, 르완다, 보스니아, 세계무역센터 파괴는 우리가 모든 인간 한 사람 한 사람이 신성불가침한 존재라는 감각을 잃어버릴 때 어떤 일이 일어날 수 있는지 계시하는 음울한 예이다.[2]

땅을 소중히 여기지 않는 인간 형국의 끝은 일상에서도 벌어지는 폭력과 파괴라는 것입니다. 하나님이 창조하신 세계를 회복하기 위해 이 경고의 목소리를 들어야 할 것입니다.

---

[2] 암스트롱, 『축의 시대』, 5-6.

3. 그 꽃 함부로 꺾지 마라!

언젠가 누군가를 기다리며 앉아 있는데 꽃향기가 났습니다. 꽃이 있어서 꽃향기를 맡은 게 아니라 문득 꽃향기가 나서 주위를 둘러보니 꽃이 있음을 알게 된 적이 있습니다. 향기는 주위를 둘러보게 합니다. 둘러보니 그 꽃이 예뻤습니다.

꽃은 자기가 예쁜 걸 알까요?

꽃이 예쁜 건 색깔이 있기 때문일 겁니다. 그 색깔이 시선을 사로잡습니다.

어릴 때 가장 좋아했던 꽃은 개나리였습니다. 온 동네와 산을 뒤덮은 노란색이 보기 좋았나 봅니다. 그러다 어느 날 문득 누군가가 좋아 짝사랑에 눈뜨고 그 사랑으로 인해 가슴앓이할 때 즈음엔 하얀 목련이 눈에 들어왔습니다. 가장 화려하게 짧게 폈다 가장 쓸쓸히 지는 목련만큼 사랑의 기쁨과 행복 그와 동시에 사랑의 슬픔과 눈물을 알려 주는 꽃도 없는 듯했습니다. 장미는 눈에 들어오지 않았습니다. 이는 비싸서 그저 가난을 알게 해 준 꽃으로 기억되어 있기 때문입니다.

그 장미가 무슨 잘못이 있겠습니까?

봄바람 타며 이제 온 세상 수많은 꽃이 피어나는데 피어난 꽃 한 송이 한 송이마다 의미 있고 아름답습니다. 걷다가 길섶에 피어 있는 꽃들이 눈에 들어오면 허리 숙여 들여다보고 냄새도 맡아 봅시다. 대신 그 꽃 함부로 꺾지는 않았으면 합니다. 꽃을 꺾는다는 것은 그것을 자기가 갖고 싶기에 그렇습니다. 사람들에게 아름다운 꽃을 자기만 보기 위해 꺾는 것입니다. 아름다움을 사유화할 때 생명은 사라집니다.

시인 함민복은 "모든 경계에는 꽃이 핀다"고 했는데 어쩌면 '꽃에는 경계가 없다'고 말하는 것이 맞는 듯합니다. 그러지 않고서야 어찌 그렇게도 자연스럽게 옆집 담장을 넘어서고, 인도 차도 구분 없이 넘어서고, 군사분

계선을 넘어서고, 국경을 넘어서고, 강아지 눈 속으로도, 아기의 마음속으로도 들어올 수 있겠습니까. 모든 꽃에는 경계가 없습니다.

그러다 보니 그 꽃을 악용하는 이들이 있습니다. 무슨 말인가 하니, 요즘 꽃을 내세워 SNS에 친구 신청하는 각종 이단이 많습니다. 자신의 정체를 꽃으로 가린다고 가려지나요. 그 꽃 시들면 민낯이 드러날 테니 이단들이여, 꽃을 내세워 신청하지 말고 당당히 자신의 얼굴을 드러내고 신청하기 바랍니다. 그리고 될 수 있으면 진리 아닌 것에 그렇게 인생 걸며 숨어 살지 말고 진리를 믿어 떳떳한 인생 사시기 바랍니다.

핸드폰을 보는 눈앞으로 무엇인가 떨어집니다. 새 한 마리 날아 앉은 줄 알았습니다. 곧 날아가겠지 하는데 그다음 동작이 눈에 들어오지 않습니다. 핸드폰에서 눈을 떼어 보니 새가 아니라 낙엽입니다. 그러고 보니 떨어진 낙엽은 스스로 떠 오를 수 있는 힘과 생명이 없군요. 만발하던 꽃이, 예쁘게 피었던 꽃이, 시들어 떨어집니다.

그런데 꽃은 왜 떨어질까요?

꽃이 떨어지는 것은 꽃대를 붙잡은 꽃의 손에 힘이 빠지기 때문일 겁니다. 꽃대가 꽃을 잡고 있는 것이 아니라 꽃이 꽃대를 잡고 있는 것일 겁니다. 그렇다면 비바람 몹시 몰아치던 날에도 떨어지지 않은 것은 그렇게도 떨어지지 않으려고 온 힘으로 꽃대를 붙잡았기 때문이었구나 하는 생각이 드네요. 그냥 붙어 있는 줄만 알았는데 말이죠. 그저 붙어 있다면 조화이겠군요. 거기에는 생명이 없겠지요.

정호승 시인도 꽃에서 인생을 배운다고 했습니다.

원래 꽃들도 천둥 번개를 두려워하지 않는다.
꽃들은 오히려 천둥 번개가 어떻게 치는지 알고 싶어 한다.
나무들도 아무런 시련 없이 고요히 자라는 것이 아니다.
비바람이 몰아칠 때 온몸이 뒤흔들리는 나무의 고통을 보라.

나무도 그런 고통과 시련을 통해 더 튼튼하고 아름다운 나무로 자란다. 한여름의 폭풍을 통해 꽃과 나무와 새들도 삶의 인내를 배우는 것이다.[3]

바람이 불어옵니다. 그 바람을 잡아 보려 하지만 잡히지 않네요. 흔들리는 나뭇가지들처럼, 우리도 흔들리는 하루를 버티며 견디며 살아가고 있음을 새삼 깨닫습니다. 부디 흔들리더라도 쓰러지지는 않기를 바랍니다.

4. 자연은 아름다워!

둥글었던 달이 기울어집니다. 아니 이지러집니다.
달은 그냥 있는데 우리 눈도 똑같은데 어찌 된 일일까요?
그렇다면 달과 우리 사이에 무엇인가 일어났겠지요.
처음 달을 본 아담과 하와는 어떻게 생각했을까요?
어느 날 갑자기 달이 제 살을 깎아 먹더니 이내 사라지고 또 어느새 사라진 달이 나타나서 커지더니 둥근 달이 되는 모습을 처음 본 아담과 하와는 무엇을 생각했을까요?
간밤에 내린 이슬 위에 아침 햇살 내려앉으니 모락모락 사랑의 아지랑이 피어오릅니다. 지저귀는 새 소리 허공에 흩뿌려져 사라지지만 아직 내 마음속에 씨앗 하나로 남아 있으니 누가 인생만 아름답고 소중하다 하나요. 세상에 그 어떤 형태로 존재하는 모든 것들은 아름답고 소중한 자기의 삶을 살며 더불어 사랑하며 더불어 배웁니다.
그러니 눈을 열고, 귀를 열고, 마음을 열고, 생각을 열고, 세상에 '나' 아닌 '타자'로부터 배워 봅시다. 그 타자들은 나의 존재를 위해 존재하는 도

---

3 정호승, 『위안』(열림원, 2003), 28.

구적 존재들이 아니라 함께 더불어 살아가야 할 관계적 존재들이지요.
 밤새 내린 이슬은 생명을 약동케 하는데 우리는 밤새 무얼 했나요?
 밤새 내린 이슬만큼도 못한 이기적 존재 아닌가요?
 이슬이 말을 못 해 그렇지 우리 인간들에게 할 말이 얼마나 많겠습니까?
 그럼에도 이슬은 밤새 말없이 내리지 않던가요.
 '나무가 바위가 된 숲/자연'(petrified forest)을 둘러보는 가운데 초등학교 3학년이었던 아들 입에서 "Nature is beautiful!"(자연은 아름다워!)이라는 말이 튀어나왔습니다. 자기가 보기에도 뭔가 아름답긴 아름다웠나 봅니다. 이 표현은 인간이 말로 표현할 수 있는 자연에 대한 가장 높은 경외의 표현일는지도 모르겠습니다. 아름답다는 말은 언어의 끝에 터져 나오는 탄식의 표현이니까요. 언어로 더 이상 표현이 안 될 때 마지막으로 할 수 있는 것은 아름다움에 대한 복종일 것입니다. 탄식은 놀라움과 복종의 의미를 지니지요.
 바닷가 근처 생태 공원을 찾은 적이 있습니다. 강물이 바다와 만나는 지점이었습니다. 새들이 공중에서 날갯짓을 하지 않고 멈춰 있다가 표적을 발견하고는 직하합니다. 언뜻 보기에도 좋은 카메라를 가진 이들이 둑 기슭에 앉아 무언가를 찍고 있습니다. 물어보니 '스키머'(skimmer)라는 새를 찍는다고 하더군요. 무슨 새인지 궁금해하는 순간 갑자기 새 한 마리가 날아오니 누군가가 "Skimmer!"라고 외치더군요. 카메라 셔터 터치는 소리가 요란했습니다. 기자들이 연예인들 사진 찍을 때 나는 소리 같았습니다. 검은색과 흰색이 조화된 새가 날아오더니 수면 위를 입을 벌리고 스치듯 날아갑니다. 부리로 고기를 쓸어 담으려 하는가 봅니다.
 순간을 담기 위해 사진 전문가들은 기다립니다. 한 마리 물고기를 잡기 위해 새들도 기다립니다. 기다리다 목표물을 발견하면 순식간에 셔터를 누르거나 순식간에 직하합니다. 자연이 만들어 내는 아름다움은 끝이 없습니다. 우리가 살아가는 자연 세계는 아름답습니다. 그 안에서 살아가는 모든 이들이 자연이 다하는 날까지 그 아름다움을 고백할 수 있었으면 합니다.

바람에 자신을 맡긴 새는 납니다. 하늘은 바다를 품고 있습니다. 그 하늘을 품어 봅니다. 흙먼지가 일어납니다. 먼지라고는 미세 먼지나 도심의 쾌쾌한 먼지가 전부인 도시에서는 경험하기 힘든 산길이나 시골길 흙먼지는 정겹습니다. 노을 또한 아름답습니다. 때로는 물의 연기(演技)를 볼 때가 있습니다. 물의 유희(遊戲) 말이지요. 자연이 펼치는 공연이 신비롭고 아름답습니다.

이 세상 살아가면서 가장 신기한 것이 있다면 무엇이 있을까요?

제게 가장 신기한 것은 인간이 달나라에 갔다 왔던 사건도 아니고, 몇백 층 되는 빌딩을 인간이 지었다는 것도 아니고, 기인들의 묘기 행진도 아닙니다. 저에게 가장 신기한 것 중 하나는, 새들이 자기들 집을 짓는 모습입니다. 새들이 집 짓는 모습을 우연히 보게 되었는데 나뭇가지를 주워 가지고 옵니다. 때로는 나뭇가지를 입으로 흔들어서는 부러뜨려서 가지고 와서 집을 짓는 것을 본 적이 있습니다. 그래서 유튜브를 찾아봤습니다. 솜털 같은 것도 물어 오고 깃털도 가져오고 자리에 깔고 연신 발로 다지더군요. 둥지가 떨어지지 않도록 실끈 같은 것으로 동여매고요. 그래서 하나의 새 둥지가 탄생이 되더라고요. '새대가리'가 절대로 아니지요.

가을에 낙엽이 질 때 나무들이 그동안 푸르게 입었던 옷들을 벗지만 새 둥지만큼은 남아 있습니다. 여름에 아무리 비바람이 몰아쳐도 나무의 뿌리는 뽑히는 경우가 있지만 새 둥지는 부서지지 않는다고 하더군요. 새들이 무슨 못이나 망치나 시멘트를 사용해서 둥지를 짓나요. 그저 입으로만 잇고 또 이었는데 그것이 그렇게 튼튼한 둥지가 되는 것이 신기하지 않나요.

아우구스티누스는 창조주 하나님을 고백하기 위해서라도 자연을 읽으라고 권장합니다.

> 어떤 이들은 하나님을 찾기 위해 책을 읽는다.
> 그러나 더 큰 책이 있다.
> 창조된 세상의 실제 모습이다.
> 위를 보고 아래를 보고, 주목하여 읽으라.
> 당신이 발견하고 싶어 하는 하나님은 잉크로 글자를 쓰는 대신
> 친히 만드신 것들을 당신의 눈앞에 두셨다.
> 그보다 더 큰 음성을 요구할 수 있겠는가?[4]

우리가 자연을 읽고 자연 속에 살아가야 할 이유 또한 바로 창조주 하나님을 발견할 수 있기 때문입니다. 그 누구도 평계치 못할 정도로 창조주 하나님이 모두에게 지어 주신 자연 속을 걷고, 냄새 맡고, 그 아름다움에 경이로움을 표현하는 것이야말로 일반 은총을 누리는 것일 것이며 우리 인간이 일상에서 해야 할 일 아닌가 생각해 봅니다.

5. 자연의 하루

하루의 슬픔이 서쪽 하늘 끝에 고요히 물듭니다. 돌아보면 모든 것이 아득합니다. 어둑어둑 해 질 무렵의 옅은 밝음이 좋습니다. 노을이 늘 붉지만은 않습니다. 힘을 뺀 노을은 그윽하기까지 하죠. 집에 가지 않으려고 끝까지 떼 부리는 아이와 달리 태양은 서산 너머로 가지 않으려고 발끝을 산꼭대기에 걸치고 끝까지 버티지 않습니다. 대신 '가면 반드시 다시 오겠다'고 절절히 약속하는 그런 붉은 눈물만이 있을 뿐이지요. 그 절묘한 순

---

[4] 알리스터 맥그래스, 『우주, 하나님 지으신 모든 세계』, 홍종락 역 (복있는사람, 2017), 28 재인용.

간이 마치 "님의 침묵" 같습니다.

　새들도 날갯짓이 바쁩니다. 새는 날기 위해 접었던 날개를 꺼냅니다. 날개를 '편다'는 말을 흔히 사용하지만, 그 과정을 우연히 보니 속에 간직했던 날개를 '꺼낸다'는 표현이 더 어울리는 듯하더군요. 이제 다들 제 보금자리로 갈 시간인가 봅니다. 그런 와중에 전깃줄에 앉아 유유히 이 평안함을 즐기는 새 한 마리 옆으로 다른 새 한 마리 날아와 앉습니다. 수컷의 냄새가 진하게 납니다.

　아름다운 여자를 보더라도 수컷들의 눈길이 한 번 더 가는 것은, 말로 표현할 수 없는 아름다움에 대한 존재 자체의 끌림이자, 나약한 수컷의 복종의 표현이기도 한 것이겠죠. 그러니 가수 김연자의 <십 분 내로>라는 노래 가사에 "여자는 꽃이랍니다 혼자 두지 말아요" 하는 것이 한편 이해가 되기도 합니다. 그 수컷이 연신 무엇인가 지저귑니다. 듣고 있던 새가 몇 번 자리를 고쳐 앉으며 관심 없다는 신호를 보냄에도 불구하고 계속해서 쨱쨱거리자 이내 포물선을 그리며 쌩하니 날아가 버립니다. 전문 용어로 차인 것이지요. 그러나 기죽지 않고 그 포물선 놓칠까 봐 뒤따라가는 수컷의 날갯짓이 더 바빠 보입니다. 부디 차여서 가슴앓이하지 말고 사랑하기를 바랐습니다.

　사람 사는 세상의 한 날이 저물어 가니 자연의 한 날도 저물어 갑니다. 아니 반대로 이야기하는 것이 이치상 맞겠군요. 자연의 한 날이 저무니 사람의 하루도 저물지요. 모두 편히 쉬는 이 밤 되기를 소망합니다.

6. 서로 품어 주고 나누는 자연

창밖으로 보면 큰 나무 두 그루가 서 있습니다. 그 나무들로 인해 시야가 가리긴 하지만 나무도 하나의 세계이더군요. 그 속에 셀 수 없이 많은 새들과 벌레들이 깃들어 있고 바람이 하늘거립니다. 나뭇잎과 가지가 만들어 내는 공간으로 하늘이 보입니다. 창밖에 세계가 서 있습니다.

큰 나무로 얼마의 새들이 날아듭니다. 몇 번의 푸드덕거리는 소리가 나더니 잔가지 몇 개 떨어집니다. 잔가지도 나무의 몸인데 나무는 아무런 말이 없습니다. 더군다나 새들을 내치지도 않습니다. 그저 묵묵히 오늘도 새들을 품어 안아 줍니다.

새들은 나무의 고마움을 알까요?

당연히 알겠죠.

새 한 마리, 헤엄쳐 강 건너는 사슴 등 위에 앉습니다. 앉아도 되는지 물어보지도 않고 앉습니다. 사슴도 전혀 개의치 않고요. 자연은 그렇게 더불어 살아가나 봅니다. 그런데 궁금합니다.

새는 왜 사슴 등에 앉을까요?

날아서 가는 것이 훨씬 더 재미있고 빠를 것 같은데 새는 왜 그랬을까요?

또 다른 맛과 재미를 알았을 겁니다. 날갯짓을 하지 않아도 갈 수 있고 자신의 속도보다 천천히 가기에 주변도 더 자세히 살필 수 있기 때문이지 싶습니다.

바닷가 식당에서 점심을 먹는데 갑자기 귀청이 찢어질 듯 갈매기의 울부짖는 소리가 들립니다. 그런 소리는 처음 들어 봤습니다. 눈을 들어 보니 갈매기 한 마리가 지붕 위에서 마치 늑대가 울부짖는 것처럼 입을 최대한 벌리고는 소리를 지릅니다. 그랬더니 순식간에 수십 마리의 바닷새가 한 곳으로 날아옵니다. 가만히 보니 식당 종업원이 손질을 마친 물고기 꼬리들과 내장들을 바다에 내다 버리는데 그걸 보았던 갈매기 한 마리가 다른 갈매기들을 불러 모은 것이더군요.

"여기 먹을 것 있어!"라고 온 힘을 다해 외치는 듯했습니다.

누가 '새대가리'라 했던가요?

새대가리도 밥은 나눠 먹을 줄 안다고 인간들에게 말하는 듯합니다. 갈매기에게서 삶의 진리 한 조각을 배웁니다. 바람은 불고 나뭇잎은 흔들리고, 자연은 그렇게 서로 영향을 주고받고 살아갑니다.

그런데 우리 인간은 그렇지 못한가 봅니다. 미국에 있는 인디언 중 세네카족 추장인 빨간 윗도리가 죽고 백 년이 지난 1927년 아메리카 전체 부족 회의에서 인디언들이 만든 선언문입니다.

> 얼굴 흰 사람들은 우리를 자신들의 모습대로 만들려고 한다. 그들은 우리의 삶의 방식과 문화를 파괴하고, 그들이 요구하는 대로 우리가 자신들에게 동화되기를 바란다. 그들은 우리가 그들처럼 만족스럽게 살 것이라 여긴다. 그들이 생각하는 행복은 물질과 욕망에 기초를 두고 있다. 그것은 우리의 방식과는 크게 다르다.
>
> 우리는 얼굴 흰 사람들에게 흡수되기보다는 그들로부터 자유로워지기를 원한다. 그들의 시설물을 우리는 어느 것 하나 원치 않으며, 우리의 종교와 우리의 방식대로 자유롭게 아이들을 키우기를 원한다. 자유롭게 사냥하고, 물고기를 잡고, 평화롭게 살고 싶은 것이 우리의 소망이다. 이 대지 위를 방랑하며 우리를 이곳에 내려보낸 창조주의 가르침에 귀 기울이고 싶다. 우리는 권력을 원치 않는다. 정치인이나 은행가가 되기를 바라지도 않는다. 다만 우리 자신이 되기를 원할 뿐이다. 우리의 유산을 갖고 싶을 뿐이다. 왜냐하면 이 땅의 주인은 우리들이고, 우리는 이곳에 속해 있으니까.

> 얼굴 흰 사람들은 모두를 위해 자유와 정의가 존재한다고 말한다. 우리에게는 그 자유와 정의가 있었다. 바로 그렇기 때문에 우리 대부분이 죽임을 당한 것이다. 우리는 그 사실을 잊지 않을 것이다.[5]

인디언들은 자연과 더불어 살기를 원했지만 얼굴 흰 사람들은 자기들이 정한 삶의 규범대로 인디언들이 살기를 원했던 것입니다. 타자를 자신들의 삶에 동화되기를 원했던 것입니다. 여기서부터 폭력은 시작됩니다. 단순히 '대지 위를 방랑하며 자신들을 그곳에 있게 해 주신 창조주를 기억하며' 살고 싶은데 그들은 자신들의 제도를 요구합니다. 이것은 자연이 서로를 품어 주는 것과는 정반대의 삶을 강요하는 것이지 싶습니다.

7. 자연을 통해 부어 주시는 창조주 하나님의 은혜를 잊지 말며

예일신학교 교수인 미로슬라브 볼프가 자신의 스승인 위르겐 몰트만의 94번째 생일을 축하하며 그로부터 받은 메시지를 소개했습니다.

> 하나님은 우리를 '어두운 골짜기', 즉 죽음의 골짜기에서 구해 주시지는 않으시지만, 바이러스에 기인한 자연 재난과 인간이 야기한 생태 파괴 가운데 두려워하는 우리와 함께하십니다.[6]

---

[5] 류시화, 『나는 왜 너가 아니고 나인가』 (김영사, 2003), 54-55 재인용.
[6] https://www.facebook.com/miroslav.volf.12. "God does not spare us from the "dark valley," the valley of death, but GOD IS WITH US IN OUR FEARS of natural catastrophes caused by viruses and ecological catastrophes caused by humans."

몰트만의 말은 하나님이 우리를 구하시지 않는다는 의미가 아니라, 현실적으로 죽어 가는 이들이 많은 가운데도 우리와 함께하시는 하나님을 고백하는 의미일 것입니다. 그 하나님이 무엇하고 계시는지는 또 다른 장에서 토론해야 할 부분이겠지요.

또 한 번의 계절이 바뀌어 가는 시점입니다. 겨울이 지나고 이제 완연히 봄입니다. 새싹이 피어나고 나무마다 새순이 돋고 대지와 산들이 푸르러집니다. 가만히 보니 사람과 자연은 계절을 맞이하는 방식은 반대인 것 같네요. 사람은 겨울이 지나 봄을 맞이하고 여름으로 갈수록 옷을 벗고 가을을 지나 다시 겨울로 갈수록 옷을 껴입는데, 자연은 여름으로 갈수록 껴입고 겨울로 갈수록 벗습니다. 둘의 삶의 패턴을 뒤집을 수는 없습니다. 뒤집으면 억지스럽지만 그대로 두면 자연스럽습니다.

사람이 살아가는 양식이 있고 자연이 살아가는 양식이 있으니 둘이 함께 어울려 살아가는 것 그것이 더불어 살아가는 자연스러운 삶 아니겠습니까?

어느 하나가 어느 하나에게 자신의 삶의 양식을 강요할 수는 없는 법이지요. 그러면 부자연스러워지게 됩니다. 계절이 순리에 따라 돌고 돌듯이 인생도 순리에 따라 돌고 돌아야 할 것입니다. 우리 인간의 존재와 마찬가지로 이 땅에는 꽃 한 송이도 존재하고 새 한 마리도 존재합니다.

그런데 그 모든 것들이 스스로 존재할 수 있나요?

우리 모든 피조물은 이 세상에 주어졌고 던져졌습니다. 그것을 자연 만물을 통해 다시금 깨닫습니다. 여행하면서 자연을 통해서 배우는 것이 참 많습니다. 사람을 통해서 배우는 것도 많지만 자연이 주는 메시지가 참 신선합니다. 계절마다 변화된 자연의 모습을 봅니다. 나뭇잎이 풍성할 때도 나뭇가지가 앙상할 때도 늘 꿋꿋하게 한결같이 그 자리에 있는 나무들을 보면서 빌립보서 말씀이 생각납니다.

내가 궁핍하므로 말하는 것이 아니니라 어떠한 형편에든지 나는 자족하기를 배웠노니 나는 비천에 처할 줄도 알고 풍부에 처할 줄도 알아 모든 일 곧 배부름과 배고픔과 풍부와 궁핍에도 처할 줄 아는 일체의 비결을 배웠노라 (빌 4:11-12).

어떠한 삶의 형편에서든지 '자기 자리를 지키는 것', '흔들림 없이 살아가는 삶' 그것이 하나님이 원하시는 삶일 것입니다. 풍부하다 해서 우쭐할 것 없고 비천하다고 해서 기죽을 것 없이 하나님이 각자에게 맡겨 주신 삶을 흔들림 없이 살아가는 일체의 비결을 자연을 통해서 조금이나마 배워야 합니다.

비 온 뒤 싱그러움을 정말로 모처럼 맛본 적이 있습니다. 비가 색을 만드는 것은 아니지만 비는 자연이 원래 가진 색을 드러나게 해 줍니다. 산천초목은 녹색을 품고 있지만, 비가 오지 않으면 누런색으로 변합니다. 그런데 비 한 번 오면 색이 바뀝니다. 비는 존재를 존재되게 해 줍니다. 은혜가 이런 것이겠지요.

삼위일체 하나님을 고백하는 우리 그리스도인을 그리스도인 되게 해 주는 것은 위에서 부어 주시는 은혜가 있어야 가능합니다. 우리가 하루를 보내면서 만나는 자연은 있는 듯 없는 듯 우리를 감쌀 때가 있습니다. 헨리 나우웬은 하나님이 "지진이나 폭풍, 번개 가운데 머무시는 게 아니라 등을 어루만져 주시는 부드러운 바람결 속에 계심을 깨달을 수 있다"[7]고 했습니다.

자연 속에서도 창조주 하나님의 은혜와 사랑을 느낄 수 있습니다. 하나님이 호세아를 통해 이스라엘 백성을 위하여 "들짐승과 공중의 새와 땅의 곤충과 더불어 언약"(호 2:18)을 맺으신 것을 기억해야 합니다. 그만큼 자

---

7   나우웬, 『제네시 일기』, 135.

연은 소중합니다.

만약 어느 건축가가 도심에 큰 빌딩을 만들면 지나갈 때마다 동행하는 사람들에게 자신이 저 빌딩을 만들었다는 것을 이야기하지 않겠습니까?

그 건축가의 손길과 숨결이 사랑과 애정이 그 빌딩에 있는 것이지요. 마찬가지로 하나님이 만드신 작품에는 하나님의 손길과 숨결과 사랑과 애정이 있는 것이겠지요. 하나님은 우리에게 말씀하시는 것 같습니다.

"이 세계를 봐. 내가 만든 거야" 하고 말입니다. 그런데 신앙 좋다는 분들이 가끔 하나님이 창조하신 세계에 하나님의 숨결이 있다고 하면 반발합니다. 범신론이라 하면서 말이죠. 그러나 그것은 창조 작품을 하나님과 동일시하는 것이 아닙니다. 동일시할 수도 없고요. 다만 하나님이 창조하신 세계를 보고 하나님을 느끼고 인식하고 찬양할 수 있다면 그것이야말로 피조물이 하나님을 만나야 하는 방식 중 하나가 아닐까 합니다.

어두울 때 보이는 것이 있습니다. 낮에는 그 자리에 무엇이 있는지도 모른 채 지나다니다가 어둠이 내려앉음과 동시에 불빛이 켜지면 보이는 것들이 있습니다. 시대가 어두울 때 보이는 것이 있습니다. 코로나19를 관통하면서 어느 시대보다 더 어두운 지금, 보이는 것들이 있습니다. 그동안 놓쳤거나 굳이 보지 않았던 것들을 다시 보면서, 새는 자기가 언제 날갯짓을 해야 할지를 알듯이, 우리도 다시금 일어설 날을 고대하며 이 막연한 고난의 시간을 침묵하며 보내면 좋겠습니다.

Faith, Church and Life in Covid-19

제4장

길 위에서 스치는 만남

1. 만난다는 것

태양이 왼쪽 귀 위로 뜨고 오른쪽 귀밑으로 그림자를 드리울 때, 신발 끈을 한 번 더 조여 매고 길을 나섭니다. 오후 3시에서 4시 반 사이 그 어디 즈음입니다. 코로나19 이후 산책이 일상이 되어 버렸습니다. 철학자 이마누엘 칸트는 오후 4시 혹은 4시 반에 항상 산책했다고 합니다. 사람들이 그의 산책 시간에 맞춰 시계를 맞출 정도로 정확했다고 하지요.

칸트만큼 정확하지는 않지만, 그 시간 산책하는 것에 면죄부를 주기 위해 오전 시간을 최대한 아껴서 쓰고 있습니다. 물론 책 보고 글 쓰는 것이 그 시간을 사용하는 거의 전부이지만 말입니다. 더운 오후보다 오전이 산책하기에 좋은 날씨지만 그을린 얼굴과 책/글을 맞바꾼 셈입니다. 좀 더 더워지면 모르겠습니다. 코로나19 이전에도 오전 시간의 루틴은 강의가 없는 한 크게 벗어나지 않았던 것 같습니다.

그렇게 산책하다 보니 스치듯 이어지는 만남이 있습니다. 사람과도 만나고, 자연과도 만나고, 오랜 기억과도 만나고, 어떤 생각과도 만나고, 글감과도 만나고, 인생과도 만나고, 하나님과도 만납니다. 그런 존재들을 만나니 산책이 꼭 인생길 걷는 것과 비슷한 것 같습니다. 그런데 산책하지만 보지 못하는 것들이 있습니다. 매일 그 자리에 있는데도 보이지 않는 것이 있습니다. 인지 과학자인 알렉산드라 호로비츠는 이렇게 말합니다.

> 우리는 보지만, 제대로 보지 못한다. 우리는 눈을 사용하지만, 시선이 닿는 대상을 경박하게 판단하고 스쳐 지나간다. 우리는 기호를 보지만 그 의미는 보지 못한다. 남이 우리를 보지 못하게 하는 게 아니라 우리 스스로 보지 못하는 것이다. 즉, 내게 부족한 것은 집중력이었다.[1]

그렇게 그 자리에 있었음에도 인식하지 못하다가 어느 날 문득 무엇인가를 알아차리면 그때까지 보이지 않던 것은 어쩌면 배경으로만 존재했을 뿐이지요. 보아야 보이는 것이고, 보아야 그것이 자신에게 의미를 주겠지요. 산책이든 인생길이든 걷다가 스쳐 지나는 이들을 그냥 스쳐 지나가도록 두면 안 될 것 같기에 말을 걸어 봅니다. 이 글은 그러니까 그런 '만남'에 관한 묵상이라 할 수 있을 것 같습니다.

산책하는데 신호등 전봇대에 손을 기댄 채 짝다리 짚고 신호가 바뀌기를 기다리는 한 여인을 본 적이 있습니다. 순간 머리를 조아릴 뻔했습니다. 내공이 어마어마한 분 같아 보였습니다. 왕년에 껌 좀 씹어 본 분 같아 보였죠. 제 추측이 틀릴 수 있습니다. 하지만 만나는 이들을 아무런 인식 없이 스쳐 지나 보내는 것보다는 감각 기관에 담아 관찰해 보는 것도 나쁘지 않은 것 같습니다.

산책하다 만나는 이들의 얼굴을 볼 때가 있습니다.

그들은 무슨 생각을 할까요?

그 표정들이 그들의 내면을 보여 줄 때도 있는 것 같습니다. 가족들과 바다에 가면 혼자 걷는 시간을 가집니다. 어느 날 걷다가 만난 장면입니

---

[1] 알렉산드라 호로비츠, 『관찰의 인문학』, 박다솜 역 (시드페이퍼, 2015), 23-24.

다. 해변을 걷다 보니 돌아오는 길에 다시 만나는 이들이 있었습니다. 두 부류의 사람이었습니다. 한 부류는 데이트하는 한 쌍이었습니다. 그런데 둘이 말이 없습니다. 남자는 한 손에 커피를 든 채 땅만 보고 걷습니다. 앳된 얼굴이 처음 데이트를 나온 모양입니다.

돌아오는 길에 또 만났습니다. 여전히 말이 없습니다. '입을 떼서 말을 해 봐'라고 야구 코치가 타자나 주자에게 주는 사인처럼 수신호를 해 주고 싶은데 여전히 고개를 숙이고 걷습니다. 그 마음 충분히 알 것 같습니다. 바다 냄새가 더 찌릿합니다.

정호승 시인은 인생의 비밀에는 '태어나는 일, 사랑하는 일, 죽는 일'이 있다 했습니다. 그 비밀 속에는 반드시 '만남'이라는 비밀이 존재한다고 합니다. 그러면서 20대 젊은이들에게 "만남을 위하여 간절히 기도하라"고 합니다.[2]

인생길 걷다가 만나게 되는 만남이 정말로 중요하기에 정말로 거룩하기에 기도까지 권하는 것 같습니다. 젊은이들이 좋은 짝이든 좋은 멘토든 좋은 친구든 잘 만나기를 소망합니다.

다른 한 부류는 혼자 걷는 이였습니다. 저도 혼자 걷지만 그렇게 혼자 걷는 이를 보면 알 것 같습니다. 그도 바닷가 산책에서 깊은 언어를 건지는 중이겠지요. 그렇게 혼자 걷는 이를 돌아오는 길에 반대 방향에서 다시 만나는 건 사람을 이해할 수 있는 좋은 메타포가 될 수 있을 것 같습니다. 서로 다른 방향에서 그러니까 그가 경험했던 방향에서 내가 그를 다시금 경험하면, 그리고 내가 경험했던 방향에서 그가 나를 다시금 경험하면, 타자에 대한 이해도 깊어질 것 같습니다. 타자 이해란 그렇게 다른 이가 걷는 걸음을 나도 걸을 때 더 공감할 수 있는 부분들이 많을 테니까요.

---

2 정호승, 『위안』, 206.

반대편에서 오는 이들을 만나면 나는 그들이 거쳐 온 과거로 가지만 나에게는 그 길이 나의 미래입니다. 그들 또한 내가 거쳐 온 과거로 가지만 그들에게는 그 길이 그들의 미래입니다. 그들과 내가 스치는 바로 그 접점은 현재이겠지요. 운전도 마찬가지인 것 같습니다. 반대편에서 오는 차가 손 신호를 보낼 때도 있습니다. 앞에 무슨 사고가 났으니 속도를 줄이라는 의미입니다. 그의 과거가 나의 미래에 도움을 주는 것이지요. 그러니 우리는 과거, 현재, 미래가 공존하는 시대에 더불어 살며 더불어 영향을 주고받는 것 같습니다.

　5, 6년 정도 살았던 서울을 떠올리면 지하철 노선도가 떠오릅니다. 서울 지리를 지하 세계(?)에서 배워서 그런 것 같습니다. 지상도 기억이 나지만 연결이 잘 안 됩니다. 다만 살았던 지역에서 걸어 다녔던 곳은 다소 상세히 기억에 남아 있습니다. 그런 것 보면 차 타고 갈 때는 사물이 '유'개념으로 보여서 기억이 명확하지 않지만, 걸어갈 때는 사물이 '종'개념으로 보여 기억이 구체적입니다. 세밀한 부분들이 보인다는 말이지요. 산책이 우리에게 주는 유익함은 그런 존재의 개별성을 놓치지 않도록 해 주는 데 있는 것 같습니다.

2. 자연

　산책하다 보면 흙길을 걸을 때도 있고, 돌짝밭을 걸을 때도 있고, 포장길을 걸을 때도 있습니다. 그 느낌들이 다릅니다. 소리도 다르고요. 흙길 걸을 일이 많지 않기에 기왕이면 흙길로 갑니다. 운동화에 흙이 들어가 불편해도 때로는 그 길이 좋을 때가 있습니다. 이 길을 걷다 보면 만나는 이들이 있습니다. 토끼, 도마뱀, 꽃, 나무, 다람쥐, 풀 등⋯.

　길을 걷는데 무언가 종아리를 감싸 안는 것 같았습니다.

약간 놀라 한 발짝 옆으로 비켜서 보니 철조망 담벼락 사이로 삐져나온 풀들이 반바지를 입은 종아리를 휘감은 것입니다. 긴바지를 입었으면 전혀 느끼지 못했을 그런 원초적 촉감이었지요. 삶도 맨몸으로 부딪힐 때 더 실감 나지 않던가요. 풀도 때론 존재가 그리운가 봅니다.

어떤 생각에 빠져 산책하다 보면 이웃집 개가 짖을 때가 있습니다. 머리카락이 쭈뼛 섭니다. 무얼 생각했는지 까먹을 정도입니다. 두세 번 넋 놓고 가다 당하고 보니 다음부터는 그 집 앞을 지날 때 개가 있는지 없는지 확인합니다. 어느 날은 그 개가 땅바닥에 그냥 엎드려 있더군요. 달려와 짖지도 않습니다. 이제 제법 낯이 익어서 가만히 있나 했는데 다음에 또 와서 짖습니다. 가만히 보니 주인이 밖에 돌아다니면 와서 짖고 그렇지 않으면 잘 짖지도 않는 것 같습니다. 게으르고 눈치 많은 개인지도 모르겠습니다.

산책길 한가운데에 풍성한 똥 무덤이 있습니다. 말똥인 것 같습니다. 이상합니다. 개똥은 치우라고 그렇게 사인이 붙어 있는데 말똥은 왜 안 치우는지 모르겠습니다. 저렇게 많은 똥을 한꺼번에 쌀 수 있는 것이 너무나 신기합니다.

세상 사람들에게 보여 주기 위함인가요?

아니면 그 많은 똥을 담아 갈 봉투가 없어서 그렇게 두나요?

말에서 내리기가 불편한가요?

누가 이유 좀 설명해 주면 고맙겠습니다. 오래전 어느 산길을 걷다가 그런 똥을 봤을 때는 생전 처음 보는 풍성한 똥이었기에 곰똥인지 알았습니다. 그런데 말이 그 길로 다니는 것을 알고는 그것이 말똥인 것으로 추측만 하고 있습니다.

산책하다 보면 공기 온도가 다른 곳이 있습니다. 왜 그런 현상이 벌어지는지는 잘은 모르겠으나 순간 차가운 공기를 맡으니 어릴 적 기억이 떠오릅니다. 집 안에 있다가 밖으로 나올 때 이런 경험을 종종 합니다. '프루스트 현상'이라 했지요. 기억은 머릿속에 있지만, 콧속으로 그 기억이 흘러

들어가나 봅니다. 인생 살다가도 예기치 않은 순간을 만나면 그것이 우리 속에 사건이 되기도 합니다. 신기합니다. 우리의 경험은 늘 과거에만 있지 않습니다. 과거의 경험이 오늘 우리에게도 살아날 때도 있습니다. 그래서 그 경험이 현재에 살아 있어서 미래에 영향을 줄 때가 있지요.

오래전 산책길에 강아지풀을 보고 딸에게 알려 준 적이 있습니다. 한 참 후 그 강아지풀을 보고 "이 풀 기억나니?" 물으니 "개풀?" 하며 되묻습니다. '개뿔' 안 그런 것이 다행입니다. 산책하는 길에 만나는 꽃들이 아름답습니다. 예전에는 그냥 스쳐 지났지만, 요즈음은 핸드폰으로 사진을 찍어 그 꽃 이름이 무엇인지 알아봅니다. 꽃의 이름을 알면, 김춘수 시인의 시처럼, 그의 이름을 불러 줍니다. 그 꽃도 하나의 존재이기에 그렇습니다. 이사야 선지자가 말했습니다.

> 풀은 마르고 꽃은 시드나 우리 하나님의 말씀은 영원히 서리라(사 40:8; 벧전 1:24b-25a).

그런데 이 말씀은 풀은 마르고 꽃이 시든다고 그 풀과 꽃이 가치 없다는 말은 아닐 것입니다. 삼위일체 하나님이 창조하신 것은 그 무엇이든 가치 있기에 그렇습니다.

언덕 꼭대기에 서서 아래를 봅니다. 밑에서 보지 못하던 것들이 얼마나 보이는지, 한눈에 볼 수 있는 반경이 얼마나 넓은지, 사람이 얼마나 작게 보이는지, 차들이 얼마나 장난감처럼 보이는지, 흘리는 땀이 얼마나 고마운지, 산바람이 얼마나 맛있고 시원한지, 자연에 감사하게 됩니다. 새들이 앉지 않은 빈 전깃줄을 보고 있으면 '지금은 간주 중'이라고 말하는 것 같습니다. 그러다가 새들이 앉으면 연주가 시작되는 듯하고요.

코로나19 기간에 새들이 나란히 앉아 있는 것을 보니, '사회적 거리를 유지해 달라'고 말하고 싶어지네요. 그렇게 앉아 있는 새들이 저녁노을 속으로 날갯짓할 때는 때로 아득한 회색빛 같은 쓸쓸함이 묻어날 때가 있습니다.
  때로는 바다에 시선을 두고 올 때가 있습니다. 일상의 텁텁함 속에 지내다가 무언가 그리우면 우리 몸은 바다를 향할 때가 많습니다.
  바다가 그리움의 고향인가 봅니다. 우린 무얼 그리워하며 살아가나요?
  바다를 찾는 이들은 누구도 바다를 등지기 위해 바다를 찾지는 않습니다. 모든 시선은 바다를 향해 있습니다. 그 바다에서 인생을 물어보고 자신을 톺아봅니다. 하지만 정작 바다를 바라보는 시선 뒤로 자신의 삶이 있는데 말이지요.
  바다에 와 남겨진 발자국들을 가슴에 담습니다. 지나간 사람들의 발자국과 새들의 발자국. 허공을 날다 지친 새들도 삶의 흔적을 그렇게 모래 위에 찍고 갑니다. 갈매기 한 마리 모래사장에 급히 내려앉습니다. 지체하지 않고 흙 속에 파묻힌 과자 하나 주둥이로 집어 듭니다. 가로로 들어 올렸던 과자를 먹기 편하게 부리 방향을 따라 세로로 자세를 몇 번 고쳐 잡더니 흙도 털지 않고 씹지도 않은 채 그대로 꿀꺽 삼킵니다. 물도 마시지 않고 몇 번 꿀꺽하더니 몸속에 집어넣습니다. 마치 장 보고 온 음식을 냉동고에 쑤셔 넣듯 저장한 뒤 수평선 한 번 바라보고는 날갯짓을 합니다. 궁금합니다.
  그게 끝인가요?
  아니면 어디 한적한 곳으로 가서 되새김질하나요?

갈매기 떠난 바다에 바람이 세차게 불어옵니다.
바닷바람이 그렇게도 강한데 백사장 모래는 쉽게 날리지 않네요.
모래 위 발자국도 여전하고요.
갈매기와 인간은 그렇게 모래 위에 남긴 발자국을 서로 읽어 가나 봅니다.
갈매기가 남긴 발자국을 인간이 읽듯이,
인간이 가고 난 뒤 남아 있는 발자국을 갈매기가 읽을 것입니다.

발자국은 삶을 이야기합니다.
철 지난 늦가을이나 겨울에 와 봐야겠습니다.
그 여름 지나 찾아온 사람들과 갈매기는 무엇을 그리워하며
무슨 일이 있었는지 알기 위해서 말이죠.
바다는 그렇게도 무엇인가를 그리워하며 오는 사람을 품으며
그렇게도 견디며 거기 있는 것 같습니다.
언제든 오라 합니다.
그러고 보니 바다는 인간이 말하는 모든 언어를 다 이해할 줄 아나 봅니다.
각종 다양한 언어를 쓰는 이들이 다 오니 말이죠.
그런 생각을 해 봅니다.
바다같이 저렇게 넓을 수만 있다면,
그래서 창공을 날아가던 바닷새도 잠시 날개를 접고 쉬었다가 갈 수 있도록
안식을 주는 저 바다와 같다면,
수많은 고기 떼를 품으면서 그들이 살아갈 수 있도록 어머니같이
묵묵히 있는 저 바다와 같다면,
누군가가 저 깊은 바다에 돌을 던져 잠깐 바다를 놀라게 해도
미세하게 한 몸 떨어 주는 저 섬세한 바다와 같다면,
해녀들이 혹은 고기잡이 어선들이 바다로 나가서 자기 몸의 일부를 떼어 와도
넉넉히 내어 주는 저 바다와 같다면,
사람들이 낚싯줄을 드리우고 바위 위에 앉아 있을 때
수많은 상념의 파편들을 받아서 대화해 주는 저 바다와 같다면,
연인들이 찾아와 서로 사랑을 나누고 사랑의 몸짓을 나누어도
샘내지 않는 바다와 같다면,
세상살이 힘들어 사람들로부터 위로받지 못하고 갈 곳 없어 방황하는 자가
찾아와 바라만 봐도 새 힘을 얻을 수 있는 저 바다와 같다면.
저 바다 같기만 하다면 얼마나 좋을까 하는 생각 말이죠.

바다를 바라본다는 것은 현재를 잊어버리기 위해 가는 것일 수도 있습니다. 그러나 결국 돌아갈 곳은 자신이 시선을 두고 있는 바다 맞은편이지요. 즉 현재입니다. 파스칼은 우리의 생각이 온통 과거나 미래에 사로잡혀 있어서 현재를 생각하지 않는다고 합니다. 미래만이 목적이어서 과거와 현재는 그 목적을 이루는 수단에 불과하다는 것이지요. 그러니 "우리는 사는 것이 아니라 살기를 바라고 있다. 그리고 항상 행복하려고 준비하고 있으니 결코 행복할 수 없다는 것은 불가피하다"[3]고 합니다.

현재를 외면한 미래만을 바라보는 것은 결코 현실 또한 변화시킬 수 없기에 행복할 수 없을 겁니다. 그러니 바다에 모든 스트레스를 던지고 자신의 현재 삶으로 돌아와 현재를 살아야 할 것입니다.

그 넓은 바다에서 우리는 땅 파기, 공놀이, 썬탠, 수영, 서핑, 연날리기, 노는 아이들 사진 찍기 등등합니다. 그런데 그런 생각을 해 봅니다. 이 넓은 바다에서 인간이, 물론 모든 인간은 아니겠지만, 상당수의 인간이 놀 수 있는 범위는 기껏해야 해변에서 20, 30미터인 것 같습니다. 다시 한번 인간의 나약함을 느낍니다.

3. 사람: 우리는 왜 서로에게 이방인이어야만 하는가?

대학 시절 사람 만나는 것을 좋아해서 처음 보는 사람에게 말을 걸곤 했습니다. 그러면 어떤 분들은 조금 이상하게 보더군요. 그러면서 질문이 생겼습니다.

"우리는 왜 서로에게 이방인이어야만 하는가?"

---

3   블레즈 파스칼, 『팡세』, 이환 역 (민음사, 2003), 63.

그래서 글을 써서 사람들에게 나눠 주곤 했습니다. 아래 몇 문단에 걸쳐 쓴 것이 그때 쓴 글입니다.

> 사람이 기본 사람을 만나서 이러한 일도 해 본다는 것은 원래는 이상한 것이 아닐진대, 세상이 그리고 어쩌면 우리가 이러한 행동을 이상하고 가끔은 쓸데없는 놈들이 하는 수작으로 생각할지 모르겠지만 적어도 저에게 있어서만큼은 너무나도 중요하고 가치 있는 일임을 알아주시기 바랍니다. 언어의 홍수의 시대에 그리고 언어적 표현, 고백의 허무함 시대에 이렇게 몇 자 적는 것은, 이것 또한 물론 허무함으로 끝날지 모르겠지만, 무엇인가 얘기하고픈 충동을 느껴서입니다.
> 미친개의 혓바닥을 늘어뜨리기에 알맞을 만큼 태양은 우리 머리 위에서 내리쬐는데, 사람들의 발걸음은 슬로비디오의 한 장면처럼 천천히 아주 천천히 서로의 발걸음을 무시하는데, 스쳐 지나가는 당신과 저는 아무 말이 없습니다.
> 단지 서로의 겉모습을 대충 그러나 너무나 빠르게 보면서, 지나가는 개 쳐다보듯이 보고 지나갑니다.
> 몇 번이었을까요?
> 단지 당신의 기억 속에는 자리 잡고 있지 않을지 모르겠지만, 그렇다고 저의 기억 속에 있다는 얘기는 아닙니다만, 어쩌면 당신과 저는 몇 번은 만났을 겁니다. 아니 정확히 말하자면 몇 번 스쳐 지나가면서 보기는 봤을 겁니다. 그러나 우리의 머리가 그것을 기억하고 있지 못할 뿐이지만요. 안타깝기도 합니다. 지나가는 미친개도 스쳐 지나가면서 짖기라도 하는데, 그 대상이 무엇이든지 간에 또 반갑든 반갑지 않든 간에 그의 존재를 확인하는 만남의 소리를 내는데, 하물며 만물의 영장이라고 하는 인간에게는 이러한 미친 모습도 없습니다. 차라리 미친개처럼 짖기라도 했으면 좋을 텐데 말이죠.

우리의 존재가 이러한 모습이 아닐까요?

이러한 모습이 아주 당연시되어 어떠한 문제의식조차 느끼지 못하는 그래서 이제는 굳어 버린 존재가 된 것은 아닌지요?

인간을 만납시다. 살아 숨 쉬는 인간을 만납시다. 서슴없이 다가서는, 그래서 존재를 확인하는 목소리를 찾읍시다. 단지 36.5도의 정상적인 체온을 가진 그리고 80에서 120의 아주 정상적인 혈압을 가진 수치적, 동물적 인간 말고, 비록 그의 체온이 40도가 되어도 120에서 190의 혈압을 가졌더라도 살아 숨 쉬는 호흡을 가진 인간을 만납시다. 가장 중요한 것은 각자의 자존심을 버리는 것일 겁니다. 그 하찮은 자존심 한 번 벗어 던지고 잃어버린 목소리, 인간을 만납시다.

그 인간은 이미 만들어진 상품이 아니고 우리가 창조적으로 만들어 가는 것이 아니겠습니까?

인간이 인간에게 이방인의 모습으로 있는 것은 적어도 저에게는 '참을 수 없는 존재의 무거움'입니다. 느낌으로 받으셨으면 합니다. 그리고 지금 당장. 그다음은 우리 각자의 몫일 겁니다.

토머스 머튼은 『죄 많은 방관자의 억측』에서 이렇게 말했다 합니다.

> 루이빌, 그중에서도 상업지구 한복판에 있는 4번가와 월넛가의 한구석에서 문득 눈에 보이는 이들을 전부 사랑하며, 모두가 내 식구이자 나 역시 그들의 가족이고, 설령 일면식조차 없는 사이라 할지라도 서로에게 외계인이 될 수는 없다는 깨달음이 파도처럼 밀려왔다.[4]

---

4 나우웬, 『제네시 일기』, 150 재인용.

코로나19로 인해 사람들을 직접 만날 기회들이 줄어듭니다. 온라인상에서라도 만나야죠. 그 만남도 만남이니까요.

사람을 만나야 합니다. 인간이기에 그렇습니다. 관계적 존재이기에 그렇습니다. 무엇보다 삶에 지쳐 아파하는 이들과 만나야 합니다. 그들에게 살아갈 용기를 줄 수 있어야 할 것 같습니다. 동물 중 하이에나만큼 지저분한 놈들도 없는 것 같습니다. 떼 지어 다니며 남의 사냥감 뺏어 먹고 괴롭힙니다. 지저분합니다. 인생 살면서 남에게 해 끼치지 말고 도우며 살면 좋겠습니다. 돕기 위해서는 공감하고 함께 아파하는 마음이 있어야 합니다.

드라마 <슬기로운 의사 생활> 제1회에 나오는 에피소드입니다. 한 의사가 환자 보호자와 엘리베이터에서 대화를 나누는데 환자 보호자가 그 자리에 쪼그리고 앉아 웁니다. 그때 문이 열리고 후배 의사 둘이 타려 합니다. 그러자 그 의사가 "다음 거 타" 합니다. 눈물 흘리는 자에게는 공감이 필요하죠. 그 공감에는 함께하는 시간이 필요합니다. 마치 다초점 안경을 쓰는 이가 사람을 볼 때 초점을 맞추기 위해 자신의 얼굴과 눈을 조금씩 움직이듯이 시간이 필요합니다. 그 사람에게 초점을 맞추기 위해서죠. 그 사람과 함께 시간을 갖기 위해서입니다. 후배 의사 둘도 소중하지만, 그 의사는 후배 의사들보다 지금은 울고 있는 환자 보호자를 더 위로해야 할 때라 생각했을 겁니다.

사람들 만나 서로 초점을 맞추면서 서로 아픔을 나누면서 살아간다면 그런 삶 괜찮지 않을까요?

4. 사랑하는 이

　누구나 인생길을 걷다 보면 또 누군가를 사랑하는 사람으로 만나고 싶어 합니다. 그러나 아무나 만나지는 않습니다. 자신의 심장을 건드리는 이를 만나고 싶어 하겠지요. 그 만남은 친구들이나 동료나 아는 지인들의 만남과는 차원이 다른 것 같습니다. 가슴이 반응하기에 그렇습니다. 함께 살 사람이기에 그럴 것입니다. 그런 사랑하는 이를 만나 가슴 뛰며 때로는 아파하며 때로는 가슴 졸이며 만나며 사랑합니다.
　대중가요 중에 김종환이 부른 <존재의 이유>라는 노래가 있습니다.

　　　　언젠가는 너와 함께하겠지
　　　　지금은 헤어져 있어도.

　그렇게 가사가 시작됩니다. 이어지는 가사에 보면 그런 표현이 있습니다.

　　　　네가 있다는 것이 나를 존재하게 해.
　　　　네가 있어 나는 살 수 있는 거야.

　이 가사의 의미는 아마 이런 의미 아닐까 합니다. 나의 존재 이유가, 내가 살아 있기에 있는 것이 아니라, 역설적이게도 혹은 간절하게도, 네가 살아 있기에 내가 살아가는 의미가 있다는 뜻 아닐까 싶습니다. 반대로 네가 없다면 나 또한 살아 있을 이유가 없으며 이 세상 또한 존재의 의미를 상실하게 될 거라는 그런 의미겠지요.
　사랑하는 사람은 사랑하는 대상이 있기에 살아갈 의미가 있으며 그 대상이 있기에 자신의 존재가 의미 있다는 말일 겁니다. 사랑하는 사람의 존재가 나를 존재하게 하는 것이지요.

그의 다른 노래 <사랑을 위하여>의 가사는 다음과 같습니다.

이른 아침에 잠에서 깨어 너를 바라볼 수 있다면
물안개 피는 강가에 서서 작은 미소로 너를 부르리
하루를 살아도 행복할 수 있다면 나는 그 길을 택하고 싶다
세상이 우리를 힘들게 하여도 우리들은 변하지 않아
내가 아플 때보다 니가 아파할 때가 내 가슴을 철들게 했고
너의 사랑 안에 나는 옷을 벗었다. 거짓의 옷을 벗어 버렸다.
너를 사랑하기에 저 하늘 끝까지 마지막 남은 진실 하나로
오래 두어도 진정 변하지 않을 사랑으로 남게 해 주오

이 가사의 의미는 잠에서 깨어났을 때 사랑하는 사람을 바라볼 수만 있다면 그것으로 행복하다는 말일 겁니다. 다른 무엇 큰 것을 바라는 것이 아니고 다만 옆에 있어 주는 그 사람으로 인해 행복하다는 말이지요. 또 자기 존재의 아픔보다 '사랑하는 사람의 아픔이 자신을 철들게 했다'는 표현은 사랑의 절정인 것 같습니다. 자기의 아픔은 아무것도 아니고 사랑하는 사람의 아픔이 자기의 아픔보다 더 아프니 그 아픔 속에서 인생이 무엇인지 알게 된다는 말일 겁니다. 그러니 "하루를 살아도 행복할 수 있다면 나는 그 길을 택하고 싶다"고 고백할 수 있겠지요.

안도현의 『연어』라는 동화책에 보면 이와 비슷한 감정이 있습니다. 은빛 연어가 위험에 처하게 됩니다. 눈 맑은 연어가 은빛 연어를 구해 주는데 그때 눈 맑은 연어 등지느러미에 상처를 입게 되죠. 은빛 연어가 이 눈 맑은 연어에게 "너 아프겠다" 말하니 눈 맑은 연어가 답합니다.

"너가 아프지 않으면 나도 아프지 않아."

자신이 아픔에도 불구하고 상대방이 아프지 않으면 자신의 아픔은 아무것도 아님을 말하는 자는 이미 사랑에 빠진 자이겠지요.

사랑하는 사람은 그저 있어만 줘도 좋은 사람일 겁니다. 이렇게 고백할 수 있을 것 같습니다.

자명종 소리에 피곤한 몸 겨우 일으켜 아침 햇살을 맞으며 기지개를 켜는 것은 네가 있기에 힘들지 않고, 세수하고 양치하고 아침을 먹는 것도 너에게 나를 보여 주기 위함이며, 만원 버스나 지옥철을 타고 가도 짜증이 덜 나는 것은 네가 있기에 그 정도는 참을 수 있으며, 직장이나 학교에서 괴로운 일이 있어도 잊어버리고 살아갈 수 있는 것도 네가 있기에 가능하고, 퇴근 때나 수업을 마칠 때 배가 고파도 고프지 않은 것은 너를 만나러 가는 그 길이 행복하기 때문이며, 너를 만나는 약속 시간에 네가 아직 나타나지 않아도 담벼락에 기대어 저녁노을을 바라보며 떨어지는 낙엽 바라봐도 외롭지 않은 것은 조금 있으면 너를 만날 수 있다는 믿음 때문이며, 네가 보이지 않더라도 멀리서 너의 향기가 느껴지면 벌써 나는 너로 인해 행복하고, 너와 함께하는 시간은 너와 함께 같은 시간, 같은 공간에 있기에 행복하고, 이제 헤어질 시간이 되어서 너의 손을 붙잡고 너의 집까지 바래다주며 너와 헤어지는 것이 마음 아프지만 참을 수 있는 것은 너와 함께했던 시간 동안 바라봤던 너의 눈동자를 기억하기 때문이고, 집에 돌아와 잠자리에 들어갈 때도 행복한 것은 꿈속에서 너와 다시 만날 수 있기에 행복한 것이지. 그래 나의 삶의 모든 목적과 모든 의미와 이유가 내가 사랑하는 단 한 사람 네가 있기에 있는 것이고 네가 없으면 나의 삶과 나의 존재는 없는 것이지. 그대 있기에 내가 존재하지.

5. 자기 자신: 나는 나에게 무엇을 질문할 것인가?

걷다 보면 타자를 만날 때도 있고 자신을 만날 때도 있습니다. 자신에게로 들어가 자신을 만날 때는 자신이 어디를 걷고 있는지 순간 인지하지 못합니다. 생각이 많으면 산책해도 뭘 봤는지 기억이 나지 않을 때가 있습니다. 심하면 산책한 사실조차도 모를 수도 있을 것 같습니다. 생각이 많으면 빨리 걷지 못합니다. 생각의 무게 때문일 겁니다. 자신을 생각할 때 더 그런 것 같습니다. 자신을 어깨도 아닌 머리에 지고 가기에 그럴 것입니다. 걷는 걸음마다 자기뿐입니다.

조금 걸었는가 싶은데 정신을 차려 보면 많이 걸었을 때가 있습니다. 감각으로는 그 거리를 가늠하기가 쉽지 않을 때가 있습니다. 목적이 있어서 걷는 게 아니라 걷는 것 자체가 목적일 때가 있습니다. 전자는 어떤 생각을 하기 위해 혹은 누군가와 만나기 위해 걷는 경우이고, 후자는 그런 것 없이 걷기 위해 걷는 것입니다. 때로는 잊기 위해 걸을 때가 있습니다. 부정하기 위해 걸을 때가 있습니다.

무엇을요?

현실을 말이죠.

앞으로 걷는데 생각은 과거로 갑니다. 지나온 시간이 생각납니다. '인생은 만남과 헤어짐의 연속'이라 했지요. 그런 만남과 헤어진 한 장면이 떠오르네요. 전도사 시절 5년간 함께한 교회를 떠나던 때가 있었지요.

27살의 나이에 와서 32살의 끝에 떠났기에 얼마나 많은 추억이 있었겠습니까?

현상적으로만 봐도 혼자 와서 둘이 되어 떠나고, 목사 안수도 받았고, 그리고 그 어렵다고 하는 국가고시인 운전면허 시험에도 합격해서 면허증도 가지게 되었으니 말이죠.

또 다른 가나안을 향해 떠나면서 그런 생각을 해 보았습니다. 가나안을 향해 떠나지만, 어찌 바로 가나안으로 갈 수 있겠습니까. 그 옛날 모세가 이스라엘 백성을 데리고 하나님이 인도하신 가나안으로 갈 때 어찌 바로 가나안으로 갔겠습니까. 그들의 그동안의 삶과 정신을 하나님이 원하시는 방향으로 인도하기에 40년의 광야 생활이 있어야만 했다면 그리고 인생들이 그런 광야 생활을 한 번쯤은 거치면서 울퉁불퉁했던 자아가 다듬어졌다고 한다면 나 또한 그런 광야 생활을 맞을 준비를 해야겠다고 말이죠.

그 광야 생활을 시작하면서 나 자신에게 말을 건넨 적이 있습니다.

나는 나를 잘 아는가?

나는 네가 아닌 나이기에 나의 말을 내가 다 알아듣는 것 같지만 실은 내가 하는 말을 나 또한 모를 때가 있지 않은가?

내가 나이기에 나의 질문이 무엇인지 내가 가장 잘 안다고 말할 수 있지만 그리고 그 질문에 내가 가장 잘 답한다고 자부하지만 그렇다고 해서 나는 나의 근원적인 존재론적 질문을 설명할 수 있는가?

그동안 너무나 나 스스로 나에게 말을 건네 본 적이 별로 없었던 것 같다. 주일마다 교회에서 설교한 것은 물론 내가 나에게 말을 건네는 것이기도 하였지만 타인들에게 하나님의 말씀을 통해서 이야기한 것들이기에 이제는 나 자신에게 질문을 던져 보고 그 질문에 나 스스로 답변을 하고자 한다.

어쩌면 그동안 너무나도 몰랐던 나의 많은 부분 부분들을 알아갈 것 같기도 하다. '이 모습이 진정 나의 모습이었을까' 하는 부분들도 있을 것이다. '이것은 정말로 내가 혐오하던 그런 것들인데 이것을 내가 가지고 있었다니' 하는 부분들도 있을 것이다. 그러나 두려워하지 않는다.

그 무엇인들 나의 것이기에 사랑해야 하지 않을까?

그리고 나에게로 떠나는 이 여행은 아마도 기나긴 여행이 될 것 같다. 이 여행의 여정 속에 다시금 하나님이 내 속에 부어 주셨지만, 한동안 묻어 둔 글의 우물을 파 보고자 한다. 내 발길 닿는 그 어디에나 나의 눈물과 생각이 담긴 글을 써 보고자 한다. 그래서 어느 책의 제목처럼 '뼛속까지 내려가서' 한번 써 보고자 한다.

그런 화두를 가지고 살아왔지만 여전히 나 자신 안에는 풀리지 않는 인식이 있는 것 같습니다. 나는 나를 잘 모릅니다. 나는 내가 나를 잘 모른다는 것을 압니다. 그러나 때로는 나는 내가 나를 잘 모른다는 것을 모릅니다. 나는 나를 잘 압니다. 나는 내가 나를 잘 안다는 것을 압니다. 그러나 때로는 나는 내가 나를 잘 안다는 것을 모릅니다.

이런 양가적 혹은 이중적 인식 앞에 '나는 나에게 무엇을 질문할 것인가' 이것을 여전히 물어야 할 것 같습니다.

6. 존재의 근원이신 하나님

주인이 개와 함께 산책할 때 개 목줄을 해서 데리고 다닙니다. 또 그렇게 해야 합니다. 어떤 이는 "자신의 개는 물지 않는다"고 그냥 풀어 두고 산책하기도 합니다. 그러나 모든 개는 물지요. 언젠가 산책하다 보니 어느 주인은 개 두 마리를 서로 묶어 다니게 하더군요. 개가 주인에게 연결이 되어 있어야지 개끼리 묶으면 무슨 소용이 있을까요.

우리가 이 땅에 살아가며 사람들과 연결되어 있어야 하지만 사람과만 연결되어 있으면 아무 소용이 없습니다. 모든 존재의 근원이신 삼위일체 하나님과 연결되어 있어야 합니다. 존재의 근원과는 연결되어 있지 않고 존재자들끼리만 연결되어 살아가다 보면 자신이 어디서 왔으며 어디로 돌아가야 할지 모르고 살아가는 것과 같습니다. 그것은 마치 친구들과 놀다 보니 집이 어디인지 돌아갈 곳이 어디인지 관심 없이 노는 데만 빠져 있는 어린아이들의 모습과 비슷한 것 같습니다.

존재의 근원을 만나야 합니다. 이때 만난다는 것은 의식적으로 만나야 함을 의미합니다. 그 하나님은 만물의 존재 근거이기에 우리가 의식하든 의식하지 않든 연결되어 있습니다. 그러나 우리의 의식이 하나님을 인식할 수 있어야 합니다. 그리고 만나야 합니다.

그 하나님은 어디 특정한 장소에서만 만나야 할 분이 아니십니다. 그분이 지금 여기에 계시는데 어디서 그분을 따로 만나나요. 우리가 가는 어디든 그분은 계십니다. 걷는 걸음걸음마다 하나님은 함께하십니다. 숨 쉬는 호흡마다 함께하십니다. 그러니 일상에서 하나님을 만날 수 있어야 합니다.

코로나19로 인해 사람들을 직접 많이 만나지는 못하지만 만남이 이루어지지 않는 것은 아니지요. 주어진 인생길 걷다가 하나님을 만난다는 것이 얼마나 감사한 일인지요. 설명할 수 없는 부분들이 너무나도 많은데 하나님을 만났으니 은혜입니다.

하나님을 만나더라도 인생에 질문이 왜 없겠습니까?

하지만 하나님을 만나지 않고 가지는 질문과 하나님을 만나고 나서 가지는 질문은 질문의 내용이 다를 것입니다.

더불어 살아가는 것이 비단 사람들과의 관계에서만 이루어지는 것은 아닙니다. 하나님과 사람도 더불어 살아갑니다. 인류 역사는 하나님과 사람의 공동 작업으로 이루어진 역사입니다. 이 말은 하나님 혼자서 모든 일을 할 수 없다는 말이 아닙니다. 인류 역사가 하나님이 주관하는 역사가 아니라는 말 또한 아니지요. 하나님이 스스로 사람을 파트너로 선정하셨다는 놀라운 의미를 지닙니다.

하나님 혼자서 일하시는 게 편하시겠습니까?

사람과 더불어 일하시는 게 편하시겠습니까?

하나님 편에서는 혼자서 일하시는 게 훨씬 편하시지요. 그렇지만 그것은 하나님이 사람을 로봇처럼 만드는 것이기에 하나님 스스로 낮아지셔서 사람과 더불어 일하셨음을 주목해야 합니다. 그것의 가장 구체적인 사건이 예수 그리스도 사건입니다. 하나님이 사람이 되신 사건이지요. 하나님이 혼자서 모든 일을 하시겠다고 마음을 먹으셨다면 하나님이 사람이 되시지 않으셨겠지요. 하나님은 혼자서도 모든 일을 추진하실 수 있으셨지만 사람과 더불어 하십니다.

그러니 존재의 근원이신 하나님이 우리에게 찾아오셔서 관계 맺으시기 원하는 것을 거부하는 것은 자신의 존재 자체를 거부하는 것과 같다 할 수 있을 겁니다. 다른 건 잊을 수 있어도 근원은 잊으면 안 되지요. 왜 그런가 하니 하나님이 우리의 모든 인생의 문제에 답해 줄 수 있기 때문입니다. 장로회신학대학교 김도훈 교수님은 "기독교에서의 하나님은 저 멀리 계신 분이 아닙니다. 우리와 함께 길을 걷는 분이시지요. 바로 '길 위의 하나님'이십니다."[5]라고 고백합니다. 그 하나님을 우리의 인생길 위에서 만날 수 있기를 소망합니다.

7. 오늘도 걸으며

언젠가 점심 먹고 산책하다 돌아오는 길에 하늘색 포스트잇이 떨어져 있는 것을 보았습니다. 낯익습니다. 오전에 사용했던 것과 비슷하다는 생각과 동시에 주머니에 넣고 온 기억이 났습니다. 혹시나 하고 주머니를 뒤지니 없습니다. 주워 보니 아침에 메모한 내용이 거기에 있습니다. 미묘한

---

[5] 김도훈, 『길 위의 하나님』 (조이웍스, 2014), 8.

감정이 들었습니다. 생명은 없지만 내가 사용했던 것을 길에서 주우니 왠지 모를 애틋함이 묻어납니다. 자신의 손길을 거치고 자신의 눈을 거치고 자신의 오감을 거친 것들은 생명이 없더라도 소중합니다.

언젠가 퇴근하면서 늘 하듯 아내에게 전화했습니다. 목소리가 밝지를 않습니다. 장모님이 아침에 산책 갔다 오면서 핸드폰을 잃어버렸다는 것을 저녁이 다 되어서야 알게 되었다는 것입니다. 그래서 산책했던 길을 다시금 되짚어 가고 있다 합니다. 화씨 95도인 날씨에 말입니다. 집에 오자마자 자전거를 타고 뒤따라갔습니다. 장모님이 멈췄던 곳 중심으로 둘러보다가 거기 햇빛을 받아 반짝이는 은색 핸드폰을 찾은 적이 있습니다.

아끼는 물건을 잃어버렸는데도 이렇게 안타깝다면 우리에게 주어진 하루를 그냥 잃어버린다면 얼마나 허무할까요?

하루가 저물어 가는 시간에 생각해 봅니다. 무얼 하고 하루를 보냈는지 말입니다. 주어진 하루를 의미 없이 살지는 않았는지, 그래서 하루를 잃어버리지는 않았는지, 하루를 돌아보고 평가하고 반성합니다. 어제와 얼마나 달라졌는지 아니면 똑같았는지 생각해 봅니다. 주어진 일, 내가 선택한 일에 최선을 다하는 것이야말로 하루를 잃지 않고 의미 있게 살아가는 자세일 것입니다. 내일도 하루가 주어질 텐데 주어진 일을 하는 가운데 의미를 붙잡을 것을 다짐해 봅니다.

땅에 떨어져 뱅뱅 돌며 "부지지" 소리만 내는 풍뎅이처럼 우리 인생도 어쩌면 때론 제대로 걷지 못하고 인생길에서 헤매며 소음만 낼 때도 있을 겁니다. 산다고 다 사는 것은 아닌 것 같습니다. 제대로 살아야 할 것 같습니다. 약통에 있는 약도 먹어야 건강해지겠죠. 그냥 둔다고 건강해지는 것은 아닐 것입니다. 그 약들도 쓰임 받기 원할 테니 말이죠.

창문 여니 새 소리 들립니다. 새와 나 사이를 막고 있는 것이 창문이었네요. 가끔 사이를 막고 있는 무엇인가를 열 필요가 있습니다. 그것이 창문이든 마음의 문이든 말입니다. 아이들은 사이가 없어서 사물을 의인화해 버릴 때가 많습니다.

알렉산드라 호로비츠는 그러한 '물활론'적 태도를 통해 아이들이 감수성을 가진다고 합니다. 세상을 죽어 있거나 자신과는 아무런 상관이 없는 것으로 여기는 것이 아니라 살아 있는 것으로 간주하면 '연민'이 생긴다는 거지요.[6] 인생길 걸을 때도 그런 감수성을 가진 아이들처럼 우리도 그런 따뜻한 감수성을 가질 수 있기를 소망합니다.

"걸으면 해결된다"(*Solvitur Ambulando*)라 했습니다. 주어진 인생길 하나님 안에서 걷다 보면 우리에게 닥친 문제도 해결될 것입니다. 그리고 보니 '산책'을 '산~~책'으로 발음하면 '살아 있는 책'이라고 할 수 있을 것 같네요.

글 시작하면서 말씀드린 것처럼 오전에는 글자로 된 책을 읽고 오후에는 살아 있는 책을 읽으니 '책 속에 길이 있다'는 말이 빈말이 아니네요. 어느 길이든 걷다 보면 얽힌 문제들도 풀리겠지요. 은총으로밖에 설명이 안 되지 싶습니다. 그 은총 입으며 오늘도 걸어 봅니다.

---

[6] 호로비츠, 『관찰의 인문학』, 59.

제5장

언제나 그리움 저편에 있는 고향과 가족

1. 고향: 자연과 그리움

'고향' 하면 두 노래가 떠오릅니다. 하나는 이원수 작사, 홍난파 작곡의 국민 동요 <고향의 봄>입니다.

> 나의 살던 고향은 꽃피는 산골
> 복숭아꽃 살구꽃 아기 진달래
> 울긋불긋 꽃 대궐 차리인 동네
> 그 속에서 놀던 때가 그립습니다

눈감고 노랫말을 들으면 어릴 때 친구들과 뛰놀던 동네, 여름이면 물놀이했던 낙동강, 겨울이면 토끼 잡으러 헤매던 눈산이 기억납니다.
또 다른 노래는 나훈아가 부른 <고향역>입니다.

> 코스모스 피어 있는 정든 고향역
> 이뿐이 곱뿐이 모두 나와 반겨 주겠지
> 달려라 고향 열차 설레는 가슴 안고

눈 감아도 떠오르는
그리운 나의 고향역

고향 떠나 객지에서 살다 명절이면 열차 타고 고향으로 가던 때가 생각납니다. 자리가 없어 서서 몇 시간을 가도 힘들지 않고 가슴 설레었죠. 두고 온 여인들이 생각나서가 아니라 가족들과 친구들이 그리워서 말이죠.

그러고 보니 고향을 대표하는 두 노래에 공통으로 등장하는 대상은 '꽃'과 '그리움'이네요. 고향에 대한 상징이기도 한 것 같습니다. 꽃은 자연을 지칭하고 그리움은 인간에 대한 것이겠지요. 고향이 자연과 인간 모두를 품고 있기에 그런 것 같습니다. 그런데 세상 어디에 있더라도 꽃과 자연은 볼 수 있습니다. 고향 산천이 그립기는 합니다만 자연에 대한 갈증은 어느 정도는 해소되는 것 같습니다. 물론 고향 산천을 둘러봐야 그 그리움이 해소되겠지요.

무엇보다 고향이 그리운 것은, 가족을 포함한 어릴 적 친구들 때문일 겁니다. 가족과 친구들은 세상 모든 곳에 존재하지 않기에 그립습니다.

현실이 답답하거나 무료할 때 우리는 과거를 돌아봅니다. 거기에 그리움이 남아 있기 때문입니다. 그리움이 향하는 곳을 바라보면 거기에는 사람이 있기도 하고 장소가 있기도 하고 사건이 있기도 합니다. 그중에 우리는 대개 사람을 그리워합니다. 그들과의 추억은 있는데 지금은 그들을 더 이상 만나지 못하는 데서 오는 그리움입니다.

모두 무언가를 그리워하고 살아갑니다. 돌아갈 수 있는 사람이면 그리움이 쉬이 해결될 수 있겠지만 그러지 못하는 이들에게는 그 그리움이 지속됩니다. 그리움은 기억이 지향하는 것에 대한 그리움입니다. 그 기억을 만질 수 없어서 그리워합니다. 그것이 가족에 대한 기억이라면 더할 것입니다.

태어나서 자란 곳인 고향이라는 단어를 한문으로 보니, '옛 고'(故)에 '시골 향'(鄕), 즉 '옛 시골'이라는 평범한 뜻이네요. 뜻은 그렇게 특별하지 않아도, 아무리 이야기해도 지겹지 않고 며칠 밤을 새워도 다하지 못하는 이야기가 있다면, 그것은 바로 고향에 관한 이야기일 것입니다. 이는 자신의 과거가 거기에 있기 때문이겠지요. 눈감으면 금방이라도 그 시간으로 돌아갈 수 있을 정도로 생생하기에 그럴 것입니다. 기억을 되짚어 본다는 건, 삶을 되짚어 보는 것만큼 의미 있기에 고향은 기억과 이어져 있습니다.

지방 출신들은 타지에서 만나거나 외국에서 만나면 고향이 어디인지 확인부터 합니다. 같은 고향 사투리를 쓰는 사람이면 왠지 모르게 더 반갑고 그렇지요. 좁은 땅이지만 다른 지방 사람들 사투리 들으면 정말 재미있습니다. 처음 전라도 사람들이 서로 대화하는 것을 들은 적이 있는데 얼마나 재미있던지요. 너무 신기했습니다.

아내는 서울 사람인데, 처음 고향 안동 집에 인사드리러 갔을 때, 어머니가 아내에게 "정제 가서 오봉 좀 가져 온나" 한 적이 있습니다. 그런데 그 말이 뭔지 몰라 제가 통역(?)해 준 기억이 납니다. 제 아이들도 할아버지, 할머니와 전화 통화할 때 한국말이 서툴기도 했지만, 사투리 때문에 잘 이해가 안 되었던지 자주 "뭐라구요?" 묻더군요. 그런데 궁금합니다. 이곳 로스앤젤레스에서 샌프란시스코까지 차로 7시간 정도 가야 하는데, 그 사이에 있는 도시들은 서로 억양이 다른지 궁금합니다. 한국이 대도시마다 사투리가 다른 것은 그만큼 지역 특수성이 강하다고 할 수 있을 것 같습니다.

그런 고향이 더욱이 그리울 때가 많습니다. 특히 외국에 계신 분들 중 한국에 계신 부모님이 돌아가셨는데도 코로나19 때문에 가 보지도 못하고 가슴만 애태우는 분들의 이야기를 종종 들을 때면 가슴이 너무 아픕니다. 종종 부모님께 전화를 드리다가 어디 아프시다는 말씀을 들으면 그렇게도 속이 상합니다. 눈물이 납니다. 부모님이 핸드폰을 사용하지 못하셔서 집 전화로

만 통화를 하니 얼굴 보는 것도 쉽지 않습니다. 그렇게 그리움만 키우며 살아가는가 봅니다. 사실 이 책에서 고향에 관한 주제는 쓰기를 주저했습니다. 눈물만 날 것 같아서 말이죠. 그래도 부모님을 그리워하며 살아가는 분들이 계시기에 이렇게라도 써서 그리움을 조금은 달래어 보고자 합니다.

시인 김수영은 '예술의 본질'을 "생명의 향수를 그리고 고민하면서 일체의 허위와 문명의 폐단을 싫어하고 미워하는 고귀한 정신"이라 했습니다.[1] 어느 철학자는 철학을 '고향을 그리는 아픈 마음'이라 정의했습니다. 김수영이 "예술"을 정의하면서 사용한 단어가 어느 철학자가 철학을 정의하면서 사용한 고향과 연결이 됩니다. 예술과 철학은 그리움이라는 공통분모를 가진다는 점에서 고향과 정서적으로 닮아 있습니다.

2. 가족

고향이 그리운 이유는 특별히 가족이 있거나 가족에 대한 추억이 있기에 그렇습니다. 평소 4시간이면 갈 거리도 명절이면 10시간, 12시간 걸립니다. 그래도 갑니다. 고향에 가기 때문에 괜찮습니다. 지금은 잘 모르겠습니다만 3,000만 명이 이동했던 적도 있었습니다.

무엇이 그렇게 많은 사람들을 그렇게 많은 시간을 들여서라도 고향에 가게 했을까요?

그리움 때문일 것입니다. 편하기 때문일 겁니다. 불편한 사람을 그리워하는 사람은 없겠죠.

특별히 가족은 그리움과 편안함의 결정판입니다. 아무리 친구가 편해도 가족보다는 격식을 차려야 합니다. 소설가 신경숙이 '가족'을 이렇게 정의

---

1 김수영, 『김수영 전집』, 이영준 엮음 (민음사, 2018). 228.

했더군요. 가족이란, "밥을 다 먹은 밥상을 치우지 않고 앞에 둔 채로 아무렇지 않게 다른 일을 할 수 있는 관계"[2]라고 말입니다. 손님이 있으면 이렇게 못하지요. 가족 앞에서는 체면도 방어 본능도 필요 없습니다. 편하기에 이것저것 따지지 않아도 되지요.

가정은 식구들의 실수를 품어 주는 곳입니다. 세상 사람들은 혹 손가락질하고 비웃어도 가족은 품어줍니다. 그러기에 가족이 그립습니다. 아픔에도 함께 아파하고 기쁨에도 함께 기뻐하는 것이 가족입니다. 그렇게 돌아가 만날 가족이 있다는 건 감사한 일입니다. 만나서 얼굴 보고 이야기하고 웃을 수 있는 사람이 있다는 것은 좋은 일입니다.

도스토옙스키의 『죄와 벌』에 보면 주인공 로쟈 라스콜리니코프가 어머니에게 이런 말을 합니다.

> 엄마, 무슨 일이 있어도, 나에 대해 무슨 말을 듣더라도, 사람들이 내 얘기를 어떻게 하더라도 나를 지금처럼 사랑해 주실 거죠?

그러자 엄마가 이렇게 말합니다.

> 로쟈, 로쟈, 너, 무슨 일이냐?
> 아니, 어떻게 그런 걸 물어볼 수가 있니!
> 아니, 누가 너를 두고 나한테 이러쿵저러쿵한단 말이냐?
> 누가 나를 찾아오든 나는 누구의 말도 곧이듣지 않을 거다.
> 그냥 쫓아내고 말지.[3]

---

2 신경숙, 『엄마를 부탁해』(창비, 2008), 26.
3 표도르 도스토옙스키, 『죄와 벌 2』, 김연경 역 (민음사, 2012), 436-437.

세상 사람 다 미워해도 끝까지 사랑해 주는 이는 부모밖에 없을 것 같습니다. 탕자가 모든 재산을 탕진하고 바닥 인생을 살다가 마지막에 돌아갈 곳은 고향 집이었습니다. 아버지가 계신 곳이지요.

왜 돌아가고자 했을까요?

잘못 산 인생이지만 마지막으로 기댈 곳은 아버지의 품이었기에 그랬을 겁니다. 그리웠기 때문일 겁니다. 거기서 무엇을 하더라도 살 수 있을 것 같기에 돌아갔을 겁니다. 아들이 아버지께 돌아갈 때입니다.

아직도 거리가 멀지만 아버지가 그를 보고 측은히 여겨 달려가 목을 안고 입을 맞춥니다(눅 15:20).

이게 부모 마음이지 싶습니다. 아버지는 그 돈 어디 썼는지 묻지도 따지지도 않습니다. 품어줍니다. 앞으로 아들의 삶을 도와줄 겁니다.

영화 <두근두근 내 인생>에 나오는 조로증에 걸린 아들이 쓴 <아버지>라는 시입니다.[4]

> 아버지가 묻는다.
> 다시 태어난다면 무엇이 되고 싶으냐고
> 나는 큰소리로 답한다.
> 아버지, 나는 아버지가 되고 싶어요.
> 아버지가 묻는다.
> 더 나은 것이 많은데 왜 내가 되고 싶으냐고
> 나는 수줍어 조그맣게 말한다.
> 아버지, 나는 아버지로 태어나 다시 나를 낳은 뒤
> 아버지의 마음을 알고 싶어요.
> 아버지가 운다.

---

[4] https://www.hankyung.com/entertainment/article/2014091892294

아버지 마음을 알고 싶어 다시 태어나고 싶다는 아들의 마음이 우리의 마음을 아프게 합니다.
  우리는 그런 아버지의 마음을 알까요?
  고향 생각하고 가족 생각하면 가슴 한구석에 왠지 모르는 아픔이 있습니다. 특히나 부모님 생각하면 더 그러합니다. 대학 시절 고향 집에 갔다가 돌아오는 버스 안에서 늘 마음이 불편했습니다. 엉덩이에 퍼져 있는 몽고반점처럼, 부모님 생각하면 시린 아픔이 늘 가슴에 퍼져 있는 듯합니다.
  '어머니' 하니 시인 기형도의 <엄마 걱정>이라는 시가 생각나네요.

엄마 걱정(기형도)

열무 삼십 단을 이고
시장에 간 우리 엄마
안 오시네, 해는 시든 지 오래
나는 찬밥처럼 방에 담겨
아무리 천천히 숙제를 해도
엄마 안 오시네, 배추잎 같은 발소리 타박타박
안 들리네, 어둡고 무서운
금간 창 틈으로 고요히 빗소리
빈방에 혼자 엎드려 훌쩍거리던

아주 먼 옛날
지금도 내 눈시울을 뜨겁게 하는
그 시절, 내 유년의 윗목

누구나 이런 추억이 있을 겁니다. 일 가신 엄마 기다리던 시절 그때가 생각납니다. 김응교 교수는 "지혜로운 어머니의 삶은 기록조차 없지만 우리의 전 삶을 지배한다"[5]고 했습니다. 어머니의 삶에 대해 기록한 사람은 없지만 당신의 삶이 자식들의 삶 속에 기록되어 있습니다. 이것보다 더 분명한 책이 어디 있을까요.

부모님께는 수시로 인사드려야 합니다. 부모를 공경하라 했습니다. 마가복음 7장에 예수님이 장로들의 전통을 비판하면서 모세의 말을 인용합니다.

> 네 부모를 공경하라 하고 또 아버지나 어머니를 모욕하는 자는 죽임을 당하리라 하였거늘(막 7:10).

부모님께 드려야 할 것을 하나님께 드리면서 '고르반'(11절) 하지 말라 합니다. 부모 사랑하라는 말씀입니다.

결혼하고 자식이 생기고 나서야 부모의 사랑을 만각하는 경우가 많은 것 같습니다. 늦게라도 깨달아 부모님으로부터 받은 사랑을 다시금 부모님께 돌려드릴 수만 있다면 그나마 다행입니다만 그렇지 못하고 부모님을 일찍 떠나보낸다면 그 후회가 얼마나 크겠습니까?

더 늦기 전에 더 많은 사랑을 드려야 하는데 이렇게 멀리 떨어져 있다보니 너무 아쉽습니다.

가족은 하나님이 만드시라고 하신 창조 명령에 속합니다. 하나님이 아담을 지으시고 '혼자 사는 것이 좋지 아니하여' 그를 위하여 '돕는 배필'을 짓겠다(창 3:18) 하셨습니다. 아담의 외로운 모습이 눈에 밟혀서 하나님이 하와를 짝으로 주셨습니다. 하와는 아담에게서 '뼈 중의 뼈요, 살 중의 살'이지요. 이처럼 남자가 부모와 떠나 아내와 합하여 둘이 한 몸을 이룹니

---

[5] 김응교, 『그늘』(새물결플러스, 2012), 28.

다. 둘이 한 몸이 되면 부끄럽지 않습니다. 둘이 벌거벗었으나 부끄러워하지 않습니다. 하나님이 맺어 준 부부이기에 그렇습니다.

그런데 부부가 아님에도 벌거벗었으나 부끄러워하지 않으면 문제가 있는 것입니다. 드라마 <부부의 세계>를 보니 남자 주인공이 아내와 내연녀를 동시에 사랑한다는 것을 친구에게 말하면서 그것이 진심이라고 합니다. 그의 아내가 남편의 외도 사실을 알고 그 남편과 함께 남편의 내연녀 집에 가서 그 부모에게 이 사실을 알립니다. 아내가 남편에게 이제 아들을 볼 생각을 하지 말라 합니다. 이때 이 드라마에서 가장 많이 패러디된 대사가 나옵니다. 남편이 소리칩니다.

"사랑에 빠진 게 죄는 아니잖아."

맞습니다. 사랑은 죄가 아닙니다. 그러나 대상을 잘못 선정한 사랑은 죄가 됩니다. 아내를 두고 남편을 두고 다른 여자와 다른 남자를 사랑하는 것은 명백한 죄입니다.

하나님이 맺어 주신 가정 잘 유지해야 합니다. 하지만 완벽하게 사랑하지는 못하고 살아가는 것 또한 현실 부부의 모습이자 현실 가족의 모습입니다.

주일 온 가족이 온라인 예배를 드리는데 설교 시간에 살짝 졸리더군요. 그래서 옆에 있는 아내의 손을 혹시나 하고 살포시 잡아 보았습니다만 여전히 졸음이 설렘을 이기더군요.

마지막 방법으로 부부는 일심동체라 했기에 제 손안에 있는 아내의 손을 꼬집어 보았습니다. 잠이 달아나더군요. 아내의 아픔이 저의 아픔이어서가 아니라 아내가 급히 손을 빼더니 레이저 광선을 발사했기 때문입니다. 하나님을 두려워하라는 말씀은 현실에서는 추상일 수 있지만, 아내를 두려워하는 것은 생존 본능입니다.

잠을 깨는 데 이보다 더한 특효약이 어디 있겠습니까?

부부의 이상과 현실은 다릅니다. 이 간극을 빨리 깨닫고 살아가는 것이 건강한 가족을 만들 수 있는 첩경인 것 같습니다.

아담 혼자 있는 것이 보기에 좋지 않아서 둘이 함께 있으라고 가정을 만들어 주셨는데 코로나19로 인해 온 가족이 너무 자주 붙어 있습니다. 그러다 보니 가정불화도 일어나고 이혼율도 증가한다는 뉴스도 종종 나옵니다.

이혼율이 OECD 국가 중 2위라는 뉴스를 들은 지 오래입니다. 부모의 이혼율이 자녀의 범죄율로 이어집니다. 부모가 이혼하면 자녀는 집에 있는 것이 불편합니다. 그러다 보면 가출을 합니다. 가출하면 가장 시급한 숙식이 해결이 안 됩니다. 그것을 해결하기 위해 다른 가출한 친구들을 만납니다. 모텔 같은 데서 그들과 지내다가 아기가 생기는 경우가 있습니다.

그러면 그 아이는 누가 키우나요?

버려지기도 하고 죽기도 하고 청소년 미혼모가 키우기도 합니다. 살기 위해 어른들을 상대로 돈 받고 조건 만남 같은 것을 가집니다. 이렇게 자라나는 청소년들이 범죄를 저지르지 않고 사는 것은 어려운 이야기입니다. 그러니까 범죄의 상당 부분이 가정 문제로부터 발생한다 해도 과언이 아닐 것입니다. 마태복음 19장에 바리새인들이 예수님께 묻습니다.

> 사람이 어떤 이유가 있으면 그 아내를 버리는 것이 옳으니이까 (마 19:3).

예수님은 하나님이 아담과 하와를 만나게 했던 그 장면을 그대로 옮기십니다.

> 하나님이 남자와 여자를 지으시고 그 사람이 부모를 떠나서 아내에게 합하여 둘이 한 몸이 될지니라 한 것을 읽지 못하였느냐 그런즉 이제 둘이 아니요 한 몸이니 그러므로 하나님이 짝지어 주신 것을 사람이 나누지 못할지

니라 음행한 이유 외에 아내를 버리고 다른데 장가 드는 자는 간음함이라 (마 19: 9).

둘이 한 몸이 된 것은 하나님이 하신 것이기 때문에 원칙적으로는 자기들 스스로 나누지 못한다 말씀하십니다. 가정이 중요하기에 그렇습니다. 물론 현실 가족의 삶은 에덴동산의 삶과 다른 것 같습니다. 이럴 때일수록 서로 유연하게 대처하는 지혜가 필요한 것 같습니다.

정희성 시인의 <이름 붙이기>[6]라는 시에서 그 지혜로움을 보고자 합니다.

> 몇해 전 이웃집 노파가 강아지 한 마리를 안고 와서
> 주영이 우진이한테 선물로 주고 갔다
> 아이들은 그것을 바우라고 불렀고
> 무엇에나 성을 붙이기를 좋아하는 아내는
> 거기다 내 성까지 갖다붙여 정바우라고 했다
> 나는 개한테 우리 이름을 붙이는 것이 못마땅했다
> 천주교 신자인 집사람이 김모니카라고 불리는 것도
> 식민지 시대 창씨개명 냄새가 나서 언짢았지만
> 개한테는 존이나 메리 같은 영어식 이름이
> 더 어울리는 게 아니냐고 나는 늘 생각해 왔다
> 마누라는 매사에 내가 이런 식이라고 짜증을 내며
> 남들 앞에서 나를 정사탄이라고 불렀다
> 나는 여편네와 애들 몰래 대문을 열어 놓았고
> 그해 겨울 개는 나가서 다시 돌아오지 않았다

---

6 정희성, 「한 그리움이 다른 그리움에게」(창작과비평사, 1991), 86.

개로 인해 발생한 사사로운 감정싸움이 사탄으로까지 번지게 되었습니다. 그러나 유연하게 아무도 모르게 문제의 근원을 제거한 시인의 반전 해학이 어쩌면 지금 가족 안에도 필요하지 싶습니다. 이 시에 동물 학대라는 비판을 들이대면 다큐가 되기에 유머의 지혜는 그것대로 받아들이면 될 것 같습니다.

가족 안에 이런 유머와 농담이 흐르면 좋겠습니다. 나태주 시인의 <풀꽃>이라는 시가 SNS에 많이 인용됩니다.

> 자세히 보아야 예쁘다
> 오래 보아야 사랑스럽다
> 너도 그렇다

이 시를 좀 바꿔보면 '멱살'을 잡히거나 '닭살'이 돋습니다.

> 자세히 보아야 예쁘다
> 오래 보아야 사랑스럽다
> 근데 넌 왜?

이러면 멱살이죠. 그러나,

> 자세히 보아야 예쁘다
> 오래 보아야 사랑스럽다
> 근데 넌 그냥 예쁘고 사랑스러워

이러면 닭살이죠. 이런 농담을 가족 안에서 할 수 있다면 계속 붙어 있어야 하는 이 코로나19 기간에 좀 여유로움이 있지 않을까 생각합니다.

3. 기억의 이어짐

　인생은 가족으로 살다 떠나 또 다른 사람을 만나 가족을 이루고 그 자녀들이 또 떠나 가족을 만드는 떠남과 만남의 연속 과정인 것 같습니다. 그렇게 떠나고 만나 이룬 가족은 자신들의 존재 근원을 궁금해합니다. 자신이 어디서부터 왔을까 하고 말이죠. 아이들에게 부모의 어린 시절을 보여 주는 것도 좋은 것 같습니다. 결혼 전에 나중에 결혼해서 아이가 태어나 자라면 어릴 적 살던 동네에 함께 가 보는 그날을 꿈꾼 적이 있습니다. 그 전에 첫째 조카와 가 보고 나서 끄적인 흔적이 있습니다.

　　모처럼 고향 집을 다녀왔다. 기껏해야 일 년에 두세 차례 다녀오는 것이 전부이지만 갈 적마다 마음이 설레는 것은 고향을 떠난 지 그래도 꽤 된 지금도 여전하다. 고향 가까이 가면 벌써 냄새가 다르다. 나의 자아는 깨어나서 옛 기억들을 불러일으킨다.
　　고향을 떠났지만 가끔 가 보는 고향을 접하는 나의 기분이 이런데 아브라함은 어떠했을까?
　　본토, 친척, 아비 집을 떠나라는 하나님의 명령에 순종하고 떠나는 그 마음이 어떠했을까?
　　누구나 자기가 자란 고향을 찾아간다는 것은 마음 설레는 일이다. 이번에는 6살 난 조카와 내가 어릴 때 자란 집을 찾았다. 어릴 때 자란 곳은 지금 사는 곳과 그리 멀리 떨어진 곳은 아니지만, 그렇다고 그쪽의 변한 모습을 예상할 수는 없는 것이었다. 점점 뛰놀던 동네가 가까워지는데 마음 깊숙한 곳에서 이상한 것이 올라오는 것이다. 어릴 때 뛰어놀았던 많은 기억이 영화 필름처럼 지나간다.
　　어디서부터 필름을 이어야 할까?
　　그 기분은 이 경험을 해 본 사람만이 알 것이다.

어릴 때 동네에 축구공이 귀해 정구공 가지고 축구 하던 그 골목은 왜 그리도 좁아졌는지, 동네에 있던 놀이터는 왜 그리도 작은지, 그때 크기 그대로인데 내가 커 버린 것일까?
어릴 때 뵈었던 동네 할머니를 만났다. 그때도 할머니이셨는데 조금 더 늙으신 것 같을 뿐 여전하시다. 그 집에 그대로 살고 계셨다. 인사를 드렸다.
"뒷집에 살던 누구입니다."
할머니는 옛 기억을 잠시 되짚는 듯하시더니 이내 기억 한 자락을 잡으시고는 "아니, 이렇게 컷나?" 하신다. 할아버지는 돌아가셨단다. 자식들은 다 객지에서 살기에 지금은 혼자 사신다는 것이다.
'아, 인생의 마지막은 결국 혼자인가?'
할머니와 헤어지고 살았던 집을 찾아가 보았다. 골목으로 조금 들어가서 끝 집이었다. 어릴 때 어딘가 다녀오다가 캄캄한 저녁이 되면 그 골목길 입구에서 어떻게 이 길을 가야지 무서워하다 무작정 뛰어 들어갔던 기억이 난다. 그런데 그 골목길도 어찌나 짧은지. 골목길을 돌아서는 순간 집이 보였다. 조금은 바뀌었지만 그 모습 그대로다. 조카에게 가르쳐 주었다. 여기가 삼촌이 어릴 때 자란 곳이라고 말이다. 그때는 할아버지, 할머니, 아빠, 삼촌, 고모 이렇게 살았다고. 그러니까 조카의 질문이 이렇다.
"그럼 나는?"
나는 뭐라고 말할까 잠시 머뭇거리는데 조카가 말한다.
"아, 나는 엄마 배 속에 있었구나."
다시 돌아 나오면서 갑자기 눈시울이 뜨거워진다. 왜 그런지는 모른다. 그냥 눈물이 났다. 동네를 벗어나면서 그런 생각을 해 보았다. 언젠가 나도 내 아들이나 딸이 태어나면 그 아이들과 함께 이곳을 또 와야겠다. 그때도 지금처럼 이야기해 주어야겠다. 여기가 할아버지, 할머니, 큰아버지, 아빠, 고모가 살던 곳이라고….
그때 아이들이 "그럼 나는?" 물으면 뭐라고 답할까?

조카의 답을 해 줘야겠다.
"너는 엄마 배 속에 있었지."
그날을 기대해 보면서 혼자 씩 웃어 본다.

결혼하고 아이들과 다시 이 집을 찾아가 보았습니다. 집은 폐가가 되었더군요. 뭐랄까, 유년의 흔적이 사라진 것 같은 쓸쓸함이 밀려왔습니다. 그래도 아빠가 뛰놀던 동네, 다녔던 학교들, 신앙 생활 했던 교회를 아이들에게 보여 주면서 아이들을 제 어릴 적 삶의 흔적들과 연결해 주다 보니 기분이 묘했습니다.

제임스 엘킨스가 기억이 매력적인 이유는 "그것이 불안정하기 때문"[7]이라 했는데, 아이들이 얼마나 그 흔적들을 기억할지 모르겠지만, 가족은 그런 희미하고 불안정한 기억들을 이어 가는 이들인지도 모르겠습니다. 그 누구든 완벽한 기억을 갖는 이는 없습니다. 한 사건을 두고도 같은 공간에 있던 이들이 10년 후 다시 모여 그때를 기억할 때도 기억은 조금씩 차이가 있기 마련이니까요.

더 중요한 것은 부모가 기억한 신앙을 자녀들에게 전해 주는 것입니다. 아들이 TV를 보다가 오래전 사용하던 다이얼 전화기를 보더니 어떻게 사용하는지 묻습니다. 6학년 때인지 중학교 1학년 때인지 처음 전화가 집에 들어왔을 때 사용했던 것이 바로 그 돌리는 전화기여서 추억을 생각하며 설명을 해 주었습니다. 묘한 기분이 들었습니다.

'아, 이 아이는 내가 어릴 때 사용하고 기억하는 것을 모르는구나!'

나에게 선명하다 해서 아이에게 선명한 것은 아님을 새삼 깨닫게 됩니다. 불과 얼마 되지도 않은 과거인 것 같은데 말입니다. 우리는 본 것을 기억합니다. 어떤 형태로든 경험한 것을 기억합니다. 보지 못하고 경험하지

---

7 제임스 엘킨스, 『그림과 눈물』, 정지인 역 (아트북스, 2007), 138.

못한 것은 기억조차 할 수 없으니 경험과 기억이 얼마나 중요한지 새삼 깨닫게 됩니다.

자녀에게 전해 줘야 할 가장 중요한 기억이 있습니다. 그것은 바로 신앙의 기억입니다. 부모가 자녀에게 부모의 기억과 추억을 전해 주듯, 자녀에게 부모의 신앙을 전해 줄 필요가 있습니다. 아니 반드시 전해 주어야 합니다. 전해지지 않은 기억은 아이에게는 없는 부모만의 기억입니다. 아이는 부모의 생활을 직접 경험하지 못하지만, 부모의 기억으로 전해진 부모의 삶을 간접적으로 경험하게 됩니다. 부모의 신앙을 아이들에게 전하지 않으면 아이들이 신앙을 갖기는 쉽지 않습니다.

물론 하나님이 다양한 통로를 통해서 믿음의 길로 가게 할 수 있으시지만, 부모가 가지는 신앙을 아이들에게 전하는 것만큼 쉬운 것이 어디 있겠습니까?

부모가 자신의 라이프 스토리를 아이들에게 전해 주듯, 하나님의 이야기를 아이들에게 전해 준다면, 아이들도 그 기억으로 살아갈 것이며, 그것이 그들의 삶의 정체성을 형성해 줄 것이기에 신앙의 기억은 이어져야 합니다.

4. 인생의 행복이 어디 있는가?

2012년 6월 6일에 방영된 <인간극장>의 "길 위의 부부"에서 본 장면입니다. 할머니 한 분이 감독에게 이렇게 내 고향 안동 사투리로 묻더군요.

행복이 어디 있는지 아니껴?

감독이 "어디 있는데요?"라고 되물으니 "코밑에"라고 대답하십니다. 행복이라는 것이 멀리 있는 것이 아니라 가까이 있다는 말씀인 것 같습니다. 할머니의 삶의 지혜가 그 어떤 철학자나 교수들의 행복에 대한 정의보다 더 멋진 표현인 것 같습니다.

이렇게 간단하고 명료하게 행복을 설명할 수 있을까요?

어른들의 삶의 지혜, 허투루 여길 것이 없습니다.

행복은 가까이에 있습니다. 가족 안에 있다고도 말하는 것 같습니다. 가족이 행복하면 온 세상이 행복할 것입니다. 그런데 그것이 말처럼 쉽지 않습니다. 어쩌면 가장 많이 싸우고 상처받는 곳도 가정이기에 그렇습니다. 가정의 행복을 위해 스스로 변할 필요가 있습니다. 유학 와서 공부하는 동안 집안일을 거의 안 한 것 같습니다. 공부 끝나고 이제 집안일을 좀 하기 시작하다가 또 중간에 멈추었습니다. 그러다 코로나19로 인해 설거지가 거의 전부이지만 집안일을 하고 있습니다. 설거지만 하더라도 돌아서면 설거지입니다. 자취 생활을 오래 했지만, 음식 만드는 것보다는 설거지가 제격입니다. 그릇도 닦지만 마음도 닦고 생각도 할 수 있는 시간이어서 좋습니다. 젖은 손이 애처로워 살며시 제 손을 잡아 보았습니다. 알겠더군요. 아내가 그동안 얼마나 힘들었을지를요.

언젠가 새해 가족 예배를 드리면서 한 가지씩 소원을 나누었습니다. 나는 온 가족 더욱 하나님께 가까이 가고 건강하기를 바랐습니다. 아내는 가족이 건강하고 더 사랑하기를 소망했습니다. 딸은 공부 열심히 하고 발레도 열심히 할 것을 다짐했습니다. 마지막으로 당시 5살이었던 아들의 소원에 우리 가족은 뒤집어졌습니다. 자기의 식탁 의자 다리가 부러진 채로 계속 쓰고 있었는데 자기도 그게 싫었는지 스스로 돈을 벌어서 올해는 고치겠다는 것입니다. 귀엽더군요.

가족의 소원은 각자의 소원이기도 하지만 공동의 소원이기도 합니다. 딸이 초등학교 4학년이었을 때 피아노 치다가 잘 안 된다며 속상해서 웁니다. 괜찮다며 이런저런 이야기로 달래는데 학교 공부까지 스트레스가 되는지 웁니다. 곧 큰 시험이 있는데 싫다고 합니다. 아빠, 엄마는 공부 못해도 좋으니 스트레스받지 말고 즐기며 하라 했습니다. 글쎄요. 아이들에게 공부하라는 소리를 거의 하지 않았던 것 같습니다. 아이들도 그런 엄마 아빠를 신기해합니다. 동양 부모들은 공부하라 소리를 많이 하는데 아빠는 그런 소리 하지 않는다고 말이죠. 공부 못해도 좋으니 대신 책은 읽고 운동은 하고 악기 연주는 하나씩 하라 합니다. 그런데 그런 바람들이 아이들에게 잘 전달이 되지 않을 때가 있는 것 같습니다. 삐걱거릴 때가 있다는 말이지요.

아이들과 대화하는 부모가 되어야겠다고 다짐을 하지만 잘 이루어지지 않을 때가 있습니다. 아이들에게 아빠의 소망을 강요할 때도 있는 것 같습니다. 바울이 자녀들에게 "주 안에서 너희 부모에게 순종하라"(엡 6:1)는 말도 했지만, 부모들에게도 "너희 자녀를 노엽게 하지 말고 오직 주의 교훈과 훈계로 양육하라"(엡 6:4)고도 한 것이지요.

부모는 자녀들에게 1절 말씀을 바라고, 자녀들은 부모에게 4절 말씀을 바라는 것은 당연한 것 같습니다. 그것이 제대로 이루어지기 위해서는 부모는 자녀 입장에서, 자녀는 부모 입장에서 생각해 보아야 그 말이 어떤 의미인지를 알 것입니다. 그런데 모든 부모는 자녀였던 적이 있으니 자녀들의 마음을 알지만, 자녀들은 부모였던 적이 아직 없으니 부모의 마음을 모르지요. 부모가 되어 봐야 아는 것들이 있습니다. 그러니 부모가 더 노력하는 방법밖에는 없는 것 같습니다.

구약의 마지막 책, 마지막 구절은 부모와 자녀의 관계에 관한 말씀입니다.

보라 여호와의 크고 두려운 날이 이르기 전에 내가 선지자 엘리야를 너희에게 보내리니 그가 아버지의 마음을 자녀에게로 돌이키게 하고 자녀들의 마음을 그들의 아버지에게로 돌이키게 하리라 돌이키지 아니하면 두렵건 대 내가 와서 저주로 그 땅을 칠까 하노라 하시니라(말 4:5-6).

"아버지의 마음은 자녀에게로 자녀의 마음은 아버지에게로."
이 표현은 기독교 가정의 표어로 꽤 그럴듯해 보입니다.
아버지의 마음이 자녀들의 마음을 살피고 자녀들의 마음이 아버지의 마음을 살피는 모습이 가정의 참다운 모습일 것입니다. 마음을 읽을 줄 알아야 합니다. 건강한 가정이 되기 위해서는 서로가 서로에게 마음을 주어야 합니다. 마음을 서로 주지 못하니까, 서로 닫혀 있으니까 가정이 무너집니다. 자녀의 마음이 아버지의 마음을 알아야 하고 아버지의 마음이 자녀의 마음을 알아야 하는데 거리가 너무 멀 때가 있습니다.
어떻게 다가가야 하나요?
그 거리를 좁히는 것은 분명 대화일 것입니다. 그런데 그 대화가 누구를 중심으로 하는 대화인가가 중요합니다. 사람을 중심에 둔 대화가 아닌 하나님을 중심에 둔 대화여야 할 것 같습니다. 그래야 그 대화가 자기중심적이지 않겠지요.

5. 가족은 책임지는 존재

한때 살았던 아파트가 산 바로 밑이어서 여러 종류의 동물을 보았던 호사 아닌 호사(?)를 누린 적이 있습니다.
동물원에서나 볼 수 있는 사슴, 코요태, 여우, 다람쥐, 토끼 등등. 곰은 보지는 못했지만, 옆 동네에 내려왔다고 하니 도심 한가운데 이만한 동물원이 어디 있겠습니까?

그중 자주 보는 것은 사슴이었습니다. 매일 사슴들이 내려와서 풀을 뜯어 먹는데 하루에도 두세 번은 오곤 했습니다. 물론 이놈들 때문에 아파트 정원이 난리가 나지만 올 때마다 아빠 사슴, 엄마 사슴, 새끼 사슴 이렇게 같이 옵니다. 그런데 한동안 나도 바쁘고 사슴도 바빴는지 서로 보지 못하다가 하루는 사슴이 찾아왔습니다. 그런데 새끼 사슴만 온 것입니다. 그동안 조금 더 컸나 봅니다. 그런데 아빠 사슴, 엄마 사슴이 보이지 않습니다.

이상하더군요. 들짐승들에게 잡아먹혔을까요?

언젠가는 오후에 책상 앞에 앉아 있는데 앞마당에 있는 큰 나무에 뭔가가 올라가는 것을 본 적이 있습니다. 코요태도 아닌 처음 보는 동물이었습니다. 이놈이 다람쥐를 잡으려 하는데 다람쥐들이 잔가지를 타고 다니니 거기까지 가지는 못하고 한동안 그렇게 몸을 웅크리고 있다 가더군요. 아내가 예전에 누군가가 산 사자(mountain lion)가 산다는 이야기를 들었다 해서 인터넷 검색을 해 보았습니다. 바로 그렇게 생긴 놈이었습니다.

그놈이 아빠 사슴, 엄마 사슴을 잡아먹은 것일까요?

아빠 엄마와 함께 있었던 새끼 사슴의 과거를 알고 보니 혼자 풀 뜯어 먹으면서 연신 귀를 쫑긋 세우는 모습이 너무 애처롭습니다. 살아가는 모든 것들은 자신만의 고유한 역사를 가지는데 가족의 역사도 고유합니다. 동물 가족도 예외가 아닐 것입니다. 잃어버린 가족의 역사는 아픕니다. 이것이 피조 세계와 더불어 살아가는 마음 아닐까 싶습니다.

이런 문구가 있더군요.

"내 가족이라면 포기할 것인가?"

어느 가족의 비극에 풀리지 않은 문제와 의문투성이 사안이 있음에도 불구하고 그 문제를 덮어 버리려는 시도가 있다면 어떻게 해야 합니까? 문제를 더 이상 풀려고 하지 않는 것은 그 사안이 자신의 문제가 아니기 때문일 수 있습니다. 그러나 그 문제가 자신이나 자신의 가족과 관련된 사안이라면 그렇게 쉽게 포기할 수 없는 법이겠지요. 무슨 일을 하든 특별히 아픔과 관련된 것이라면 자신의 가족의 문제인 것처럼 다뤄야 합니다.

교사로서 자신이 맡은 학생들을 사랑한다는 것이 어떤 의미인지를 보여주는 도종환 시인의 <꽃씨를 거두며>라는 시는 교사의 자리에 부모를 넣어도 무방한 듯합니다.

꽃씨를 거두며[8] (도종환)

언제나 먼저 지는 몇 개의 꽃들이 있습니다.
아주 작은 이슬과 바람에도 서슴없이 잎을 던지는 뒤를 따라
지는 꽃들은 그들을 알고 있습니다.
아이들과 함께 꽃씨를 거두며 사랑한다는 일은
책임지는 일임을 생각합니다.
사랑한다는 일은 기쁨과 고통, 아름다움과 시듦,
화해로움과 쓸쓸함 그리고 삶과 죽음까지를
책임지는 일이어야 함을 압니다.
시드는 꽃밭 그늘에서 아이들과
함께 꽃씨를 거두어 주먹에 쥐며 이제 기나긴 싸움은
다시 시작되었다고 나는 믿고 있습니다.
아무것도 끝나지 않았고 삶에서 죽음까지를 책임지는 것이
남아 있는 우리들의 사랑임을 압니다.
꽃에 대한 씨앗의 사랑임을 압니다.

사랑한다는 일은 삶과 죽음까지 책임지는 일임을 깨닫게 됩니다. 꽃씨가 꽃을 책임지는 것, 그것이 사랑이듯이, 우리의 삶의 씨앗에서 태어난

---

8 도종환, 「접시꽃 당신」(실천문학사, 1988), 29.

아이들을 사랑하는 것, 그것도 그들의 아픔과 기쁨, 삶과 죽음까지도 책임지는 것, 그것이 사랑임을 다시금 깨닫고 그렇게 살 것을 다짐합니다. 그래서 꽃인 아이들을 위해서라면 씨앗인 내가 무엇이든 줄 수 있는 마음이 마땅히 생기는 것, 이것이 책임이겠지요. 그것이 사랑이겠지요.

바울이 디모데에게 편지를 쓰면서 "누구든지 자기 친족 특히 자기 가족을 돌보지 아니하면 믿음을 배반한 자요 불신자보다 더 악한 자"(딤전 5:8)라 한 것도 가족의 삶과 죽음까지도 책임지는 존재로 살아야 함을 말해 주는 것 같습니다.

6. 누가 내 가족인가?

가족, 빵 앞에 자유로울 수 있을까요?
오래전 점심때였습니다. 아내와 아이들은 마늘빵과 함께 스파게티를 먹고 나는 전날 저녁에 먹다 남은 닭도리탕 소스에 밥을 비벼 먹는 중이었습니다. 분명히 빵이 4개였는데 가만 보니 두 개밖에 남지 않았고 더군다나 반을 이미 누가 먹은 상태였습니다. 이런 경우 막내아들 놈이 보통 주범인데 난 내 것을 먹을 수 있는 권리로 남은 부분을 한 입 베어 무는데 아들 녀석이 거의 울먹이면서, 자기 것이라 합니다. 나와 아내는 "너 벌써 하나 먹었잖아?" 그랬더니 울먹이며 아니랍니다. '그래 아들 녀석 먹겠다는데 내가 줘야지' 하고 주고는 계속 식사를 하는데 딸이 "아빠, 거기 옆에 빵 있네" 하는 겁니다. 누구도 부인할 수 없을 정도로 한 입 커다랗게 베어 문 제법 큰 놈이 거기 있지 않겠습니까. 그건 분명히 나의 큰 입 자국이었습니다. 식사 중 TV 본다고 아무 생각 없이 하나 집어서 먹었던 모양입니다. 순간 어찌나 아들 녀석에게 미안하던지요.
얼마나 서러웠을까요?

빵 앞에서 자유로울 수 없는 식구가 그 범위를 넓힐 수 있을까요?

예수님은 "내 이름을 위하여 집이나 형제나 자매나 부모나 자식이나 전토를 버린 자마다 여러 배를 받고 또 영생을 상속하리라"(마 19:29) 하십니다.

차정식 교수는 예수님께서 가족을 버리라 했을 때 의미는 '혈통 가족의 무의미함과 해체'를 주장한 것은 아니라 합니다. 불교에서 출가는 '속세에서 생긴 가족의 인연을 끊은 것'이지만, 예수님에게서 출가는 가족을 '하나님의 가족'이라는 더 큰 공동체로 모으는 것이라 합니다. 예수님이 제자들에게 말한 것을 불교식으로 이해하면 하나님이 아담과 하와를 한 가정으로 만드신 이유가 없다는 겁니다. 예수님의 첫 이적 사건인 포도주 사건도 혼인 잔치였다는 것을 주목해야 한다는 것이죠. 그만큼 가정이 소중하며 넓은 의미의 가족 개념으로 나아가야 한다는 것입니다.[9]

예수님도 제자들과 함께 고향에 갑니다. 거기서 안식일에 회당에서 가르치시는데 사람들이 듣고 놀랍니다. 그의 지혜에 대해서 놀랐습니다. 이제까지 들어 보지 못했던 말들이기에 놀랐습니다. 그리고 그의 손으로 이루어지는 권능에 대해서도 놀랐습니다. 사람들을 고치는 모습을 통해서 놀랐습니다. 그런데 거기에 대해 사람들의 반응은 다음과 같이 이어집니다.

> 이 사람이 마리아의 아들 목수가 아니냐 그리고 야고보와 요셉과 유다와 시몬의 형제가 아니냐 그 누이들이 우리와 함께 여기 있지 아니하냐(막 6:3).

서로 말을 주고받습니다. 사람들이 예수를 아는 것입니다. 그의 어릴 때의 모습과 그의 부모와 형제들을 모두 아는 것입니다. 그러기에 한편으론 그의 능력에 놀라기도 했습니다.

---

[9] 차정식, 『예수, 한국 사회에 답하다』 (새물결플러스, 2012), 153-156.

그러나 다른 한편으로는 자신들이 다 아는 이가 어떻게 저런 말을 하고 저런 능력을 베풀까, 그의 가족을 자신들이 다 아는데 어떻게 메시아냐, 했을 겁니다. 30살 때까지 고향에서 살았던 것을 아는데 그가 이제 돌아와서 기적을 베풀고 선지자라는 소문이 있으니 믿기지 않았던 것이지요.

예수님은 자기 고향, 친척, 집 외에는 존경을 받았습니다. 다시 말하면 자기 고향과 친척, 집에서는 존경을 받지 못했습니다. 그러기에 거기서는 소수의 병난 사람을 고치는 것 외에는 아무 권능도 행치 못했습니다. 이런 면에서 보면 고향은 새로운 변화를 인정하지 않는 부정적인 모습도 갖는 것 같습니다.

마가복음 3장에 보면 예수님이 자기 고향에서 사람들을 고쳐 주고 회당에서 그리고 어디서나 하나님의 말씀을 사람들에게 전하고 열두 제자들을 데리고 다니셨습니다. 어느 날 예수님이 제자들과 어느 집에 들어가셨는데 예수님의 친척들이 예수님을 찾으러 왔습니다. 그 이유는 '예수님이 미쳤고 귀신의 힘을 입어서 귀신을 쫓아낸다'는 소문이 퍼졌기에 그를 잡으러 온 것이었습니다. 이어서 예수님이 사람들과 그 집에서 이야기를 나누는데 밖에 예수님의 어머니와 동생들이 찾아왔습니다. 예수가 미쳤다는 소문이 퍼지니까 그의 식구들까지 찾아온 것입니다. 사람들이 예수님께 말씀을 드립니다.

"예수님, 당신의 어머니와 동생들이 찾아왔습니다."

보통 이럴 때는 대답이 '그래', 아니면 '없다고 해라' 이 정도로 나와야 하는데, 예수님은 "누가 내 모친이며 동생들이냐"(막 3:33)고 물으십니다.

이 말이 무슨 의미입니까?

예수님께서 말합니다.

> 둘러 앉은 자들을 둘러보시며 가라사대 내 모친과 내 동생들을 보라, 누구든지 하나님 뜻대로 하는 자는 내 형제요 자매요 모친이니라(막 3:34).

예수님은 자기 식구들에 대한 개념을 완전히 바꾸셨습니다. 혈육의 끈이 있는 사람이 모친이요 형제가 아니라 "하나님의 뜻대로 하는 자"가 형제요 자매요 모친이라 합니다. 우리에게 힘든 과제입니다. 그러나 하나님 나라의 큰 관점에서 본다면 하나님을 고백하는 모두가 같은 식구이지요.

우리의 모친은 누구며 우리의 부모님은 누구이고 우리의 형제는 누구입니까?

삼위일체 하나님을 고백하는 모든 사람들이 우리의 형제요 자매요 부모인데, 아직 그렇게 고백하는 것이 쉽지 않습니다. 하루아침에 이런 인식을 할 수 있는 것은 아닐 것입니다. 그러나 우리가 하나님 나라에 관한 고민을 할 때 그리고 하나님 나라에 대한 확신을 가질 때 하나님을 아버지로 고백할 때 우리의 인식의 지평이 넓어질 것입니다.

영화 <고령화 가족>에 이런 대사가 나옵니다. 세 남매가 사는데 따지고 보니 엄마 다르고 아빠가 다릅니다. 그럼에도 함께 살아가는 기구한 인생을 어머니가 이렇게 정리해 줍니다.

식구가 별거 있니?
한데 모여 살면서 같이 밥 먹고 같이 자고 같이 울고 웃으면 그게 가족이지.

나문희 주연의 영화 <감쪽같은 그녀>도 가족 이야기를 담고 있습니다. 거리에서 주은 아이를 키우던 엄마가 죽자 나공주는 동생을 데리고 엄마의 엄마에게 갑니다. 할머니와 아이들은 한 핏줄이 아닙니다. 그럼에도 할머니가 키웁니다. 나중에는 그 아이가 할머니를 돌봅니다. 할머니는 치매에 걸려 아이 앞에서 죽습니다. 사랑은 돌고 도는 것 같습니다. 핏줄이 섞이지 않은 가족에 대해 영화는 동화 하나를 들려줍니다. 삽살개 부부가 새끼를 키우다가 동네 사람들에게 잡혀 죽고 맙니다. 혼자 남은 삽살개가 엄마 아빠를 찾아가다가 길을 잃고 쓰러져 어느 여인의 손에 이끌려 집으로

옵니다. 그 여인은 집으로 와서 죽을 끓여 그 삽살개와 같이 먹습니다. 그러고는 "가족이 된 것을 환영한다"고 말합니다.

내 가족을 넘어서 네 가족과 만나고, 이 지역을 넘어서 다른 지역과 만나고, 이 국가를 넘어서 세계와 만나는 그래서 그 속에서 그리고 주님 안에서 너와 내가 한 가족이 되는 것, 자연 만물과도 한 가족이 되는 것, 그것이 진정한 의미에서 하나님의 가족의 모습일 것입니다.

본회퍼 목사는 히틀러 치하의 독일을 떠나 미국에 갔다가 독일을 그리워합니다. 1939년 6월 13일의 일기입니다.

> 다 있는데, 독일과 형제들만 없다. 혼자 있는 처음 몇 시간이 괴로웠다. 내가 왜 이곳에 있는지, 이곳에 있는 것이 의미 있는 일인지, 결과가 보람 있을 것인지 모르겠다. … 독일 소식을 접하지 못한 채 거의 두 주를 보내고 있다. 도무지 견딜 수 없다.

그리고 6월 15일에는 "괴로운 향수병"이라는 표현을 쓰며 독일로 돌아가리라 결심합니다.[10] 본회퍼는 고향에 대한 그리움에 자신의 가족을 넘어서 독일 전체를 위해 저항하려 합니다.

7. 존재의 고향: 하나님 아버지 품에서 다시 만나기를

J. D. 샐린저는 『호밀밭의 파수꾼』을 이렇게 끝맺습니다.

> 난 이 이야기를 많은 사람들에게 한 걸 후회하고 있다. 내가 알고 있는 건,

---

10 에버하르트 베트게, 『디트리히 본회퍼』, 김순현 역 (복있는사람, 2014), 920-921.

이 이야기에서 언급했던 사람들이 보고 싶다는 것뿐. 누구에게든 아무 말도 하지 말아라. 말을 하게 되면, 모든 사람들이 그리워지기 시작하니까.[11]

고향과 가족은 그리움에서 시작해서 그리움으로 끝나는 그래서 영원히 채워지지 않은 그리움 저편에 있는 그리움 그 자체인 것 같습니다. 그 고향과 그 가족이 그립습니다.

그렇다면 이제 우리의 궁극적인 고향은 어디인지 물어야 합니다.

우리의 궁극적 고향은 어디입니까?

우리가 거기서 왔기에 그리워지는 그래서 다시금 돌아가고픈 존재의 고향은 어디입니까?

그곳은 어머니의 품과 같은 성부, 성자, 성령 삼위일체 하나님의 품입니다. C. S. 루이스가 이런 편지를 쓴 적이 있습니다.

> 하나님이 친히 공유하려고 내려오신, 모든 창조 세계의 진통[괴로움]이 (자유 의지를 지닌) 유한한 피조물을 … 신들로 변모시키는 과정에 필요할지 모른다고 믿기가 너무나 어렵다.

이 말에 대해 기독교 변증가인 존 레녹스는 루이스가 문자적으로 인간이 하나님이 된다고 말한 것이 아니라 그리스도인이 된다는 것은 "하나님의 아들과 딸로 그분의 가족에 편입된다는 사실을 언급하고 있다(요 1:12-13; 3:1-21)"[12]고 해석합니다. 우리의 존재의 고향은 우리의 육신의 고향이 아니라, 만유의 하나님이 우리의 존재의 고향이기에 하나님을 아버지로 고백하는 우리 모두는 한 형제요 한 자매요 한 가족입니다.

---

11 J. D. 샐린저, 『호밀밭의 파수꾼』, 공경희 역 (민음사, 2001), 279.
12 존 레녹스, 『코로나바이러스 세상, 하나님은 어디에 계실까』, 홍병룡 역 (아바서원, 2020), 28, 88.

그러니 이 땅에 살아갈 때 하나님의 마음과 뜻을 알 필요가 있으며 그 하나님 나라를 소망할 필요가 있습니다. 우리가 책을 읽을 때, 그 책의 저자를 개인적으로 알면, 그 저자의 목소리가 들리는 듯한 경험을 종종 합니다. 그의 목소리의 톤을 따라가며 읽게 됩니다. 우리가 하나님을 인격적으로 만난 체험으로 하나님을 믿는다면 하나님이 쓰신 두 책, 즉 성경책과 자연을 읽을 때 하나님의 목소리가 들리는 듯한 체험을 할 수 있을 것 같습니다. 물론 비유적으로 말하는 것입니다. 인격적으로 만난 하나님을 하나님 나라에서 만나고 싶습니다. 이 세상이 영원한 곳이 아니기에, 하나님이 쓰신 책을 읽으면서, 우리가 언젠가 다시 돌아갈 그 고향을 그리워합니다.

아우구스티누스는 창조 시 일곱째 날 안식일을 우리가 돌아가서 누릴 마지막 영원한 안식과 연결하면서 "저녁이 없는 안식일"이라고 시적으로 표현합니다.

> 그러나 일곱째 날에는 저녁이 없습니다. 그날에 해가 지지 않음은 당신이 그날을 거룩하게 하사 영원히 지속하도록 축복하셨기 때문입니다. 당신은 심히 좋은 그 피조물들을 다 만드신 다음 일곱째 날에 안식하셨습니다(창 2:2-3). 물론 당신은 이 모든 것을 계속 안식하시면서 동시에 창조하십니다. 그러므로 당신의 책의 말씀이 미리 우리에게 말씀해 주신 바와 같이 (당신처럼) 우리도 당신이 하라 하신 선한 일을 (이 세상에서) 다 마친 후 영생의 안식일에 당신 안에서 편히 쉬기 원합니다.[13]

"저녁이 없는 안식일"은 한편으로는 저녁이 없기에 서글픈 표현 같지만, 영원한 안식에 들어가는 것이기에 슬퍼할 일만은 아닙니다. 영원히 안식

---

13 어거스틴, 『고백록』, 선한용 역 (대한기독교서회, 2003), 509-510.

하기 위해서는 저녁이 있어서는 아니 됩니다. 또 하루가 오기 때문입니다. 이제는 궁극적 존재의 고향으로 돌아왔기에 노을을 바라보며 슬픔에 잠겨 불확실한 내일을 걱정할 필요가 없습니다. 내일의 태양이 우리 자신에게도 뜰까 염려할 필요가 없습니다. 시간이 영원으로 바뀌기 위해서는 저녁이 있어서는 아니 될 것입니다.

내일의 태양이 떠서는 아니 될 것입니다. 하나님의 품 안에서는 아침도 저녁도 없기 때문입니다. 오직 영원한 안식만 존재하기에 그렇습니다. 저녁 없는 안식일 만찬에 하나님이 초대하십니다.

그 초대에 응하고 싶지 않으십니까?

이제 돌아갈 시간입니다. 사도 바울이 우리의 존재를 주 예수 그리스도와 연결해서 이렇게 고백합니다.

> 이는 만물이 주에게서(from) 나오고 주로 말미암고(through) 주에게로(to) 돌아감이라 그에게 영광이 세세에 있을지어다 아멘(롬 11:36).

여기서 쓰인 전치사의 흐름대로 가면 우리가 누구에게서 와서 누구 때문에 살며 그리고 누구에게로 돌아가는지 삶의 여정이 보입니다. 거꾸로 이야기면 전치사가 지칭하는 그 누군가가 없으면 우리는 존재할 수도 없다는 의미입니다. 우리는 그 누구를 우리 주 예수 그리스도로 고백합니다. 다시금 돌아갈 고향, 다시금 돌아가서 안길 주님의 품을 그리워하며 오늘도 살아갑니다.

그 존재의 고향에서 영원히 안식을 누리고 싶지 않으십니까?

Faith, Church and Life in Covid-19

제6장

가슴 뛰는 일 하며 산다는 것

1. 편하지 않은 얼굴

TV 프로그램 <알아두면 쓸데없는 신비한 잡학사전>에서 작가 유시민은 '정치를 그만둔 결정적인 이유가 무엇인가?'라는 질문에 '10년 동안 정치를 하면서 찍힌 자신의 얼굴이 편치 않고 괴로운 모습이었다'고 답했습니다. 그러면서 직장 동료들 간에 서로 사진을 찍어 주는 것이 필요하답니다. 일주일간 찍고 그 얼굴이 편치 않으면 그 직장을 그만두는 것이 좋다고 합니다. 얼굴 편한 것으로 직장 다니시는 분들이 얼마나 되겠습니까마는, 유시민 작가가 말하는 것은 '우리 자신은 정말로 자신이 좋아하고 하고 싶은 일을 하고 사는가?'라는 질문일 것입니다.

자신이 좋아하는 일을 하고 살아간다면 얼굴이 그렇게 편치 않거나 괴로운 표정을 짓지는 않을 것이라는 의미일 것입니다.

우리 각자의 얼굴은 어떤가요?

편한가요?

아니면 늘 괴로운가요?

더 직접적으로 질문하자면 하고 싶은 일 하며 살아가나요, 아니면 마지못해 그 일을 하나요?

얼굴이 편하다는 것은, 하고 싶은 일 하며 산다는 의미일 겁니다.

'그럼 내가 하고 싶은 일은 무엇일까?'

스스로 질문해 봅니다. 하고 싶은 일이야 많겠지만, 언젠가 정말로 해 보고 싶은 일 중 하나는 우편배달이었습니다. 시간에 쫓겨 일을 성사시켜야만 하는 택배 기사 말고 영화 <일 포스티노>(Il Postino)에 나오는 우편배달부처럼 자전거 타고 다니면서 사람들의 마음과 그 마음의 의미를 전달하는 그런 배달부가 되면 좋겠다 싶었습니다. 하기야 어릴 때 한 해 동안 신문 배달한 경험이 우편배달을 생각해 냈을 것이며 또 그것이 그렇게 낯설지는 않을 것 같다는 생각을 했을 겁니다. 그렇다고 우편배달을 아무나 하는 쉬운 것으로 말하는 것은 절대로 아니기에 오해 없으시기 바랍니다.

어느 직업이든 무슨 상관이 있겠습니까?

사람들에게 폐 안 끼치며 하고 싶은 일 하며 살면 되지 않겠습니까?

거기에 무슨 거창한 도덕적 판단 기준으로 칸트의 "정언 명법"이 말하는 '우리 행동이 무엇을 하든 보편 법칙에 준하도록 행하라'는 삶의 잣대 같은 것은 필요치 않을 것입니다. 하고 싶은 일 하고 사는 사람은 그런 것을 초월해 있습니다. 그것이 어떤 이익을 주는지, 어떤 사회적 명성을 가져다주는지 상관하지 않고, 다만 그것이 좋아서 하지 싶습니다.

천성적으로 하고 싶은 것을 하고 사는 게 좋은가 봅니다. 고등학교 때 대학 입시 시험 과목 중 "공업"을 선택할지 제2외국어인 "독일어"를 선택할지 결정해야 했던 적이 있습니다. 당시 전교생 약 700여 명 중, 기억이 정확한지 모르겠지만, 2, 30여 명만 독일어를 선택하고 나머지는 공업을 선택했던 것 같습니다. 독일어를 선택한 학생이 얼마 되지 않으니 3학년 때는 독일어 수업이 따로 없어서 공업 수업 시간에 뒤에 앉아 각자 공부했던 기억이 납니다. 공업 공부하면 수업도 들을 수 있는데 공업보다는 독일어가 좋아서 그렇게 선택했던 것 같습니다. 지금 생각해도 그 결정은 잘한 것 같습니다.

돌아보면 각자의 인생에서 중요한 선택의 시기와 전환점들이 종종 있었을 겁니다.

그럴 때 무엇이 선택 기준이었을까요?

마지못해 선택하는 경우도 있었을 겁니다. 생계를 유지하기 위해 자신이 좋아하는 것보다는 상황이 어쩔 수 없어서 말입니다. 우리 부모님 세대들이 그러했고 우리 세대도 어느 정도 그러했을 겁니다. 그러나 다음 세대는 그렇게 당위로서 직업을 선택하지 않을 것 같습니다. 자신이 좋아하는 일을 찾아서 할 것으로 보입니다. 결혼하지 않고, 하더라도 자녀를 낳지 않습니다. 이는 경제적인 문제도 크지만, 자신들이 좋아서 하는 일을 하며 삶을 살고 싶은 마음이 많기에 그럴 것입니다. 여기에 분명 문제가 있습니다. 국가가 청년들이 결혼할 수 있도록, 자녀를 양육할 수 있도록, 사회적 시스템을 마련해 주어야 할 것입니다.

코로나19를 문명의 대전환이라고 평가하는 이들이 많습니다. 수많은 직업이 사라지고 수많은 직업이 새로 생길 것입니다. 이렇게 시대도 중요한 변곡점을 지나고 있지만, 우리 각자의 인생도 중요한 전환점을 맞이하고 있습니다. 기왕이면 하고 싶은 일 너머 그것을 생각만 해도 가슴 뛰는 일을 하면 더 좋겠다 싶습니다. 대전환의 시대에 정말로 하고 싶은 것과 가슴 뛰는 일이 무엇인지 찾았으면 합니다. 아프리카 속담에 "수심을 알아보려고 두 발을 모두 담그지는 말라"[1]고 했지만, 정말로 살고 싶은 삶이 무엇인지를 질문하고 찾고 찾으려면, 자신의 전 존재를 걸어야 합니다.

---

[1] 존 카우치, 『교실이 없는 시대가 온다』, 김영선 역 (어크로스, 2020), 22 재인용.

2. 나를 향한 요구

> 고인 물은 나의 과거다. 내게 절대 권력을 행사했던 아버지 밑에서 나는 소심하게 자랐다. 그리고 고집 센 소띠 남편과 살고 있다. 나의 사회적 욕구는 반영되지 않은 채 50여 해를 살아왔다. 그러나 내 안에도 나를 향한 요구가 있었다.
> 생의 한 순간쯤은 이기적으로 살아도 좋지 않을까?
> 더는 후회하지 않기 위해서 나는 어느 날 외출을 감행했다.
> 미국 유학이었다.[2]

이성숙 작가의 『고인 물도 일렁인다』 머리말에 나오는 작가의 솔직한 속마음입니다. 그 속마음을 들여다보니 내 마음도 일렁이다 못해 출렁입니다. 애써 감추려 해도 감출 수 없고, 잊으려 해도 잊을 수 없으며, 부인하려 해도 부인할 수 없는 자신의 내면 안에 일렁이는 "나를 향한 요구" 혹은 욕망은 누구에게나 있을 겁니다. 그것은 바로 "더 늦기 전에 하고 싶은 일"을 하며 사는 삶일 것입니다.

이 욕망을 부정할 수 있을까요?

이 욕망을 욕심 혹은 탐욕이라 단정 지을 수 있을까요?

아니 오히려 이 땅에 살아가는 모든 이들이 단 한 번 사는 인생, 자신의 속 자아가 말하며, 그 말하는 것을 듣기만 해도, 생각만 해도 심장이 뛰는, 그러한 '자신을 향한 요구'에 응답하며 살아야 하지 않겠습니까?

물론 당위로서가 아니라 생의 간절함으로 말이죠. 그러기 위해서는 작가가 말하는 것처럼 한 번쯤은 '이기적'으로 살 만합니다. 그것이 글 쓰는 일이라면 더욱이 '괜찮다'라는 면죄부조차 가능하지 않을까 생각해 봅니다.

---

2   이성숙, 『고인 물도 일렁인다』 (소소담담, 2017), 40.

강가에 홀로 있는 이, 그는 무엇 하러 거기 그렇게 서 있는 걸까요?

그도 무언가 삶이 허전해서 그곳에서 강의 고독을 느끼고 있는지도 모르겠습니다. 그것을 아는지 물안개가 그를 감쌉니다. 세상의 많은 것이 허전합니다. 채워지지 않기에 각종 SNS에 사진이든 글이든 영상이든 자신을 나타내고, 어떤 것을 이루어 자신의 능력을 채우고, 타자의 관심으로 인정욕구를 채우고, 시간을 채우고, 때론 다른 것으로 채울 수 없어서 먹방으로, 술로 채우려 합니다. 우린 다들 그렇게 허전한 것들을 채우며 살아가는지도 모르겠습니다. 그런데 그 채우는 것도 물안개 같습니다. 금세 또 허전하니 말입니다. 현재 주어진 일을 열심히 하며 살아가고 있음에도 불구하고 때로는 마음이 허한 분들이 많은 것 같습니다.

"바람의 딸" 한비야가 케냐에 갔을 때 일이라고 합니다. 케냐 대통령도 그를 만나려면 며칠을 기다려야 한다는 유명한 안과 의사가 강촌에서 전염성 풍토병 환자들을 돌보는 모습을 보면서 한비야가 이렇게 물었다고 합니다.

"당신은 아주 유명한 의사이면서 왜 아무도 알아주지 않는 이런 험한 곳에서 일하고 있어요?"

그러자 그는 웃으면서 답했다 합니다.

"내가 가지고 있는 기술과 재능을 돈 버는 데만 쓰는 건 너무 아깝잖아요. 그러나 무엇보다도 이 일이 내 가슴을 몹시 뛰게 하기 때문이에요."[3]

그 말을 들으니 내 가슴도 뜁니다. 자신이 하는 일이 자신의 가슴을 뛰게 한다고 똑같이 다른 사람의 가슴을 뛰게 하는 것은 아니지만, 가슴 뛰는 일을 하는 자신의 모습이 보는 이의 가슴을 뛰게 할 수 있으니 가슴 뛰는 일을 해야 합니다.

좌우명(座右銘)의 사전적 의미는 '늘 자리 옆에 갖추어 두고 생활의 지침으로 삼는 말이나 문구'입니다. 이런 거창한 상징적 표어 없이 살아가는

---

[3] 한비야, 『지도 밖으로 행군하라』 (푸른숲, 2005), 13.

이들도 많이 있겠지만 삶의 신념을 들여 볼 수 있는 좌우명 하나 정도는 가지는 것도 나쁘지는 않을 것 같습니다. 나의 좌우명을 굳이 만들어 보자면, '해야 하는 일이, 하고 싶은 일이며, 가슴 뛰는 일이 되게 하라'라고 지어 봅니다. 나쁘지 않은 것 같습니다.

'당위로 살아가는 사람'과 '하고 싶은 것을 하며 가슴 뛰게 살아가는 사람' 사이를 불편한 경계선으로 그을 필요는 없을 것 같습니다. 그 둘 사이의 간극을 해소하지 못하고 갈등하는 삶이 아니라 하고 싶은 일이 해야만 하는 일이면 되지요. 그것도 가슴 뛰는 일이면 더더욱 바랄 것이 없고요.

오늘도 내가 하는 일이 단순히 도덕적/규범적 당위로서가 아니라, 가슴이 원하며 심장이 지시하기에 한다면, 그러한 인생, 살 만하지 않나요. 이것이 요즘 말로 '워라밸', 즉 '워크 앤드 라이프 밸런스'(work and life balance)의 줄임말이 지향하는 삶이지 싶습니다. 인기 강사이자 120만 명이 넘는 유튜브 구독자를 가진 김미경 강사가 있습니다.

코로나19가 오면서 그동안 거의 30년간 해 오던 강의가 하루아침에 끊어지는 경험을 하면서 『리부트』라는 책을 씁니다.

이 책에서 김미경 강사는 기성 세대와 밀레니얼 세대(1980년대 중후반부터 1990년대에 태어난 세대)의 차이점으로 기성 세대는 "무엇을 할 것인가"로 직업을 선택했다면, 밀레니얼 세대는 "어떻게 살 것인가"를 기준으로 삼는다고 합니다. 바로 이 '어떻게 살 것인가'를 질문하는 밀레니얼 세대는 먹고사는 문제를 떠나 자신의 가치를 실현하는 것을 삶의 기준으로 삼는다는 것입니다. 그것을 가장 잘할 수 있는 것이 인디펜던트 워커(independent worker)라 합니다.

제4차 산업혁명의 영향으로 사무실을 가지 않고 자택 근무하는 이들이 늘어났습니다. 코로나19가 그러한 현상을 가속화시켰습니다. 이러한 시대적 흐름에 살아남기 위해 누구도 대체할 수 없는 자기만의 실력을 키우라

합니다.⁴

실제로 코로나19로 인해 직장을 그만둔 분들이 많습니다. 비어 있는 상점들이 늘고 있습니다. 살기 위해서라도 직장이라는 사무실이 없어도 할 수 있는 것을 찾아야 할 것입니다. 그것이 자신이 좋아하고 가슴 뛰는 일이어야 지치지 않고 할 수 있지 않을까 합니다.

3. 생명이 깃든 언어로 글 쓰며 사는 인생

운전하다 보면 상대방이 실수할 때도 있지만 자신이 실수할 때도 있습니다. 그러면 상대방이 'F'로 시작하는 욕을 해댑니다. 그런데 말입니다. 그 욕이 마음에 와닿지를 않습니다. 다만 그가 마치 성화 봉송 주자처럼 결기에 찬 표정으로 오른손 중지를 높이 치켜들어 보여 줄 때, 그제야 그가 열 받았음을 짐작할 수 있을 뿐이지요. 그러나 그것 또한 마음을 온전히 사로잡지는 못합니다. 영어뿐만 아니라 각종 외국어로 듣는 욕은 마음에 둥지를 틀지 못합니다. 그래서 그런지 모국어로 욕을 들었을 때보다 기분이 그렇게 나쁘지 않습니다. 욕은 토종 욕을 먹어야 가슴이 벌렁거리는데 말입니다.

내게 관공서의 언어는 가장 어려운 언어 중 하나입니다. 이해를 못 할 뿐만 아니라 이해하고픈 마음이 별로 들지 않기 때문입니다. 거기 가면 없는 두통도 생기고 가슴도 답답해집니다. 그러니 가급적이면 그런 곳을 가지 않습니다. 그곳에서 만나는 사람들의 언어도 의미가 없지는 않지만 매우 건조한 언어가 오고 갑니다.

관공서의 언어가 촉촉한 언어가 될 수 없을까요?

---

4 김미경, 『리부트』 (웅진지식하우스, 2020), 104

관공서의 언어에 생명이 깃들 수 없을까요?

감히 장담컨대, 관공서의 언어가 시적인 언어가 되고, 관공서의 언어에 생명의 꽃이 피면, 그래서 그 언어가 그곳을 찾는 이들의 가슴에 닿는다면, 그 사회는 분명히 더 아름다운 세상이 될 것입니다.

인기 드라마나 좋은 영화, 좋은 노래, 좋은 연설은 보고 듣는 이의 마음에 닿기 때문에 그런 평을 받을 겁니다. 언어가 사람의 마음에 닿지 않으면, 그 언어는 머리카락을 풀어헤치고 구천을 헤매게 될 것입니다. 사어(死語)가 되는 것이지요. 대중 앞에서 이야기하는 사람들이 갑자기 울 때가 있습니다. 감정이 언어를 삼켜 버려서 그럴 것입니다. 언어가 감정을 이겨야 논리가 발화되는데, 감정이 언어를 이겨 버리니까, 눈물이 나옵니다. 하지만 감정의 언어는 논리적 언어보다 때로는 훨씬 효과가 커서 전하고자 하는 메시지를 상대방의 가슴에 감동 있게 전할 수 있습니다.

마르크 샤갈(Marc Chagall)의 말이라 합니다.

> 내가 가슴으로 창작하면 거의 모든 것이 작동하며, 머리로 창작하면 거의 아무것도 작동하지 않는다(If I create from the heart, nearly everything works; if from the head, almost nothing).[5]

'가슴으로 창작하는 것'과 '머리로 창작하는 것'의 차이는 그것이 현실에 작동하느냐 그렇지 않으냐로 나타난다는 말인 것 같습니다.

물론 좀 과장된 표현인 것 같습니다만, 가슴과 머리가 갈등할 때는 가슴이 시키는 것이 맞다고 흔히 말하지 않습니까?

가슴으로 창작하는 것이 다른 사람의 가슴을 뛰게 하지 싶습니다. 심장의 언어를 찾아야 합니다.

---

[5] https://www.brainyquote.com/quotes/marc_chagall_389595

언젠가 이렇게 적은 적이 있습니다.

> 때로는 화두를 잃고 살아갑니다. 생각 없이 산다는 이야기일 겁니다. 글은 세상에 흘러가는 생각, 무질서한 관념을 지면 위에 옮기는 것인데 글도 어떤 계기나 동기가 필요합니다. 동기 없이 무엇인가를 쓰고자 하면 글이 되지 않은 경우가 많습니다. 쓰기는 쓰되 쓰는 이의 열정이 드러나지 않고 인내력 또한 약화됩니다. 내적이든 외적이든 동기가 있어야 꿈틀거리는 글이 나오는 법인데 말입니다. 주어진 일을 기계적으로 하다 보면 사고의 생산이 없습니다. 살아가는 목적 중 하나가 적어도 나에게는 생각하며 글 쓰는 것인데 그걸 못하면 분명 심장이 원하는 삶은 살지 못하고 있음에 틀림없을 겁니다. 더 이상 후회하지 않기 위해 어느 날 문득 '외출'이라도 해 볼까요.

어느 날 문득 숟가락 드는 것에도 별 의욕이 생기지 않는다면 그것은 필시 삶에 의욕이 없다는 표징이기도 할 것입니다. 삶이 신산스럽다는 증거겠지요.

그럴 땐 초점 흐린 눈동자로 하늘을 보며 "지금 뭘 하고 있지?" 하고 혼자 스스로 물어봅니다.

왜 이런 몸의 반응이 왔을까요?

그것은 지금 하는 일이 가슴 뛰는 일이 아니기 때문인지도 모르겠습니다. 그건 분명 지금 하는 일이 자신이 '진심과 전심'으로 하고 싶은 일이 아닐 수 있음을 보여 주는 마음의 소리인지도 모르겠습니다.

욜로(YOLO)족이 있습니다. 욜로는 '단 한 번 사는 인생'(You only live once)의 줄임말입니다. 이들은 한 번 사는 인생이기에 정말로 좋아하는 일 하면서 살기를 원합니다. 누구의 간섭이나 잔소리를 듣지 않고 자신이 하고 싶은 일 하며 살기를 원합니다. 내가 제일 부러워하는 사람 중 시인은 늘 영순위입니다.

그들이 단어를 선택하고, 언어를 다루는 능력과 단어와 단어를 연결하는 능력이 부러운 것도 있지만, 무엇보다 부러운 것은, 그들의 언어에는 다루지 못하는 대상도 없으며, 어떠한 주저함도 없다는 데 있습니다. 저잣거리의 저속한 언어를 이야기해도 별로 욕하는 자가 없습니다. 그러나 목사는 이런 이야기를 하면 성도가 불편해합니다.

'자기 자신'을 타이핑하는데 자꾸 거시기하게 거시기를 상징하는 오타가 납니다(이걸 말로 표현해 버리면 외설이 되고 저속한 언어가 되기에 원초적 상상과 그대의 애틋한 감수성에 맡기겠습니다). 하나님을 고백하고 하나님에 대해 가르치는 목사는 시인처럼 무슨 주제든 말할 수 있고 또 쓸 수 있어야 합니다. 그래서 그랬던가요. 알프레드 화이트헤드라는 철학자는 하나님을 "세계의 시인"으로 묘사했습니다. 하나님은 "보시기에 좋았다"고 하신 창조 세계 전체를 시적 언어로 표현하신다는 의미입니다. 그렇다면 우리도 하나님이 창조하신 세계의 아름다움을 우리의 언어로 표현할 수 있어야 합니다.

하나님이 세상을 창조하시고 각종 들짐승과 새를 아담에게 이끌고 가십니다. 아담이 어떻게 부르는지 보려고 말입니다. 아담이 각 생물을 부른 것이 그 이름이 되었습니다(창 2:19). 우리는 하나님이 창조하신 세계를 우리의 언어로 표현할 의무가 있습니다. 하나님이 원하시기에 그렇습니다. 하나님은 아담이 각종 생물에게 이름을 지어 주실 때 간섭하지 않으셨습니다. 검열하지 않으셨습니다. 아담이 부르는 그대로 그 이름이 되도록 허락하셨습니다.

우리가 하나님을 만유의 창조주 하나님으로 고백한다면, "세계가 나의 교구다"라고 말했던 웨슬리처럼 "세계가 나의 글쓰깃거리다"라고 말한다면 지나친 오지랖인가요?

4. 존재를 걸고 가슴 뛰게 일하며 산다는 것

언젠가 LA에 BTS가 와서 이틀간 그야말로 난리가 난 적이 있습니다. 한 해 전에 그들의 공연을 못 본 딸이 그해에는 친구 덕분에 보게 되었습니다. 딸은 그렇게 공연에 갔다가 새벽 1시에 녹초가 되어 돌아왔습니다. 9만 명이 관람했다고 하니 분위기가 어떠했을 것이며, 근처 교통이 어떠했을지 짐작이 갑니다. 그렇게 힘들어도 간 것은 가슴이 뛰기 때문이겠죠 (그런데 말입니다, 알 만한 사람은 다 알지만 내 이름을 우기면 짝퉁 BTS[박동식]가 되는데, 우리 딸은 너무 멀리 가서 BTS를 보고 온 것이지요).

개인적으로 놀이기구 타는 것을 좋아하지 않습니다. 그 시간을 즐기지 못하고 견뎌야 하기 때문입니다. 나에겐 유치원 아이들도 잘 타지 않는 회전목마가 딱 어울리는 것 같습니다. 그래서 아이들과 아내가 타는 동안 챙겨 간 책을 보곤 합니다. 딸이 BTS 공연을 보러 가는 것은 가슴 뛰는 일이었기에 그리고 내가 놀이기구를 좋아하지 않는 것은 다른 의미로 가슴이 너무 뛰기에 그 시간을 즐기지 못하고 견뎌야 하기 때문일 겁니다. 그 차이가 큽니다. 좀 덜 견디고 좋은 의미로 가슴 뛰는 일을 하면 좋겠습니다.

많은 불꽃과 하나의 등불(*Multa lumina lux una*—many flames, one light).

한때 공부했던 클레어몬트대학원대학교(Claremont Graduate University)의 모토입니다. 각자 불꽃처럼 살아서 하나의 등불이 되자는 의미도 있는 것 같고, 하나의 등불이지만 각자의 자리에서 불꽃처럼 타올라 살라는 의미도 있는 것 같습니다. 그러기 위해서는 자신이 하는 일이 즐거워야 하고 가슴이 뛰어야 하고 그 일에 미쳐야 할 것 같습니다. 핀다로스가 쓴 <아폴로 기념 경기 우승자에게 바치는 축가 3>에 이런 말이 있습니다.

오! 나의 영혼아, 불멸의 삶을 갈망하지 말고 가능의 영역을 남김없이 다 살려고 노력하라.[6]

물론 우리 그리스도인은 영적 몸의 부활을 믿고 영원히 살 것을 믿습니다. 하지만 핀다로스의 축가에서 얻을 수 있는 통찰은, 우리가 이 땅에 살아가면서 할 수 있고, 살 수 있는 모든 가능한 영역을 단순히 가능성의 영역으로만 두지 말고 모두 살아 보라는 의미입니다.

한 번 사는 인생 예수 그리스도로 불꽃처럼 타올라야 하지 않겠습니까? 언젠가 강의를 마치고 아내에게 집에 간다며 문자를 보냈습니다.
그랬더니 아내가 "강의 미치도록 잘했나 봐요?"
이런 뜬금없는 문자를 보내왔습니다.
"뭔 말이야?"
되물었더니 내가 보낸 메시지를 다시 확인하랍니다. 다시 보니 "강의 '마쳐서' 간다"가 아닌 "강의 '미쳐서' 간다"로 보냈더군요. 미친 강의였나 봅니다. 가만히 보니 괜찮은 표현 같습니다. 강의는 미치게 해야죠.
그래야 학생들의 마음에 가닿지 않겠습니까?

코로나19 이후 온라인으로 수업할 때는 어쩔 수 없이 앉아서 강의했지만, 강의실에서 강의할 때 앉아서 강의한 적이 거의 없었던 것 같습니다. 우선 앉아서 강의하면 스스로 열정이 올라오지 않기 때문입니다. 이탈리아 출신도 아닌데 돌아다니면서 손을 막 사용해야 강의가 됩니다.

자신이 좋아하는 일이 있다면 존재를 걸어야 합니다. 거기에 '미쳐야' 합니다. 파스칼이 그랬네요.

---

[6] 알베르 카뮈, 『시지프 신화』, 김화영 역 (민음사, 2016), 7.

> 사람들은 필연적으로 미쳐 있다. 그래서 미치지 않은 것도 다른 형태의 광기라는 점에서 미친 것과 같다.[7]

파스칼의 말대로 어차피 미친 인생이라면, 가슴 뛰는 일에 미쳐야 할 것 같습니다. 동네 야구장에서 꼬맹이들이 야구 시합을 하는데 부모들이 더 난리입니다.

"고고(go go)!"

하면서 말이죠. 뛰는 사람도 중요하고 흥을 돋우는 사람도 중요합니다. 사람들 사이에 흥을 돋우는 사람이 되어야 할 것 같습니다. 기운을 빼고 대립하는 존재가 아니라 흥을 불어넣는 그런 삶 말입니다. 그렇게 하려면 자신이 하는 일에 존재를 걸어야 합니다.

마이클 프로스트와 앨런 허쉬가 영화 <치킨 런>(Chicken Run)을 소개해 주는 장면이 인상적이었습니다. 암탉들이 포로수용소 같은 양계장에 갇혀 달걀만 낳는 모습을 그려 주고 있는데, 생산이 시원찮은 닭들은 바로 저녁 식탁에 오르게 된다고 합니다. 주인공 진저(Ginger)는 자유를 찾아 탈출하려 합니다.

'달걀을 낳다가 죽는 것, 그것이 닭의 운명'이라는 어느 동료 닭의 이야기를 견뎌 가며, 희생과 탈출 후의 비전을 바라보며, 날아다니는 기계를 만들어 급기야 탈출합니다. 진저는 탈출과 탈출 후의 삶을 위해 "자신의 목숨", 즉 존재를 걸었던 것입니다.[8]

우리도 우리가 하는 일에 존재를 걸어야 합니다. 가슴이 뛰어야 합니다. 그런데 우리의 가슴을 누가 뛰게 하나요?

우리 자신이 뛰게 할 수 있나요?

---

7 블레즈 파스칼, 『광세』, 이환역 역 (민음사, 2003), 83.
8 마이클 프로스트, 앨런 허쉬, 『새로운 교회가 온다』, 지성근 역 (IVP, 2009), 267-268.

도널드 세베스타노(51세)라는 복권 당첨자가 '100만 달러 복권에 당첨되고 3주 만에 암으로 사망했다'는 뉴스 기사를 본 적이 있습니다. 그는 복권 당첨되고 '여행도 가고 싶고 건강검진도 받고 싶다'고 했다는데 검진 결과 폐암 4기였다고 합니다.[9]

인생 참, 설명하기 어렵습니다. 우리 스스로 힘을 불어넣는다고 되는 게 아닌 것 같습니다. 돈이 우리의 가슴을 뛰게 하는 것이 아닌 것 같습니다. 생명의 영, 즉 성령이 임해야 합니다. 마른땅에는 하늘의 비가 내려야 하고 강줄기에는 물이 충분해야 합니다. 우리 삶에도 성령의 비가 내려야 합니다. 그럴 때 우리도 우리의 일에 존재를 걸 수 있으며 자기 삶에서 건진 자기만의 이야기를 할 수 있을 것입니다.

룻의 이야기가 여기 어울립니다. 남편이 죽었음에도 불구하고 끝까지 시어머니를 따라가는 룻의 모습에서 사나이들에게만 있을 법한 의리를 봅니다. 시어머니인 나오미를 보면 참 안타깝습니다.

남편의 죽음과 두 아들의 죽음, 이보다 더 비참한 인생이 어디 있을까요?

그랬기에 나오미는 하나님이 자신을 '치셨다'(룻 1:13)고 고백합니다. 고향으로 돌아오자 사람들이 나오미를 알아보고 그의 이름을 부르자 자신의 이름을 '나오미'(즐거움)라 하지 말라 '마라'(괴로움)라 부르라 합니다(룻 1:20). 이런 슬픔을 당한 인생에는 위로의 말도 중요하지만, 누구든 함께 있어 주는 것이야말로 큰 위로가 될 것입니다. 룻이 그런 생각으로 나오미와 함께했는지는 모르지만 멋있는 고백을 합니다.

'어머니가 가시는 곳이 어디든 어머니가 머무시는 곳이 어디든 함께할 것이며 어머니가 믿는 하나님이 자신의 하나님이 될 것'(룻 1:16)이라고 말입니다. 우리의 인생길, 목숨 걸고 따를 만한 한 명의 사람이 있다면 행복한 일일 테지만 무엇보다도 하나님이 우리가 걷는 인생의 길섶 어디든 동

---

9 http://www.koreadaily.com/news/read.asp?art_id=5991063

행하심을 믿는다면 이보다 더 큰 위로와 힘은 없을 것입니다.

5. 자기 이야기 하기

　보통 감성 지수를 EQ, 지능 지수를 IQ라 합니다. 그런데 JQ, 즉 '잔머리 지수'가 등장했습니다. 매사에 무엇이든지 잔머리를 굴리면서 하는 사람, 어느 상황에 직면하면 그것이 자기 삶에 도움이 될지 안 될지를 순간적으로 판단하면서 대처하는 사람, 이런 사람이 잔머리를 굴리는 사람일 것입니다. 그러기에 그런 사람은 겉으로 보기에는, 순간적으로 보기에는 그럴 듯해 보여도 그 마음속에 진실함이나 깊이가 없을 겁니다.

　사람을 만나거나 사람들과 대면할 때 듣기 좋은 소리만을 말하는 이들이 있습니다. 그런데 가만히 보면 그 말은 들어도 되고 듣지 않아도 되는 말입니다. 말이 말에만 그쳐 버리면 그 말은 아무런 의미가 없습니다.

　입을 열어도 들을 말이 없거나, 듣기는 좋은 말인데 나중에는 그 말을 했는지 안 했는지도 모른다면, 그 말이 무슨 의미가 있겠습니까?

　이 시대는 정말로 할 말은 하되 하지 않아도 되는 말은 하지 않는 사람이 필요합니다. 말에 진실성이 있는 사람, 말에 책임을 질 줄 아는 마음과 삶의 자세가 있는 사람, 우리는 그런 사람을 순수한 사람이라 할 수 있을 것 같습니다. 그러기에 우리에게 정말로 필요한 한 가지를 덧붙이면, 그것은 PQ(Pure Quotient) 즉, '순수 지수'이기도 할 것입니다. 하는 말에 가식이 없는 사람, 말하는 것과 행동하는 것에서 어떠한 잔머리를 굴리지 않는 사람. 우리는 그 사람을 하나님 앞에 역사 앞에 순수한 자라고 부를 수 있습니다. 그러기에 그런 사람을 만나면 그 자체가 좋은 것 같습니다. 그런 사람을 만나면 어떻게 말을 해야 하지, 아니 무슨 말을 해야 하지 하는 그런 언어의 피곤함을 느끼지 않을 것입니다.

그러기에 우리는 이런 사람을 원합니다. 정말로 말 되는 사람과 만날 수 있다면, 그래서 그 사람과 밤새워 이야기할 수 있다면 그것만큼 즐거움도 없을 겁니다. 우리는 오늘도 그런 사람을 찾는지도 모르겠습니다.

거기 내가 찾는 이런 사람 없소?

그러다가 그런 생각을 해 봅니다.

그 사람이 바로 우리 자신이 되면 안 되나요?

그 사람이 내가 될 수는 없나요?

정말로 만나고 싶은 그래서 밤을 새워서 이야기하고 싶은 그 사람이 바로 내가 될 수는 없나요?

TV 프로그램 <골목 식당>에서 포방터 돈가스 사장님이 원주 돈가스 사장을 도와주면서 그런 말을 했습니다.

> 내 몸이 피곤해야지. 내 몸이 고단해야지. 내가 편하면 손님 입이 불쾌해지죠.

이것은 그가 음식을 만들면서 가진 자기 이야기, 즉 자기 철학인 것 같습니다. 편하게 일해서 돈 벌자고 장사해서는 안 된다는 의미인 것 같습니다. 비록 피곤하더라도 손님을 위해 더 좋은 맛을 제공해 주겠다는 생각이 자신의 가게를 살리는 것이지 싶습니다. 낙엽 청소하기 귀찮다고 불편하다고 나무를 자를 수는 없는 법입니다. 더 큰 그림을 그리기 위해서는 약간의 불편함을 참아야 합니다. 자신의 삶이니 존재를 걸어야 합니다. 그렇게 해야 자신만의 이야기가 나올 것입니다.

포스트모던 철학자인 리처드 로티는 "우리는 자신의 이야기를 함으로써 우리 자신을 창조"한다고 했습니다.[10] 비슷하게, 2020년 2월 봉준호 감독

---

10 새뮤얼 이녹 스텀프, 제임스 피저, 『소크라테스에서 포스트모더니즘까지』, 이광래 역

이 오스카 영화제 감독상을 받으며 자신이 어릴 때 영화 공부하며 마음에 새긴 한 문장을 소개했습니다.

가장 개인적인 것이 가장 창의적인 것이다.

그 말은 함께 감독상 후보로 올랐던 영화계의 거장 마틴 스콜세지 감독의 말이었습니다. 그는 그 말을 자신의 영화를 만드는 모토로 삼았다고 합니다.
개인으로 더 들어가서 자신의 이야기를 풀어내야 합니다. 자신의 이야기를 들려주어야 합니다. 그러면 그 이야기가 세상 사람들의 마음에 닿을 수 있을 것입니다. 거기에는 나이 제한도 없습니다.

내 나이가 어때서 사랑에 나이가 있나요.

이런 노랫말처럼 말입니다. 사람들이 보기에 늙어서 사랑하기에 너무 늦은 나이가 되었다 하더라도 사랑에 나이가 없음을 이야기하는 것 같습니다. '초로'(初老)의 사전적 의미는 '늙기 시작하는 첫 시기, 주로 45~50세'를 지칭합니다. 그러나 요즈음은 아직 젊은 축에 속합니다. 60이나 70세가 넘어도 가슴 뛰는 사랑이 가능하다는 이야기일 것입니다.
어찌 사랑뿐이겠습니까?
자신의 삶을 서로 이야기할 수 있어야 합니다. 학문만 가치가 있는 것이 아니라 자기 이야기도 가치 있습니다. 자신의 이야기를 함으로 서로에게 선한 영향력을 줄 수 있는 바람을 일으키면 좋겠습니다. 바람개비는 바람이 있어야 그 가치가 드러납니다. 아무리 화려하고 아름답게 꾸며진 바람

(열린책들, 2004), 742.

개비라도 바람이 불지 않으면 그저 장식품에 지나지 않습니다. 반대로 바람만 있고 바람개비가 없으면 바람개비가 만들어 내는 그 아름다움 또한 보지 못하게 됩니다. 그러니 바람과 바람개비 둘이 만나 서로 만들어 내는 힘과 아름다움을 주목할 필요가 있습니다.

바람이 만들어 내는 1차 힘이 바람개비를 돌려 2차 힘을 만들어 내는 것을 보면, 변화를 만들어 내고 힘을 만들어 내는 것은 서로 연결되어 연쇄적으로 일어나야 할 것 같습니다.

손흥민이 뛰고 있는 토트넘 홋스퍼 FC에 유럽 여러 리그에서 인정을 받았던 조세 무리뉴 감독이 부임했습니다. 첫 경기 웨스트 햄전을 앞두고 무리뉴 감독이 부진한 경기력을 보이고 있던 델리 알리와 나눈 대화가 이러했다 합니다.

> 난 델리에게 지금 내 앞에 있는 사람이 진짜 델리인지 아니면 델리 형제인지 물어봤다. 당연히 그는 델리라고 답했다. 이에 난 '그래, 네가 델리라면 델리처럼 플레이하라'고 말했다.

시즌 내내 부진했던 델리 알리는 그 경기에서 존재감을 다시금 확인시켜 주었습니다.[11]

감독의 역할은 선수가 갖는 잠재력을 끄집어내 주는 데 있습니다. 또한 그가 부진하다면 회복할 수 있도록 동력을 불어넣어 주는 데 있습니다. 그리고 무엇보다 선수 자신은 자신의 플레이를 해야 합니다. 우리도 자신의 삶을 살아야 합니다. 자기 이야기를 살아 내야 합니다. 우리 모두 코로나19의 시간을 견디며 지내고 있지만, 이것으로 우리의 뛰는 가슴이 멈추지 않기를 소망합니다. 자신의 이야기가 멈추지 않기를 바랍니다. 우리 모

---

[11] https://sports.v.daum.net/v/20191124144900640

두에게 다시금 가슴 뛰는 일이 있기를 소망합니다. 자신의 이야기를 잘 써 가면 좋겠습니다.

6. 우리 손에 무슨 이야기가 들려져 있는가?

오래전 점심을 먹으러 중화요릿집에 간 적이 있습니다. 입구에 들어서는데 점심시간임에도 불구하고 손님들이 그렇게 많지 않았습니다. 다만 식당 주인 친척인 듯한 분 몇이 식사를 하고 계셨습니다. 볶음밥을 시켜 놓고 수첩을 뒤적거리면서 해야 할 일들을 정리하고 있었습니다. 이내 주문했던 밥이 나왔습니다.

배가 고팠던지라 열심히 먹고 있는데 방 안에서 꼬마 여자아이의 목소리가 들렸습니다. 4, 5살 정도 되어 보였습니다. 혼자서 손에 뭔가를 잡고는 중얼거리면서 놀고 있었습니다. 나는 그저 꼬마가 장난감을 가지고 혼자 노는 것이리라 생각을 했습니다.

그런데 가만히 보니까 그것은 장난감이 아니라 이 나라의 자랑스런 삼 팔광땡인 동양화(?)가 들려 있지 않겠습니까?

그러니까 친척들끼리 모여서 고스톱을 쳤던 모양입니다. 그 꼬마 아이는 그것을 옆에서 지켜보면서 배웠던 것 같습니다. 손에 들고 있는 폼이 여간 예사롭지 않습니다. 한 손에 고스톱꾼들이 하듯 3장 정도를 부채꼴 모양으로 들고 있는 것입니다. 그 꼬마 혼자서 그렇게 동양화 그림을 가지고 노는데도 어른들은 아무렇지도 않은 모양입니다. 이모인 듯한 분은 다른 분들에게 오히려 자랑합니다. "이 아이 보라"고, "혼자 동양화 가지고 노는 것을 보라"고 하면서 웃습니다. 어찌나 관대하게 키우시던지요. 그저 아버지 되시는 분이 지나가는 말로 "그거 하면 안 된다 했지" 하고는 그쳐 버립니다.

그 모습을 보면서 내 자식도 아닌데 왜 내가 화가 났을까요?

밥이 넘어가지 않았습니다. 내 자식도 아닌 남의 자식이 혼자서 고스톱 치는 흉내를 내든 말든 나는 상관없는 것 아닌가요. 식당에 갔으면 밥이나 먹고 올 일이지 뭐 그런 것까지 신경을 쓰고 그러나요. 그런데 그 꼬마 아이의 앞으로 20년 30년 후의 모습을 생각하니 그렇게 좋은 인생을 살아갈 것 같지 않아서 그런 마음이 들었던 것 같습니다.

물론 어릴 때 손에 동양화를 들고 자랐다고 그의 앞날이 어두운 것만은 아닐 것입니다. 찾아보면 그렇게 자란 사람 중 훌륭한 삶을 살아가는 사람도 얼마든지 있을 겁니다. 정말로 멋있는 동양화를 그리는 화가도 있을 것이고 동양화 만드는 공장을 차려서 이 땅에 수많은 고스톱족(?)을 위해 봉사하면서 떼돈을 번 사람도 왜 없겠습니까마는 그 어린아이의 손에 동양화보다는 다른 것이 들려 있으면 더 좋지 않을까 생각했습니다.

그 아이는 무슨 이야기를 할까요?

어떤 자기만의 이야기가 있을까요?

그런 경험을 하니 문득 궁금해집니다.

나의 손에는, 우리 손에는 무엇이 들려 있는가?

아니 더 적극적으로 묻는다면 무엇이 들려 있어야만 하는가?

그런 바람을 가져 봅니다. 내 손에 나의 삶을 정말로 풍성하게 만들 그 무엇인가가 들려 있었으면 좋겠습니다. 내 손에 타인의 아픔을 생각하면서 손 내어 줄 수 있는 마음이 있었으면 좋겠습니다. 내 손에 이 땅을 조금 더 아름답게 할 그 무엇인가가 들려 있으면 좋겠습니다.

더욱이 내 손에 예수님의 십자가 사랑의 흔적이 있었으면 좋겠습니다. 그렇게 삶을 풍성하게 해 줄 이야기들이 우리 손에 풍성히 담겨 있으면 합니다. 그 이야기를 가지고 가슴 뛰는 일 하면 좋겠습니다.

Faith, Church and Life in Covid-19

제7장

우리는 그러한 리더를 가질 수 없는가?

1. 변하는 시대

오래전 추석 때 TV를 통해 이문열의 소설「우리들의 일그러진 영웅」이 영화로 만들어진 것을 본 적이 있습니다. 등장인물이 이렇습니다. 나이 많고 힘세고, 통솔력 있고 공부 잘하는 영웅적 인물 엄석대, 그에게 겁 없이 맞서다가 결국은 굴복하고 마는 한병태, 엄석대의 지도하에 평화롭게 지내는 한 학급에 그것이 거짓 평화임을 심어 주시는 새로 오신 선생님, 또한 엄석대에게 반항 한번 못 하고 그의 그늘에서 그가 주는 평안을 맛보는 뭇 똘마니들.

엄석대는 결코 건드릴 수 없는 성역이었습니다. 같은 반 학생들이 가슴 속에 말할 그 무엇인가가 있었을지라도 말하지 못했습니다. 그가 권력이 되었기 때문입니다. 그러나 그보다도 더 힘 있는 선생님의 출현으로 그들은 '아! 우리도 엄석대에 대해 말할 수 있구나' 하는 중요한 진실을 깨닫습니다. 그들은 그동안 말하지 못했던 것들을 엄석대에게 욕을 섞어 가며 말합니다. '건드릴 수 없던 것도 이제는 건드릴 수 있구나' 하는 것을 그들은 처음 알았을 겁니다. 역으로 엄석대는 자기의 모습이 무참히 벗겨지고 자기 존재 기반을 잃어버려 더 이상 견딜 수 없기에 교실 뒷문을 열고는 "나

없이 잘들 해 봐"라고 욕하고는 자기의 삶 속으로 도망쳐 버립니다. 우리들의 일그러진 영웅의 뒷모습은 그렇게 쓸쓸하고 슬프기만 했습니다.

여전히 사람들은 영웅을 원합니다. 그것도 자기의 삶을 대신 살아 줄 그리고 자기가 하지 못하는 것을 해 줄 영웅을 원합니다. 어떤 이는 그런 영웅이 되고 싶어 합니다. 권력을 갖기를 원합니다. 그러나 권력을 가진 영웅은 결국에는 새로운 권력을 가진 자가 나타나면 머리 숙이고 사라질 영웅이기에 영원한 영웅은 없으며 영원한 권력도 없음을 깨닫게 됩니다. 출애굽의 영웅 모세도 가나안 땅에 들어가지 못하는 것을 보면 영원한 리더는 없음을 보게 됩니다.

2017년 어느 국회의원의 공항 입국이 화제가 되었습니다. 그는 자신의 보좌관을 보지 않고 가방을 그가 있는 쪽으로 밀면서 공항을 나왔습니다. 일명 농구 용어인 '노룩패스'(No Look Pass). 걸음걸이도 상당히 거만하게 보였습니다. 보좌관은 그 가방을 잡기 위해 조금은 뛰며 허리를 조금 굽혀 인사하는 듯했습니다. 그 국회의원은 자신의 그런 모습이 언론에 오르자 "그게 왜 뉴스거리가 되는지 잘 모르겠다" 했다 합니다. 아마도 그렇게 살아왔기 때문일 겁니다. 국회의원은 보좌관에게 그렇게 해도 된다는 관습의 시대를 살아왔기 때문이겠죠. 이 장면은 어쩌면 그야말로 '권위적인 구시대 리더'의 전형을 보여 준 것인지도 모르겠습니다. 시대의 변화를 읽지 못하는 리더가 받아야 할 것은 시민들의 냉랭함이었습니다.

이에 반해 그즈음에 지금 대통령이 보여 준 '섬김의 리더십'이 화제였습니다. 대선 토론하는 모습에서부터 사인을 받으려는 아이가 종이를 찾지 못하자 쪼그려 앉아 기다려 주는 모습에 이르기까지, 많은 이가 그 모습을 보고 감동했습니다. 그동안 정치 진영에서 보지 못했던 리더십이기 때문일 겁니다.

사람의 인품이 얼마만큼 중요한지 알게 되었습니다. 스펙보다 상대방을 대하는 진정성 있는 자세가 리더가 갖추어야 할 덕목임을 새삼 깨닫게 되었습니다. 새로운 시대는 자신이 선 자리에서 백성 위에 군림하는 리더십이 아니라 자세를 낮추어 그의 눈동자를 바라보며 그의 마음을 살필 줄 아는 그런 리더십을 원하는 것이 분명한 것 같습니다.

구약성경 에스더에 나오는 하만의 이야기는 권력이 얼마나 무상한지 보여 줍니다. 아하수에로 왕이 하만을 다른 모든 대신보다 높여 주었을 때, 그는 권력의 맛을 봅니다. 유다인 모르드개가 자신에게 인사도 하지 않는 모습을 보고 모르드개뿐만 아니라 그가 속한 유다인 전부를 전멸하고자 합니다. 모르드개를 나무에 달아 죽이려 합니다. 권력 남용이죠. 자신의 자리를 지키기 위해 권력을 사용하는 이의 최후는 자명합니다. 그가 그 나무에 달려 죽습니다. 그러니 권모술수는 버려야 합니다. 권력의 자리에서 자기 이익만을 추구하려는 태도는 버려야 합니다. 본인도 망하고 사회도 망하기 때문입니다.

화무십일홍(花無十日紅)이라 했습니다.

한 번 잡은 권력, 영원한가요?

아무리 화려한 꽃송이도 언젠가는 지듯이, 권력 또한 유통기한이 있음을 안다면 거만할 수가 없을 텐데 말입니다. 꽃잎 떨어지지 않게 하는 법이 없듯이, 영원토록 권력 잡는 법도 없지요. 이 간단한 진리를 권력을 가진 모든 이가 깨닫기를 소망합니다.

그러면 이 시대는 어떠한 리더를 필요로 하는지 조금 정리할 필요가 있는 것 같습니다.

2. 표리부동하지 않은 리더

율곡 이이가 쓴 『성학집요』의 표지에는 '성인이 갖추어야 할 배움의 모든 것'이라는 부제가 붙어 있습니다. 성인 또한 배워야 합니다.

배움에 끝이 있을까요?
오늘도 배워야 합니다. 율곡이 임금에게 말합니다.

> 예가 엄격하지 않고 마음이 공정하지 않으면 아름다운 말과 선한 정치라도 모두 한갓 공허한 조문(文具)이 될 뿐입니다.[1]

여기서 조문으로 번역된 '문구'의 사전적 의미는 '실속이 없이 겉만 꾸미거나 형식만을 차림'이라는 뜻입니다.

당의정(糖衣錠)이라는 단어를 보면 '사탕 당(糖), 옷 의(衣), 제기 이름 정(錠, 알약)'의 뜻을 지닙니다. 단어 뜻을 종합하면 '단 것으로 옷을 입힌 약' 정도 될 것 같습니다. 실제 사전 뜻도 '불쾌한 맛이나 냄새를 피하고 약물의 변질을 막기 위하여 표면에 당분을 입힌 정제'입니다. 약은 보통 입에 쓰기에 먹기가 쉽지 않습니다. 그래서 아마도 의료계에서 어떻게 하면 국민이 약을 쉽고 맛있게 먹을 수 있게 할까를 고민하다가 당의정을 만들었겠지요. 이런 의미로는 좋은 취지가 있어 보입니다.

그러나 당의정의 다른 뜻을 보면, '겉으로는 좋게 보이지만 실제로는 해가 될 수 있는 일을 비유적으로 이르는 말'이라 합니다. 속은 그렇지 않은데 겉을 꾸미고 가꾸어 좋게 보이게 한다는 의미입니다. 바깥에 흠집 난 것을 무엇으로 꾸민다 해서 그것이 사라지는 것은 아닙니다. 어떤 면에서는 겉과 속이 같지 않은, 즉 표리부동한 모습입니다.

리더는 자신의 속마음을 들여다보며 날마다 마음을 다지는 그런 '심지가 견고한 자'여야 합니다. 그렇지 않으면 늘 언제나 이리저리 휘둘리게 마련이며, 인기를 얻기 위해 사람들에게 좋은 것만을 보이려고 자신의 겉모습을 꾸미기 마련일 겁니다. 그럴수록 겉과 속은 어긋나며, 그 간

---

[1] 이이, 『성학집요』, 김태완 역 (청어람미디어, 2007), 344.

극도 점점 더 벌어지겠지요. 하지만 이내 자신의 이중적인 모습에 익숙해질 것이며, 급기야는 아무런 정체성의 불편함도 갈등도 없이 지내게 될 것입니다.

그런데 그것이 표리부동이 아니고 무엇이겠습니까?

『중용』에서 "군자는 안으로 살펴서 꺼림칙함이 없고, 뜻에 부끄러움이 없다"[2]고 했습니다. 누구든 속마음이 다르면 껄끄럽거나 부끄럽지요. 자신이 하는 일을 속마음의 불편함 없이 했으면 합니다. 마음을 가만히 들여다보면 선한 일을 할 때는 죄책감이 없지만 나쁜 일을 하면 죄책감이 발동합니다. 나쁜 마음에서 나오는 행동은 주위를 살핍니다. 그 말은 타자를 의식한다는 말이지요. 다른 사람은 아무런 관심이 없는데 본인이 타자를 의식합니다. 그 이유는 타자가 자신의 나쁜 행동을 볼까 두렵기 때문입니다. 자신의 양심과 자신의 행동이 엇박자로 가기 때문에 그럴 겁니다.

중요한 것은 타자가 아니라 자기 자신입니다. 자신의 겉과 속이 다름을 어느 날 문득 보고 깨달을 때 사실 창피합니다. 그동안 이렇게나 다르게 살아온 자신의 모습이 부끄럽습니다.

무엇 때문에 그렇게 살아왔을까요?

뭔가 조금 더 나은 모습을 사람들에게 보이기 위해 그랬을 겁니다. 하지만 그런 이중적인 모습 속에 진정한 마음의 평안과 삶의 만족은 없었을 겁니다. 그러니 누구든 속마음을 살피고 살아야 할 것 같습니다. 리더라면 더욱이 그렇게 해야 할 것입니다.

자신이 속한 공동체에서 자신이 주장하는 바른 가치관을 실현하지 못한다면 아무리 공적 세계에 그 담론을 주장한다 해도 공허합니다. 아니, 의미 없다 해도 과언이 아닐 것입니다. 다른 공동체나 세상을 향해 정의를 외치기는 쉽습니다. 하지만 자신이 속한 공동체에 자신이 부정의의 한 축

---

[2] 이이, 『성학집요』, 252.

을 담당한다면 그것은 거짓이겠지요. 어쩔 수 없는 인간의 한계라고 말하면 안 될 것 같습니다. 이것은 보수든 진보든 상관이 없습니다. 아무리 신앙이 좋아도, 아무리 평등을 외치는 조직이라 하더라도, 자신이 속한 공동체에 참된 정의와 평화와 소통이 없다면 "울리는 꿩과리"가 되고 '아무것도 아닌 것'이 될 것입니다(고전 13:1-2).

3. 열린 마음으로 소통하는 리더

드라마 『뿌리 깊은 나무』는 세종 대왕의 이야기를 다루고 있습니다. 아버지 태종이 아들 세종에게 묻습니다.

"너의 조선은 무엇이냐?"

세종은 "전각을 지어 경전을 배우고자 합니다"라고 답합니다. 그래서 아버지에게 그 전각의 이름을 '현명한 자를 모은다'는 '집현전'(集賢殿)으로 받습니다. 그 집현전이 하는 일은 "권력의 독을 감추고 칼이 아닌 말로써 설득하고 모두의 진심을 얻어 내어 모두를 오직 품고, … 모두가 제자리를 찾고 제 역할을 하게 하는 그런 조선입니다. 시간이 걸리더라도 인내하고 기다릴 것이옵니다"라고 합니다. 세종은 '문'(文)으로 조선을 다스리겠다 합니다. 서로 토론하면서 만들어 가겠다는 것이지요.

한 공동체가 건전하게 되려면, 건강한 공동체가 되려면, 토론이 허용되어야 합니다. 토론이 허용된다는 것은 일방적 지시가 아닌 소통을 의미합니다. 이러한 열린 태도가 있을 때 그 공동체 혹은 국가는 희망이 있을 겁니다. 신학적으로 보더라도, 고전 유신론과 관계적 신학의 근본적인 차이점은 하나님과 세계의 관계성을 논할 때 하나님이 세상과 일방적으로 관계하시는가 아니면 상호 연관성 속에 계시는가 하는 관점의 차이에 있습니다.

고전 유신론은 하나님은 세상에 영향을 주시기만 하시지 세상으로부터 그 어떤 영향도 받지 않으신다고 주장한다면, 관계적 신학은 하나님이 세상에 영향을 주시기도 하시지만 세상으로부터 또한 영향을 받으신다고 주장합니다. 하나님은 일방적으로 지시하기만 하지 않으시고 하나님의 백성의 신음 소리도 들으시고 함께 아파하시는 관계적 하나님입니다.

많은 담임목회자가 지금도 피눈물 흘리며 강단에서 헌신하지만, 일부 절대 권력화된 목회자들은 그야말로 군주적 하나님과 동급일 때가 많습니다. 성도와 당회로부터 어떤 소리도 듣지 않으며 오로지 일방적 관계만 맺을 때가 있습니다.

처음부터 그렇게 군주적 목회를 했을까요?

처음에는 누구나 관계적 목회를 했을 겁니다. 그러다가 교회가 부흥하고 사람들이 따라다니니 본인도 모르게 머리에 금테가 둘러쳐졌을지 모르겠습니다. 그러나 이미 쳐진 금테를 본인 손으로 벗기는 어려울 것입니다. 그게 아마도 권력의 맛이지 싶습니다.

니체는 '불쌍한 양들'은 대장에게 '항상 앞장서기만 하면 당신을 따를 용기를 잃지 않을 것이다' 하고, '불쌍한 대장'은 반대로 '항상 나를 따라오기만 하면 너희를 이끌 용기를 잃지 않을 것이다' 한다고 합니다.[3]

불쌍한 양과 대장이 서로에게 요구만 합니다. 불쌍한 양들은 따라가기만 하고 대장은 앞서가기만 하는 것은 바람직한 공동체의 모습이 아니지요. 바람직한 리더의 모습도, 바람직한 지체의 모습도 아닙니다. 항상 따라가기만 하는 이들은 주체성이 상실될 위험이 있으며, 항상 따라오게만 하는 지도자는 독재의 위험이 있습니다. 닫힌 구조에서는 밑에서부터 올라가는 목소리가 없습니다. 리더는 그런 자리에서 아부하고 아첨하는 이들의 말에만 현혹되지 말고 직언하는 이들의 목소리를 들을 줄 알아야 할

---

[3] 니체, 『아침놀』, 327.

것입니다.

절대 권력은 거리를 둡니다. 경계를 세웁니다. 가까이 오지 못하게 합니다. 리더의 위치에 있다면 구성원들이 어떤 마음을 가지는지 들여다볼 수 있어야 합니다. 그렇게 하면서 공동체 구성원들과 소통하는 리더가 되어야 합니다. 공동체에 이러한 리더가 있으면, '공동체가 바뀔 것 같다, 상식이 통하는 공동체가 될 것 같다, 진짜 함께하고 싶은 공동체가 될 것 같다, 무엇보다 행복한 공동체가 될 것 같다'는 느낌적 느낌, 생각적 생각, 희망적 희망을 하게 됩니다.

바나바와 바울이 안디옥에 와서 큰 무리를 가르칠 때 제자들이 처음으로 '그리스도인'이라 불립니다(행 11:26). 이 안디옥교회를 모델로 삼는 나들목교회의 김형국 목사는 교회가 든든해지려면 성도들이 디딤돌이 되어야 한다고 강조합니다. 디딤돌이 되려면 다른 사람들이 밟기에 편하게 다듬어져야 한다고 합니다. 그러기 위해 다음과 같이 자신을 살펴보라 합니다.

> 기도하는 시간에 자기를 성찰하고 자신의 관계들을 돌아보고, 말씀을 통해 사람을 사랑하는 법을 배우는 것이 필요하다. 사람을 사랑하기 위해 이해하려 하고 이해하기 위해 경청하고 감정 이입하는 것을 배우는 과정이 반드시 필요하다. 이것은 매일의 훈련 없이는 이루어질 수 없는 덕목이다.[4]

누구보다 리더가 열린 마음으로 소통하고자 한다면 반드시 이러한 자기 성찰과 매일 자기 훈련을 해야 할 것입니다.

---

[4] 김형국, 『교회를 꿈꾼다』 (포이에마, 2012), 178.

4. 자발적으로 자기를 제한하는 리더

SNS에서 인기 있으신 분들이 글을 올리면 적어도 몇백 명에서 많게는 몇십만 명이 '좋아요'를 누르지만, 정작 본인은 그 사람들에게 찾아가서 '좋아요'를 누르지 않습니다. 자신의 글에 댓글 다신 분들에게조차 답하지 않는 분도 많습니다. 물론 그 많은 사람이 쓴 댓글에 어떻게 일일이 응답하겠습니까마는 그러한 태도는 어떻게 보면 진정한 관계 형성이 되지 않는다는 점에서 앞에서 이야기한 고전적 군주신론의 모습과 비슷하다고 할 수 있습니다. 그런데 그렇게 인기 있던 분들의 인기가 어떤 계기가 생기면 금방 식더군요. 그것이 대중의 심리인가 봅니다.

그러나 가끔은 그렇지 않은 분들도 있습니다. 상당한 인기를 가지시지만 교만하지 않으시고 친히 사람들을 찾아가셔서 관심 가지시는 분들이 있습니다. 그야말로 '그들은 근본 주커버그(Zuckerberg)와 거의 동급이시나 동등 됨을 취할 것으로 여기지 아니하시고' 자기를 비우시고(케노시스) 종의 신분으로 내려오신 분들입니다. 그런 분들이야말로 삶에 겸손이 묻어나는 분들입니다. 자기 권력을 제한하실 줄 아는 분들입니다.

신호등 신호를 바꿀 수 있는 것은 누구나 행할 수 있는 생활 권리입니다. 그렇다고 자신만이 항시 바꿀 수 있는 것은 아니지요. 만일 항시 그렇게 할 수 있고 또 그렇게 하게 된다면 그것 또한 권력이 돼 버립니다. 권리가 권력이 되는 순간 억압이 등장하지요. 갈등이 생깁니다.

사람은 누구나 '주체'가 되려는 마음을 가지고 있습니다. 여기서 주체를 '독보적 존재' 혹은 '선두 주자' 아니면 '리더'로 읽어도 무방할 것 같습니다. 이 말은 누구나 각자 자신의 삶의 분야에서 우뚝 서고 싶어 하는 마음을 품고 있다는 의미이기도 합니다.

이러한 마음을 지나친 욕심이라고 폄할 생각은 없지만, 그러한 마음이 드러나는 양상은 우리가 곰곰이 살펴볼 필요가 있습니다. 독보적 존재로

서려는 생각이 강하다 보니 사상이나 삶의 행보나 지향하는 바가 거의 비슷한 그림을 그리는 이들조차도 서로 협력하지 않습니다.

왜 그럴까요?

아무리 좋은 대안이 있어도 함께하지 못하는 것은 아마도 자신만의 그러한 지존적 자리를 내어 주지 않으려는 인간 속마음 때문일지도 모르겠습니다. 여기에는 진보도 보수도 구분이 없습니다. 그러나 주체가 '지체'가 되지 않는 이상 '주체의 죽음'은 자명합니다. 지체가 된다고 해서 주체가 사라지는 것은 아닌데도 말입니다.

'나는 나의 자리를 나 아닌 다른 사람에게 내어 줄 용기가 있는가?'

이런 질문에 우리 모두 답해야 합니다. 그러지 않는 이상 아무리 그럴듯한 논리도, 아무리 아름다운 생각도 의미 없을 뿐이지 싶습니다.

왜 그런가요?

하나님마저도 스스로 제한하셔서 인간이 되셨기 때문입니다. 홀로 존재하셨던 하나님이 자신 속에 타자의 세계를 만드셨고 그 세계 속에 '지체'로 오셨기 때문입니다.

예수님이 이 땅에 오셨다는 것은 무엇을 의미하나요?

'말씀이 육신'이 되셨다는 성육신과 '높고 높으신 보좌를 버리시고 낮고 천한 이 땅에 오셨다'는 이 표현은 정말로 무엇을 말하고자 하나요?

우리가 예수님을 고백하는 것은 우리 스스로 우리 삶에서 높아지려는 삶의 욕망에 제한을 두어야 한다는 말이기도 할 것입니다.

미욱하리만치 보이는 모습일지라도 그렇게 살아가는 것이 '근본 하나님과 본체시나 동등 됨을 취하지 않으시고 낮아지신 모습'으로 오신 예수님을 닮아가는 삶 아니겠습니까?

인간이 자신을 제한한들 인간 아닌가요?

그런데 그것이 쉽지 않은 듯합니다.

각자 자신의 삶에서 자기 제한의 삶을 살아 보는 것이야말로 사람으로 오셨던 예수님을 닮아 가는 삶 아닐까요?

그것이야말로 우리가 말하는 "예수 믿는다"는 의미 아닐까요?

하나님이 인류에게 친히 직접 관계 맺기 위해 오신 것은 은혜입니다. 말씀이 육신이 되신 사건이 너무 좋습니다. 말로 다 할 수 없이 좋습니다. 그렇다면 우리도 그런 인간관계와 그런 공동체 생활을 해야 할 것입니다.

그것이 하나님이 우리 그리스도인들이 세상과 관계를 맺으라고 보내 주신 진정한 관계 아니겠습니까?

오르려고만 하는 욕심 말고 내려가려는 거룩한 욕심을 제대로 부려 볼 때입니다.

거기에 우리 기독교의 희망이 있다고 본다면 너무 순진한가요?

허공을 헤매는 풍선에는 우는 아이의 얼굴이 담겨 있습니다.

얼마나 안타까울까요?

그러나 손에 있어야 할 것이 더 이상 자신의 손에 쥐어 있지 않아 슬프지만 세상에는 손이 닿지 못하는, 아니 닿을 수 없는, 어쩔 수 없는 거리가 있다는 것을 일찍부터 알게 되면, 그것 또한 큰 배움일 겁니다. 닿을 수 없는 거리에 있는 것은 바라보면 됩니다. 손 내밀어 아무리 잡으려 해도 잡을 수 없는 것은 잡으려 하면 안 되겠죠. 그것은 욕심이요 추한 고집입니다. 우리는 모든 것을 다 움켜잡고 살 수 없지 않나요. 때론 의지적으로 놓아줘야 할 때도 있습니다. 떠나보내는 것에도 익숙해져야 합니다.

그래야 자신이 살 수 있지 않겠습니까?

5. 변화를 능동적으로 대처하는 리더

한 번 실패한 것을 다시 한번 더 하는 것은 '소신'이라 할 수 있습니다. 그러나 그 소신이 실패로 끝났음에도 불구하고 또 한 번 더 하는 것은 '어리석은 고집'이죠. 월드 시리즈에서 그렇게 해서 아마 두 해 연속으로 우승을 놓쳤음에도 불구하고 다저스 투수 운영을 몇 년째 같은 패턴으로 하는 감독을 보면서 '스스로 변하는 것도 쉽지 않구나' 하는 생각을 했던 적이 있습니다.

무엇인가를 변화시키고자 하지만 쉽게 변하지 않는 것은 그 변화를 원치 않는 이들이 또한 있기 때문입니다. 역사는 변화시키고자 하는 자들과 변화하지 않기를 바라는 자들과 끊임없는 대립 형태라 할 수 있습니다. 관건은 서로를 얼마만큼 진심으로 설득할 수 있는가일 겁니다. 리더는 큰 크림을 그리며 변화를 수용할 줄 알아야 하며 공동체 내 어지러운 질서를 정리할 수 있어야 합니다. 마르쿠스 아우렐리우스의 말을 들어 봅시다.

> 변화를 두려워하는 사람이 있는가?
> 변화 없이 일어날 수 있는 것이 무엇이란 말인가?
> 우주의 본성 가운데 변화보다 더 사랑스럽고 친근한 것이 무엇이란 말인가?
> 나무가 변하지 않는다면 너는 더운물에 목욕할 수 있는가?
> 음식물이 변하지 않는다면 너는 영양을 섭취할 수 있는가?
> 그 밖에 생활에 필요한 것들이 변화 없이 이루어질 수 있는가?
> 너 자신의 변화도 그와 똑같은 것으로 보편적 본성에는 똑같이 필요하다는 것을 너는 보지 못하는가?[5]

---

[5] 마르쿠스 아우렐리우스, 『명상록』, 천병희 역 (도서출판 숲, 2005), 110.

누구보다 리더가 시대의 변화를 읽고 자신 또한 바뀌어야 살아남을 것입니다.

그런데 어떤 리더가 자신의 리더십을 쉽게 변화시키겠습니까?

CBS 라디오 프로그램 <시사 자키 정관용입니다>에 인천대학교 조동성 총장이 인터뷰한 내용을 들었습니다. 21세기에는 5가지의 조직이 생긴다고 합니다.

첫째, '매트릭스 조직'으로, 본사와 현장이 떨어져 있고, 현장에 필요가 있을 때 본사가 기능인을 현장에 파송했다가 일이 끝나면 돌아오는 형태라 합니다.

둘째, '프로페셔널 조직'이라 합니다. 피라미드를 왼쪽으로 눕히면 리더와 평직원의 위치가 수평이 됩니다. 상하가 없고 역할 분담만 있다는 것이죠.

셋째, 한 번 더 피라미드를 돌리면 리더는 아래에 있고, 실무자가 위에 있으며, 고객은 그 위에 있는 역피라미드 형태가 된다는 것입니다. '서비스 조직'이 이런 모습이라 합니다.

넷째, '스파게티 조직'으로, 서로 연결된 모습입니다.

다섯째, '피자 조직'이라 합니다. 피라미드를 위에서부터 누르면 피자처럼 납작해지죠. 그러면 정점도 없고 중간 관리자가 없게 된다는 거죠.

이 다섯 가지 모델 중 앞으로는 다섯째 피자 조직으로 바뀔 것이라 합니다. 실무자가 전문화되며 '실력' 위주로 간다는 것이지요. 코로나19를 겪으면서 사람들의 반응이 심리학에서 말하는 받아들이기 힘든 사건을 접했을 때 변하는 과정처럼 변한다고 합니다. '충격, 분노, 체념, 적응' 순으로 말입니다. 그런데 거기에 '혁신'이 덧붙는다고 합니다.[6] 체념만 하는 것이 아니라 새로운 변화에 대처한다는 것입니다.

공동체가 정체되어 있거나 문제가 있으면 변화를 시도해야 합니다. 무엇이라도 해 봐야 합니다. 그런데 변화를 시도하거나 혹은 시도하지 않거나 자리만 보전하려 한다면 그 공동체는 희망이 없을 겁니다.

자신의 자리를 내려놓을 수 있다는 각오로 공동체를 섬겨야 그 공동체가 살아나지 않겠습니까?

예기치 못한 현실에 단순히 적응만 해서는 안 되고 혁신으로 나아갈 수 있는 리더가 21세기형 리더라는 것이지요.

이스라엘 백성이 바벨론 포로에서 돌아와 하나님의 성전을 재건하려 했지만 실패하자 14년 동안 성전을 방치합니다. 이에 하나님이 말씀하십니다.

> 스룹바벨아 스스로 굳세게 할지어다 여호사닥의 아들 대제사장 여호수아야 스스로 굳세게 할지어다 여호와의 말이니라 이 땅 모든 백성아 스스로 굳세게 하여 일할지어다 내가 너희와 함께하노라 만군의 여호와의 말이니라(학 2:4).

하나님이 학개를 통해 다시 성전을 건축할 것을 말씀하시면서 "스스로 굳세게 할지어다"라고 권면하십니다. 그렇게 하여 일하라 하십니다. 하나님이 함께하신다고 합니다.

우리가 하나님의 일을 함에 있어서 우리 안에 힘이 있어야 합니다. 우리 안에 내공이 있어야 합니다. 이것은 어떤 상황에도 변덕스럽게 흔들리지 않는 "심지가 견고한 자"(사 26:3)의 의지일 것입니다. 그리고 그 일을 행해야 합니다. 하나님의 일은 좋은 계획이나 그림에서 나오는 것이 아니라 '행

---

[6] https://www.youtube.com/watch?v=viKmvC-B_ro

할 때' 나타나는 경우가 많기 때문입니다. 이렇게 말씀하시는 하나님이 언제나 말씀하시듯 '함께하신다' 말씀하십니다.

하나님은 우리를 그냥 내버려 두시는 법이 없습니다. 그러니까 하나님과 우리 사이에 이런 도식이 형성될 수 있습니다. '하나님 없는 스스로의 강함은 공허하며, 스스로의 강함 없는 하나님은 맹목이다.' 오늘도 하나님은 우리와 함께 일하시기 원하십니다. 굳세어질 필요가 있습니다.

"굳세어라 금순아"가 아니라, "굳세어라 너, 하나님의 백성아."

6. 감동의 이야기가 있는 섬기는 리더

코로나19가 한창 진행 중인 기간 백인 경찰이 흑인을 죽인 사건으로 미국이 시끄러웠습니다. 이로 인해 폭력 시위가 계속되자 트럼프 대통령은 시위대의 시위를 진압하기 위해 군대를 투입하며 교회 앞에서 성경을 높이 들었습니다.

자유의 여신상이 횃불을 들어 '자유'를 상징했다면, 그는 성경을 들고 무엇을 보여 주고자 했을까요?

하나님의 말씀이 자신의 행동을 지지한다는 것을 보여 주고자 했을까요?

자신은 성경의 가치관을 그대로 따른다는 것을 말하고자 했을까요?

시인 박노해는 "리더십의 핵심은 사람들을 감동시키는 능력"[7]이라고 말했습니다. 사람을 감동시키는 것이 어디 쉬운가요. 어디 말만으로 할 수 있나요. 삶으로 보여야 그 지도력을 따르겠지요. 트럼프 대통령도 대통령이 되기 전에는 그의 삶에 감동적인 이야기가 분명 있었을 겁니다. 그런데 대통령이 되고 나서 국민에게 보여 주는 모습에서는 감동적인 부분이 잘

---

[7] 박노해, 「사람만이 희망이다」, 28.

드러나지 않는 것 같습니다. 그리고 섬기는 모습도 잘 보이지를 않는 것 같습니다. 국민은 리더가 자신들을 감동시키는 장면을 보면 따라가는데 말입니다.

> 봄도 오면 무엇하리
> 온 나라 저무느니[8]

정희성 시인이 오래전 <청명>이라는 시에서 나라를 걱정하며 내뱉은 말인 것 같은데 지금 코로나19를 경험하는 우리 상황과 너무나도 비슷한 것 같습니다. 봄은 왔건만 코로나19로, 경찰의 살인으로, 그에 따라 일어나는 일련의 과정으로 나라가 저무는 것 같아 안타깝습니다. 이러한 혼돈의 시대를 멈춰 줄 리더가 필요한데 그러지를 못하니 나라가 뒤숭숭합니다.

코로나19 이후 감동 없이 군림하는 리더는 설 자리가 없게 될 것이 분명한 것 같습니다. 그런 리더는 전지적 작가 시점 혹은 천동설적 자아관, 즉 모든 것이 자기중심으로 돌아가야 한다고 보는 이들입니다. 이제는 공동체 구성원들의 다양한 목소리를 들을 수 있는 새 시대의 리더, 무엇보다 자신을 낮추고 섬기는 리더가 등장해야 합니다.

어릴 때 첨성대와 에밀레종 근처에서 자란 정호승 시인은 외삼촌에게서 에밀레종에 대해 들은 이야기를 전해 줍니다.

> 사람은 누구나 종이 되려 하지 종을 치는 나무 봉인 종메는 되지 않으려 한다는 거에요. 이유는 종메가 되면 종을 칠 때마다 고통이 따르기 때문이랍니다. 그러기에 사람들이 주목받는 종이 되려 하지 부차적인 종메는 되

---

[8] 정희성, 「한 그리움이 다른 그리움에게」, 6.

지 않으려 한다는 것이에요. 그러나 '제대로 살기 위해서는 종보다는 종메로 살아야 한다'고 합니다.⁹

물론 때리는 종메뿐만 아니라 맞는 종도 아프겠지만, 작가가 전하고자 하는 의미는, 화려한 조명만 받으며 주인공으로 살려고 하는 우리의 태도를 다시금 돌아보자는 것일 겁니다.

이제는 정말로 소위 '섬기는 리더'가 요청되는 시대입니다. 사람의 얼굴과 눈동자와 그의 삶의 표정이 이야기하는 것을 보고, 듣고, 허리 숙여 섬기는 리더 말입니다. 코로나19는 우리에게 그런 리더를 요구하며 우리 또한 그렇게 살아갈 것을 '강제적'(?)으로 요청하는지도 모르겠습니다.

사도 바울은 자신이 받은 직분이 비방을 받지 않게 하려고 어느 누구에게도 걸림돌이 되지 않으려 했습니다. 하나님의 일꾼답게 처신하려고, 여러 고난 속에서도 매도 맞고 갇히기도 하고 자지도 먹지도 못했습니다. 또한, 바울은 순결과 인내와 친절과 거짓 없는 사랑과 진리의 말씀과 하나님의 능력으로 이 일을 한다고 고백합니다. 바울은 좌우에 의의 무기를 가지고 영광을 받든 수치를 당하든, 비난을 받든 칭찬을 받든 하나님의 일꾼답게 살려 한다고 고백합니다(고후 6:3-8). 이것이 섬기는 리더의 참모습일 것입니다.

바울은 이렇게 하나님의 사람이 되면 우리 존재의 속성이 바뀔 수 있음을 보여 줍니다. 즉 새로운 피조물이 된다는 것입니다.

속이는 자 같으나 참되고
무명한 자 같으나 유명한 자요
죽은 자 같으나 살아 있고

---

9 정호승, 『위안』, 168.

> 징계를 받는 자 같으나 죽임을 당하지 아니하고
> 근심하는 자 같으나 항상 기뻐하고
> 가난한 자 같으나 많은 사람을 부요하게 하고
> 아무것도 아닌 자 같으나 모든 것을 가진 자로다(고후 6:8-10).

이것이 새로운 피조물로서의 리더의 거듭난 모습일 것입니다. 대구로 이어지는 왼쪽의 우울하고 패배자의 모습인 듯한 항목들은 현상적으로 눈에 보이는 모습입니다. 그러나 반전이 일어납니다. 하나님의 일꾼으로 새로운 피조물로 거듭나면 오른쪽 항목들로 변할 수 있다는 의미일 것입니다.

7. 공동체의 비전을 제시할 수 있는 리더

리더와 권력은 밀접히 연관되어 있습니다. 권력과 관련해서 세상에는 네 종류의 사람이 있는 것 같습니다.

첫째, 권력 가진 강자에게는 약하지만, 약자에게는 강한 사람
둘째, 권력 가진 강자에게 강하지만 약자에게는 약한 사람
셋째, 권력 가진 강자와 약자 모두에게 강한 사람
넷째, 권력 가진 강자와 약자 모두에게 약한 사람

첫 번째 유형은 전형적인 권력 지향적인 아부형이고, 두 번째 유형은 전형적인 선지자 유형이며, 셋째 유형은 독재자형, 넷째 유형은 노예근성 유형이라 할 수 있을 것 같습니다.

예수 그리스도는 어떤 유형이었을까요?

예수님은 당시 권력을 가진 대제사장들과 서기관들을 무서워하지 않고 그들을 비판하셨기에 첫째 유형은 아닙니다. 예수 그리스도는 세상 권력을 추구하지 않고 십자가를 지셨으니 셋째 유형도 아닙니다. 예수님은 모든 사람에게 약자로 계신 것이 아니라 권력 가진 자들에게는 강하게 저항하셨으니 넷째 유형도 아닙니다. 예수님의 삶의 궤적을 살펴보면 바리새인들, 권력 가진 자들에게도 거침없이 대하셨지만 사회적 약자들은 보듬어 안으면서 살아가셨기에 둘째 유형이 아니었을까 생각해 봅니다.

예수님은 단 한 번도 자기 권력을 남용하지 않으셨습니다. 오히려 하나님 나라가 가까이 왔음을 선포하며 비전을 제시하셨습니다. 자신의 리더십을 세상을 살리고 믿는 자들에게 새 하늘 새 땅의 비전을 제시하는 생산적인 곳에 사용하셨습니다. 재독 철학자 한병철은 권력이 약해질 때 저항 세력에 대해 폭력을 사용한다고 합니다. 그렇게 자신을 드러내야 하는 권력은 '이미 약화된 권력'이라는 것입니다. 그러나 권력은 폭력과 본질적으로 다르며 기본 생산적이라는 것입니다.[10] 리더가 자신의 권력을 생산적인 곳에 사용하지 않고 자신을 비판하는 대상을 억압하려는 데 사용한다면 그 리더는 이미 바람직한 리더가 아닐 것입니다.

영화 <천문>에서 세종 대왕과 장영실이 밤하늘을 같이 보며 별을 이야기합니다. 세종 대왕은 어려서부터 하늘 보는 것을 좋아했다고 합니다. 왕이 되어 내려다보기만 했는데 무엇인가 올려다볼 수 있는 하늘이 있다는 게 좋았다고 합니다. 장영실도 하늘 보는 것을 좋아했다 하고요. 그러나 노비의 신분이라 고개를 들어도 혼줄이 나서 종일 땅바닥만 보고 살았는데, 별은 아무리 고개를 빳빳하게 들고 올려 봐도 뭐라 하지 않았다고 합니다. 오히려 자기 얘기를 들어 주고 말을 거는 것 같았다는 것입니다.

---

[10] 한병철, 『권력이란 무엇인가』, 김남시 역 (문학과지성사, 2016), 5-6, 16.

왕과 노비가 하늘을 바라보기를 똑같이 좋아해도 그 동기에서 차이가 있음을 보게 됩니다. 세종 대왕이 장영실의 모자를 벗기고는 바닥에 누워서 하늘을 보게 합니다. 둘이 같이 누웠을 때 왕이 북극성 옆 작은 별이 오늘부터 '장영실 별'이라 불러 줍니다. 자신은 노비인데 어떻게 별을 가질 수 있냐는 장영실의 말에 왕이 "신분이 무슨 상관이냐, 이렇게 같은 하늘을 보면서 같은 꿈을 꾸고 있다는 게 중요한 것이지" 합니다.

같은 하늘을 보고 같은 꿈을 꾸는 공동체, 희망 있지 않습니까?

느헤미야가 백성에게 이렇게 말합니다.

> 너희는 가서 살진 것을 먹고 단 것을 마시되 준비하지 못한 자에게는 나누어 주라 이 날은 우리 주의 성일이니 근심하지 말라 여호와로 인하여 기뻐하는 것이 너희의 힘이니라(느 8:10).

찬송가 486장 가사처럼 '이 세상에 근심된 일이 많고 참 평안을 모르고 살아갑니다.' 세상에는 근심된 일이 많습니다. 개인을 봐도 그렇고, 가정을 봐도 그렇고, 사회를 봐도 국가를 봐도 세계를 봐도 그렇습니다.

학사 에스라가 여호와의 율법책을 백성 앞에서 읽었을 때 백성은 그 말씀을 듣고 웁니다. 이에 총독 느헤미야와 학사 에스라와 백성을 가르치는 레위 사람들이 그들에게 말합니다.

> 오늘은 너희 하나님 여호와의 성일이니 슬퍼하지 말며 울지 말라(느 8:9).

그러고는 백성에게 음식을 먹고 힘을 내고, 음식을 준비하지 못한 사람들이 있다면 그들과 함께 먹으라 합니다. 이런 면에서 마태복음 25장에 나오는 열 처녀 비유에서 기름을 준비 못 한 다섯 처녀에게 기름을 준비한 다섯 처녀가 나누지 못한 장면은 조금 아쉽기는 합니다. 물론 그 본문이 말하고자 하는 주제와는 다르지만 말입니다.

국가 지도자들이 이렇게 했으면 합니다. 백성이 근심하면 그들에게 찾아가서 울지 말고 힘내시라고 힘과 용기를 주며 그들이 예비로 둔 것을 먹을 것을 준비하지 못한 이들에게 주며, 그 나라의 율법책을 낭독했으면 좋겠습니다.

그런데 국가 지도자가 그런 것을 할 수 있을까요?

국가 지도자가 백성에게 진정한 삶의 용기를 줄 수 있을까요?

느헤미야의 말이 옳습니다.

"여호와로 인하여 기뻐하는 것이 너희의 힘"이라고 말입니다.

근심 많은 세상에 어디서 기쁨을 찾겠습니까?

하나님이 주시는 기쁨이 바로 삶의 힘입니다. 그래서 "주 예수의 구원의 은혜로다 참 기쁘고 즐겁구나"라고 찬송합니다.

Faith, Church and Life in Covid-19

제8장

그럼에도 믿는 신앙

1. 무엇 때문에 하루를 시작하는가?

"우리는 무엇에 이끌려 행동하는가?"

베르나르 베르베르의 『뇌』의 첫 문장입니다. 이 뜬금없는 첫 문장은 그가 컴퓨터와 체스 경기에서 이기고 난 뒤에 말한 소감에서 그 뜻이 분명해집니다. 체스에서 기계가 인간보다 더 영리하다고 생각되지만, 강한 동기(욕구)를 지닌 사람은 한계를 모른다는 거죠(물론 베르베르는 이세돌과 알파고의 대결을 예측 못 했겠지만요). 그리고 베르베르는 동기가 사라진다는 것은 죽음을 의미한다면서 다음과 같은 질문을 던져 보라 권면합니다.

"도대체 무엇이 내가 아침마다 일어나 일과를 시작하게 만드는 것일까? 무엇 때문에 나는 어떤 일에 힘을 들이고 애를 쓰는 것일까?

나는 무엇에 이끌려 행동하는 것일까?"[1]

오늘도 하루를 시작합니다.

무엇 때문인가요?

하루를 시작하는 것은 그 하루가 우리에게 주어졌기 때문일 겁니다.

---

1 베르나르 베르베르, 『뇌』, 이세욱 역 (열린책들, 2002), 13, 22.

그런데 그 하루는 어디서 오는 것일까요?

우리 스스로 그 하루를 만든 것이 아니요 다른 사람이 우리에게 그 하루를 배달해 준 것도 아니라고 한다면 그 하루는 도대체 어디서 오는 것일까요?

지구의 자전으로 하루가 주어진다는 자연 과학적 답은 정답이긴 하지만 그 답도 여러 다른 신학적 질문을 동반하기에 원하는 답은 아닙니다.

하루가 우리에게 어떻게 주어지는지 정확히는 모르겠지만 살아 있는 모든 이들에게 하루하루가 매일 매일 한 치의 오차도 없이 주어진다면 그것은 분명 그분이 주신 것이겠지요. 그러니 그 하루가 선물임에 틀림없을 겁니다. 우리는 우리에게 하루를 선물하는 그분을 하나님으로 고백합니다. 하나님이 선물로 하루를 주셨으니 하나님의 뜻에 따라 살아야 하는 것은 당연한 것 같습니다. 그렇게 사는 것이 어쩌면 신앙인지도 모르겠습니다.

하루를 시작하면서 무엇에 시간과 에너지를 쏟고 있나요?

왜 그 일에 그렇게 하루를 쏟는지요?

그것이 직업이어서 해야만 하는 일이기에 그렇기도 할 것이며 또한 그것이 좋아서 자신을 투자하는 것이지 싶습니다. 그런데 거기서 멈추지 말고 그 일이 삼위일체 하나님과 혹은 그 하나님을 고백하는 신앙과 이어져 있으면 더 좋겠다 싶습니다. 아니 그렇게 해야 할 것 같습니다. 이는 우리 존재의 근거가 하나님이시고 우리가 하루를 살아갈 수 있는 것도 하나님 때문이기에 그렇습니다.

사람은 누구나 부족한 면이 있기 마련입니다. 그 부족한 부분을 채우기 위해 그 부족한 부분이 상대적으로 적은 혹은 없는 사람을 통해서 대리 만족을 얻습니다. 노래를 못하는 사람은 가수를 통해 노래에 대한 대리 만족을 얻고, 운동을 잘못하는 사람은 운동선수들을 통해 대리 만족을 얻습니다. 이런 예는 얼마든지 열거할 수 있을 것 같습니다.

그렇다면 사람 일반이나 개인에게서 궁극적으로 부족한 부분은 무엇일까요?

그러니까 모든 사람에게서 근원적으로 부족한 부분은 무엇일까 하는 질문입니다. 그것은 돈의 문제도 아닐 것이고, 명예의 문제도 아닐 것이고, 사회적 지위의 문제도 아닐 것입니다. 만일 그것이 돈의 문제라면 돈을 벌면 될 것이요, 명예와 사회적 지위의 문제라면 그것을 얻으면 될 것이기 때문입니다. 그런 충족시킬 수 있는 현상적인 것 너머에 있는 궁극적 문제, 즉 생명과 존재의 문제는 그 무엇으로 충족될 수 있는 것이 아니지요. 그것은 자신이나 세상 사람들이 해결해 줄 수 없기에 그렇습니다.

그런 의미에서 인간은 자신에게서 부족한 부분을 만족시키기 위해 '신'이라는 대상을 설정하는지도 모르겠습니다. 이런 점에서 근대 철학자 중 한 명인 루트비히 포이어바흐는, "신은 인간 의식의 반영"이라 했지요. 사실 포이어바흐는 무신론의 입장에서 이 논의를 전개했지만, 이 부분을 치밀하게 밀고 올라가면 그 끝부분에서 우리는 어쩌면 다른 톤의 고백을 만날 수 있을 것 같습니다. 즉, "인간이 언어로 고백할 수 있는 가장 큰 단어는 신"이라고 말이죠. 그리고 그분은 단지 인간 의식이 만들어 낸 관념의 산물이 아니라 실제로 존재하며, 존재의 근거가 된다고 말이죠.

중세 캔터베리 대주교였던 안셀무스는 "우리가 그보다 더 위대한 것을 사유할 수 없는" 존재인 신은 실제로 존재해야 한다는 신 존재 증명 논리를 제시했습니다.[2] 이후 토마스 아퀴나스, 데카르트, 파스칼, 스피노자 등 여러 철학자가 신 존재 증명 논리를 펼쳤지만, 현실적으로 신을 이야기하는 것이 이상한 시대가 되어 버렸습니다. 신앙을 가지고 살아가는 이들을 뭔가 허약한 환자로 보는 시대가 되어 버렸습니다. 전 세계적으로 질병이 발생하거나 재난이 닥치면 신의 존재를 공개적으로 의심하기도 합니다. 코로나19로 인해 더 심해지게 되었습니다. 기독교인들도 예외가 아닙니다.

---

2   스텀프, 피저, 『소크라테스에서 포스트모더니즘까지』, 249.

이렇게 하나님의 존재가 의심되는 시대에 우리는 하나님을 이야기하고 신앙을 이야기하고자 합니다.

무모한가요?

확언컨대, 신이 없다고 여겨지는 시대에 신을 고백하는 것이 신이 없다고 여겨지는 시대에 신이 없다고 말하는 것보다 더 용기 있으며 더 가치 있는 고백일 겁니다. 하루를 시작하며 베르베르의 질문을 다시 물어봅니다.

나는 무엇에 이끌려 하루를 시작하는가?

'하나님께 이끌려 행동한다'고 밖에 답할 수 없을 것 같습니다. 그것을 우리는 신앙이라 부르기에 이 글은 그러한 하나님 고백, 즉 신앙에 관한 글이라 할 수 있습니다.

2. 분별하는 신앙

속보입니다. 석가모니가 죽기 3년 전에 예수의 탄생을 예언했습니다. 불교계에서도 이것이 사실이기에 소송을 못 걸고 있습니다. 빨리 받아 보세요.

오래전 전철에서 할머니 한 분이 소책자 여러 개를 사람들에게 나눠 주면서 하신 말씀입니다. 가히 놀랄 만한 소식이었습니다. 그저 '예수 천당, 불신 지옥, 예수 믿으세요'라는 말들은 많이 들어봤어도 석가모니가 예수 탄생을 예언했다고 하니 말이죠. 그런데 나를 놀라게 한 것은 그 소식이 아니라 사람들의 반응이었고 나의 반응이었습니다. 그 할머니의 속보에 놀라는 사람은 아무도 없었고 그 책자를 받아 보는 이 또한 없었습니다. 나 또한 마찬가지였습니다. 그 모습이 더 아이러니했고 죄송하게도 약간 코믹했습니다.

아니 석가모니가 예수의 탄생을 예언했다는데 왜 그 대박 터지는 말씀에 누구 하나 시선을 주는 이가 없었을까요?

그날 밤 CNN은 무얼 했으며 각종 특종에 눈이 멀어 있는 방송사들과 신문사들은 무엇을 했기에 그 속보를 보도하지 않았던가요?

한 종교의 시조인 석가모니가 다른 경쟁 종교의 신인 예수의 탄생을 예언했으면 세상이 놀라는 것이 당연하지 않나요?

그래서 불교도들 속에 혼돈이 생겨 불교를 버리고 기독교로 개종해야 하지 않나요? 그런데 그 누구도 놀라지 않는 것을 보면, 불교계의 움직임 또한 없는 것을 보면, 기독교로 옮겼다는 이들의 양심선언이 없는 것을 보면 어지간히도 그 내용이 매력이 없었나 봅니다.

혼자 생각해 보았습니다.

그럼 예수는 누구인가?

예수 덕분에 밥 얻어먹고 사는 나는 왜 그 할머니의 말씀을 반가워하지 않았을까?

그 말씀을 듣기가 무섭게 달려가서 그 할머니를 붙잡고 얼싸안으며

"할머니 그 말씀이 사실이세요?

석가모니가 예수를 예언했다는 그 말씀이 정말로 사실이세요?

그 책 저에게 모두 줄 수 있으세요?

그 책 얼마죠?

다른 사람에게 주지 말고 저에게 모두 주실 수 없으세요?

제가 돈을 드릴게요."

그러면서 너무나 기쁜 나머지 그 할머니를 업어 드려야 하지 않았을까?

그 책을 모두 받아 왔어야 하지 않았던가?

그 책을 읽고 또 읽어서 불교계에 당신들 이 소식 알고 있냐고 전했어야 하지 않나?

이 소식을 아직도 알지 못하는 로마 교황청과 전 세계 개신교계에 인터넷을 통해 빠르게 알려야 하지 않았나?

하나님의 놀라운 섭리를 찬양하고 기뻐하고 감사 기도를 드려야 하지 않았나?

그런데 왜 나는 그렇게 하지 못하고 오히려 속으로 그 할머니가 빨리 다른 칸으로 옮겨 가기를 바랐던가요.

그런 나는 참으로 예수를 믿는 자인가요?

그것도 예수의 말씀을 증거하는 목사인가요?

그러면서 이런 질문을 던져 보았습니다.

'신이 사람들에게 감동을 주지 못하고 연예인보다 인기 없는 세상에서 나는 오늘도 예수를 의지하고 살아가는 이유는 무엇인가?

신이 없다고 여겨지는 시대에 신을 이야기한다는 것은 도대체 무엇인가?

하나님이 없다는 시대에 하나님을 고백한다는 것은 무엇인가?'

이렇게 본회퍼 목사의 질문을 던지면서 말이죠.

신앙은 우선 분별할 수 있어야 합니다. 지금도 이러한 방식으로 복음을 증거하시는 분이 계시는지는 모르겠지만 신앙이란 덮어놓고 믿는 것이 아니지요. 우리는 어쩌면 이러한 맹목적 믿음의 신념 체계와 그에 따른 비합리적 전도를 마치 하나님에 대한 지극 정성의 믿음으로 착각하고 살아가는지도 모르겠습니다. 이제 우리에게 무엇이 중요한지 분명해지는 것 같습니다. 성도들이 그저 교회에 왔다 갔다 하면 안 될 것 같습니다. 코로나19로 인해 교회 출석으로 성도임이 확인되고 구원받았다고 확신하는 시대는 지난 것 같습니다. 이제는 더욱 자신의 신앙이 진짜인지 확인해야 하는 시대가 된 것 같습니다. 자신의 입으로 자신이 믿는 하나님을 합리성의 언어로 세상 사람들에게 설명할 수 있어야 할 것 같습니다.

2012년 7월에 방영된 TV 프로그램 <그것이 알고 싶다>에서 '가짜 목사 윤씨'편을 보았습니다. 윤씨는 자신을 예수라고 자칭하고 한 가정의 어머니 그리고 딸 셋과 성관계를 맺었더군요. 그런 여성들이 더 있다고 하고요. 그런데 어머니의 고소로 윤씨가 체포되었는데 딸 셋이 어머니를 두둔하지 않고 윤씨를 두둔하는 이해할 수 없는 상황을 목격하게 되었습니다. 오히려 그들은 어머니가 나쁜 사람이라 합니다. 이런 극단적인 모습을 보고 합리적으로 '분별할 줄 아는 것'이 얼마나 중요한지 배우게 됩니다.

기독교 신앙은, 영화 <넘버 3>에서 부하들에게 헝그리 정신을 이야기하다 임춘애를 현정화로 잘못 말하고는, 이를 바로 잡으려는 한 부하에게 "내가 현정화면 현정화인 거야"라고 윽박지른 두목에 대한 충성과는 다른 것이지요.

하늘에 떠 있는 것이 희다고 모두 구름은 아닙니다. 낮달도 희죠. 낮달이 구름이 아니듯 구름도 낮달이 아닙니다. 분별할 수 있어야 합니다. 그만큼 깨어 있어야 한다는 의미일 겁니다.

3. 어떤 상황에서도 흔들리지 않고 고백하는 신앙

언젠가 '어머니날'을 준비하면서 교회 아이들에게 엄마에게 카드를 써 보라고 했습니다. 아이들 대부분이 영어로 쓰는데 6살 쌍둥이가 한글로 엄마에게 편지를 쓰더군요. 그중 남자아이의 편지 내용이 나를 넘어가게 했습니다.

"엄마, 나가 엄마 대따 사랑하는 거 알지?"

미국에서 태어난 6살 아이가 한글로, 그것도 사투리로 썼던 것이지요. 그런데 그 말을 생각하다 보니 우리도 그 아이의 고백을 하나님께 했으면 어떨까 싶었습니다.

"하나님, 나가 하나님 대따 사랑하는 거 알죠?"

하나님을 우리의 구세주로 고백하는 것은 하나님이 지금도 우리를 사랑하신다는 것을 믿으며 우리 또한 하나님을 사랑하는 것을 의미합니다. 하나님이 우리를 사랑하시는 것을 어떻게 알 수 있나요. 그것은 하나님의 말씀, 즉 성경을 통해 알 수 있지요. 그러니 그 말씀을 읽어야 하고 믿어야 합니다. 물론 혼자서도 읽을 수 있지만, 공동체에서 함께 읽어야 합니다. 고백은 혼자서도 하지만 함께하는 것이기에 그렇습니다. 내가 고백하는 언어를 나 아닌 타자가 고백한다면 그 고백은 힘이 있습니다. 근거가 있습니다.

그런데 이렇게 하나님을 고백하는 것이 때로는 버퍼링에 걸릴 때가 있습니다. 늘 고백하던 하나님을 자신의 삶이 어려운 구간을 지나갈 때면 주춤합니다. 영국 출신의 세계적인 선교학자인 레슬리 뉴비긴이 인도 선교사로 갔다가 초기에 다리를 다칩니다. 가장 활동하고 싶은 시기에 선교는 하지 못하고 병원에 입원해서 지냅니다.

얼마나 답답했을까요?

하지만 거기서 교훈 하나를 깨닫습니다.

> 내가 앞으로 간단한 선교 사역조차 할 수 없게 될지라도, 하나님은 변함없이 나의 구원자이시며, 나는 그분께 헌신할 수 있고, 모든 일에서 그분을 신뢰할 수 있다.[3]

선교하러 갔는데 다쳐서 병원에 있다면 그것이 어찌 선교이겠습니까? 그런데 뉴비긴은 자신이 간단한 사역조차 할 수 없다 할지라도 하나님을 믿는 신앙만큼은 변할 수 없음을 고백한 것이지요.

---

3   레슬리 뉴비긴, 『아직 끝나지 않은 길』, 홍병룡 역 (복있는사람, 2011), 119-120.

선교든 무엇이든 하나님의 일을 할 때 자신의 계획대로 되는 것만이 하나님의 사역이라 말할 수는 없을 것 같습니다. 물론 하나님의 계획과 자신의 계획이 맞아서 모든 일이 순조로이 진행된다면 더할 나위 없겠죠. 그러나 하나님의 방법이 우리의 방법과 늘 같은 것은 아닙니다. 중요한 것은 우리의 삶과 사역은 하나님의 것이기에 하나님을 믿고 나아가는 것이지 싶습니다. 자신이 그 일을 하느냐 하지 못하느냐는 그렇게 중요한 것이 아닐 것입니다. 자신은 못하더라도 하나님은 다른 방법을 사용하셔서 하나님의 선교를 감당하실 테니까요. 자신이 처한 상황이 어렵더라도 하나님을 믿는 신앙만큼은 흔들리지 않아야 할 것입니다.

코로나19로 인해 믿음 생활이 쉽지 않습니다. 기도하고 밥 먹더라도 돌을 씹을 때가 있습니다. 그렇다고 그 돌 때문에 인생을 부정할 수 없고 하나님을 부인할 수는 없지요.

ESPN 영상 하나를 보니 무술 강사가 학생을 가르치면서 이런 말을 합니다.

> 시선을 분산시키는 것을 보지 말고 문제를 봐야 해(Keep your eyes focused on the problem, not the distraction).[4]

강사의 이 말이 이렇게 번역되어 들립니다.

"시선을 분산시키는 문제에만 두지 말고 하나님께 둬야 해"라고 말이죠.

이 말은 '우리의 시선을 상황 혹은 우리가 당면한 문제에 두지 말고 저 높이 계시는 하나님께만 두라'는 말은 아닙니다. 하나님은 문제를 벗어나 저 멀리에만 계신 분이 아니라 문제 속에도 상황 속에도 계시기 때문입니다. 현실을 부정하여 시선을 하나님께로 회피하는 것이 바른 신앙은 결코 아닐 것입니다. 하나님은 우리가 겪는 문제를 누구보다 해결하기 위해 그 문제 속에

---

[4] https://www.facebook.com/ESPN/posts/3693058030740926

서 일하고 계시기에 그 문제 속에서도 하나님을 볼 수 있어야 합니다. 신앙은 결코 문제를 외면하는 것이 아니라 모든 것을 초월해 계시지만 문제 속에서 상황 속에서도 계시는 하나님을 고백하는 것이기에 그렇습니다.

사람은 어렵고 힘들 때 자신의 본모습이 나온다고 합니다. 마치 컵에 들어 있는 물이 깨끗하게 보여도 한번 흔들어 버리면 그 밑에 침전되어 있던 찌꺼기들이 떠오르는 것처럼 사람도 흔들릴 때 대부분 그 밑에 있는 성격 혹은 본성이 나온다는 거죠. 힘들더라도 신앙을 잃지 말아야 합니다.

20년 정도 KBS에서 방영되었던 <개그콘서트>가 폐지되었습니다. 개그맨들이 활동할 수 있는 공간이었는데 이제 그 공간이 사라진 것이지요. 개그맨들에게는 힘든 상황일 수 있을 겁니다. 그러나 프로그램이 폐지되었다고 개그맨이 사라진 것은 아니지요. 거의 모든 예능에 개그맨들이 활약하고 있으니 말입니다. 그리고 <개그콘서트>에서 주로 활동하던 개그맨들이 JTBC에 새로 편성된 <장르만 코미디>로 거의 옮겨 갔습니다. <개그콘서트>가 콩트 위주였다면 <장르만 코미디>는 드라마, 예능, 음악 등 다양한 장르가 함께 어우러져 있어서 훨씬 더 신선한 프로그램이 되는 것 같습니다. 개그의 낡은 플랫폼이 시청자들의 마음을 얻지 못했던 것이지요. 하지만 개그가 새로운 플랫폼을 만나자 시청자들이 돌아온 것입니다. 개그가 죽은 것이 아니라 플랫폼이 죽은 것으로 보아야 할 것입니다.

이것을 교회에 적용해 보면, 코로나19 이후 교회가 흔들린다고 해서 하나님을 믿는 신앙이 흔들려서는 안 될 것입니다. 물론 교회와 신앙 생활을 분리해서 사고할 수는 없습니다만 더 큰 의미에서 보자면 그렇다는 것입니다. 건물로서의 교회가 흔들리면 새로운 형태의 교회를 만들어야 합니다. 그것이 어떠한 모습인지는 잘 모르겠습니다만 일상에서 하나님 나라를 만들어가다 보면 새로운 형태의 교회가 보이지 않을까 생각합니다. 그러다 보면 다시 건물 교회가 회복될 수도 있을 것입니다. 개콘이 부활하지 말라는 법도 없으니까요. 중요한 것은 활동해야 할 장보다도 어떠한 상황에서도 흔들리지 않고 하나님을 믿는 신앙일 겁니다.

4. 갈급한 신앙

언젠가 길거리에서 비둘기들이 노는 것을 본 적이 있습니다. 근처에는 옥수수 파는 아주머니가 있었는데 그 아주머니 주위에 비둘기가 모인 것이지요. 사람이 지나가도 겁도 내지 않습니다. 어슬렁거리는 비둘기 중에 한 놈은 악착같이 아주머니 옆을 지키더니 결국 얻어먹더라고요.

우리가 무엇을 할 때 적극적인 마음도 중요합니다. 신앙 생활을 할 때도 이런 모습이 있었으면 합니다. 좀 악착같은 마음 말이죠. '악착'의 뜻을 보니 '악착할 악'(齷)에 '악착할 착'(齪)이더군요. 단어 뜻만 보면, 이가 꼭 맞물린 상태, 즉 이를 앙다문 상태입니다. 사전 뜻은 '아득바득 기를 쓰며 일을 해 나가는 태도가 매우 끈덕짐을 비유적으로 이르는 말'이라 했습니다. 사람이 무엇인가 결심할 때면 어금니에 힘이 들어갈 때가 많습니다. 의지와 치아는 연결되어 있나 봅니다.

삶에서 악착같은 깡다구가 필요합니다. 쉽게 물러서지 않고 쉽게 포기하지 않고 반드시 이루고야 말겠다는 악착같은 성격 말이죠. 코로나19로 인해 어려운 상황이지만 포기하지 마십시오. 악착같이 견디시기 바랍니다. 신앙 생활에도 이런 악착같은 태도가 필요합니다. 어떤 상황에 있더라도 삼위일체 하나님을 믿는 신앙 말이죠. 믿음의 선조들의 이 같은 깡다구 신앙이 있었기에 그 믿음의 유산이 우리에게도 이어진 것 아니겠습니까?

12년 동안 혈루증을 앓던 여인이 주님의 옷자락을 만집니다. 주님이 그를 만진 것이 아니라 그가 주님을 만졌지요. 우리는 터치 받고 싶어 합니다. 우리의 답답한 마음, 우리 안에 있는 분노, 우리 안에 있는 영적 갈증들, 우리 안에 있는 용서치 못하는 마음, 우리 안에 있는 상처, 이 모든 것에 대해 하나님으로부터 터치 받고 싶어 합니다. 당연히 터치 받아야 합니다. 그러나 더 적극적으로 우리 자신이 주님의 옷자락을 만져야 합니다. 나을 수 있다는 믿음과 확신으로 주님의 옷자락을 만져야 합니다. 이것밖에는 희망이 없다는 마음 가지고 만져야 합니다.

그럴 때 12년 동안 앓던 혈루 근원이 말랐지 않습니까?

우리 안에는 갈증도 답답함도 상처도 있습니다. 그것을 인정하고 주님의 옷자락을 적극적으로 만져야 합니다. 그래야 그 갈증이 해소될 것이고, 영적으로 회복될 것이고, 일어설 수 있을 겁니다. 그리고 지쳐 쓰러진 형제자매들 또한 일으켜 세워 주어야 합니다.

아들과 외할머니 대화입니다.

> **아들**: (영어로) 쌀라쌀라.
> **외할머니**: 뭐래?
> **아내**: 장난감 사 달래.
> **외할머니**: 한국말로 하면 사 줄 거야.
> **아들**: (갈급하니까 무슨 말이든) 안녕하세요?

마태복음 14장에도 사람들이 모든 병든 자를 예수께 데리고 나옵니다. 예수의 옷자락에라도 손을 대도록 해 주기를 간구합니다. 그랬더니 다 나았습니다(35-36절). 갈급한 자는 무엇이라도 붙잡습니다. 그것이 기복(祈福)일 수도 있고 신앙일 수도 있습니다. 병자들이 예수님의 몸도 아닌 옷자락 끝에 손만 대어도 나을 것으로 생각한 것은 자신들의 의지의 간절한 표출일 수도 있고 진정한 믿음일 수도 있습니다. 기복이든 신앙이든 중요한 것은 그 출발점이 '갈급함'에서 나온다는 사실입니다. 다시금 회복해야 하는 것은 갈급함입니다.

우리 자신은 연약하고 모순적이며 뒤틀린 존재이기에 창조하시고 구원하시고 성화의 길로 인도하시는 삼위일체 하나님을 향한 갈급함이 있어야 합니다. 기복이야 물론 지양되어야 하겠지만 신앙의 밑바탕에 놓여 있어야 할 갈급함마저 지양해서는 아니 될 것입니다.

5. 끝까지 믿는 신앙

영화 <나는 왕이로소이다>에 나오는 장면입니다. 왕세자가 왕이 되기 싫어하여 궁 밖으로 나가다가 어느 노비와 부딪혀 노비는 기절하고 왕세자는 노비의 옷을 갈아입고 도망갑니다. 기절한 노비는 왕세자를 찾으러 나왔던 신하들에 의해 발견되었는데 그 얼굴이 왕세자와 똑같습니다. 신하들은 이 사실을 숨기고 그 노비를 왕세자의 자리에 앉힙니다. 어느 날 아들을 보러 왔던 왕이 아들의 얼굴이 너무 검은 것을 보고 걱정되어서 의원을 불러서 어떻게 된 것인지 묻지요. 의원이 말합니다.

"햇볕에 그을려서 얼굴이 탔습니다."

왕이 말합니다.

"아니 이 아이는 책 읽는 것만 좋아하고 밖으로 나가지 않는데 어찌 탔다는 말이냐. 이런 실력도 없는 놈을 당장 하옥시켜라."

그 의원은 질질 끌려가면서 끝까지 이렇게 말합니다.

"전하, 탄 게 맞사옵니다, 전하, 탄 게 맞사옵니다."

자신의 주관과 철학을 어떠한 상황이 오더라도 꿋꿋이 지켜 가는 이들을 보면 멋있습니다. 하지만 유혹이 있거나 시련이 있으면 그것을 끝까지 지키지 못하는 경우를 자주 봅니다.

하물며 보이지 않는 하나님을 믿는 신앙은 오죽하겠습니까?

그런데 그 힘이 어디서 올까요?

어떤 일이 있어도 끝까지 자신의 신앙을 지킬 수 있는 힘은 어디서 올까요?

하나님께 연결되어 있어야 합니다. 핸드폰이든 노트북이든 코드를 뽑는 순간부터는 충전 표시가 줄어듭니다. 올라갈 것을 기대할 수 없지요. 전기 연결이 되지 않아서입니다. 마찬가지입니다. 하나님께 붙어 있지 않으면 그 순간부터 우리의 신앙은 약해질 수밖에 없을 겁니다.

출애굽기 14:10-20에서 바로가 이스라엘 백성을 보내고 나서 그 보낸 것을 후회하고 다시금 이스라엘 백성을 쫓아왔을 때, 이스라엘 백성이 보인 반응을 우리가 볼 수 있습니다.

이스라엘 백성이 진을 치고 있는데 애굽 군대가 쫓아오는 것을 보지 않습니까?

우리가 운전하다가도 경찰차가 뒤에 바짝 붙으면 신경이 거슬리는데 자신들을 통치했던 자들이 쫓아오는 것을 보면 그 마음이 어떻겠습니까?

급기야 그들이 여호와께 부르짖고 모세에게 불평합니다. '어찌하여 우리를 이 광야에서 죽게 하느냐, 애굽에는 매장지가 없더냐, 우리가 애굽에서 애굽 사람을 섬길 것이라 하지 않았느냐, 애굽 사람을 섬기는 것이 광야에서 죽는 것보다 낫다' 하면서 말이죠. 기껏 종살이에서 해방시켜 놓았더니 하는 소리가 그때가 좋았다는 것입니다.

왜 그때가 좋았다고 생각을 합니까?

지금의 환경이 어려우니 그때가 좋았다고 말하는 것이지요. 그때가 정말 좋아서 좋은 것이 아닙니다.

애굽에서 그들의 삶이 좋았습니까?

그들은 애굽에서 종이었습니다. 자유라고는 주어지지 않은 종이었습니다.

그때는 불평이 없었습니까?

그때도 하나님께 부르짖고 이 고통에서 벗어나게 해 달라고 한 사람들이 그들이었는데 지금 현실이 어려우니 그때가 좋았다고 생각을 하는 것이지요.

하나님이 어떤 문제 하나를 해결해 주시고 난 뒤 다른 여정으로 우리의 삶을 인도하실 때 지금 여기에서의 삶이 어려우면 우리도 하나님께 불평하지 않는지요?

그러나 과거는 과거입니다. 아무리 좋은 과거가 자신에게 있었다 하더라도 그 과거가 그리움의 대상으로만 기억되면 별 도움이 되지 않습니다. 그 과거는 과거로 이미 끝난 거지요. 그 과거는 빨리 잊고 미래를 볼 줄 알아야 합니다. 그것이 바른 신앙의 자세일 것입니다.

애굽을 떠나 당하는 고난이 있다 해서 과거가 더 좋았다고 말할 수 없습니다. 지금 당하는 고난은 지금 극복하면 되는 것입니다.

우리 인생에는 오직 한 번의 고난만이 있나요?

극복하고 나면 또 다른 고난이 오기 마련인데 그것 때문에 과거가 좋다는 말은 미래의 삶을 살지 않겠다는 말과 다를 바 없을 것입니다.

그래서 모세가 이스라엘 백성에게 말합니다.

> 너희는 두려워하지 말고 가만히 서서 여호와께서 오늘 너희를 위하여 행하시는 구원을 보라 너희가 오늘 본 애굽 사람을 영원히 다시 보지 아니하리라. 여호와께서 너희를 위하여 싸우시리니 너희는 가만히 있을지니라 (출 14:13-14).

이스라엘 백성이 당황하고 무엇을 해야 할지 모를 때 모세의 담대한 지도력을 보게 됩니다.

"두려워하지 말라. 너희들이 오늘 보는 애굽 사람을 다시 보지 못할 것이다."

이것은 무엇을 의미합니까?

하나님이 바로를 물리쳐 주실 것을 말씀하시는 것이지요. 그로 말미암아 애굽 사람들이 하나님을 하나님으로 알도록 할 것이라는 의미입니다.

하나님은 모세에게 "무엇 하느냐, 이스라엘 백성에게 명하여 앞으로 나아가게 하라(move on)" 하십니다.

그런데 앞으로 나아가면 무엇이 있습니까?

바다가 있지요. 죽으라는 말씀인가요?

아무리 많은 배가 있은들 그 많은 사람을 어떻게 다 감당하겠습니까?

하나님이 다른 방법 하나를 제시하십니다. 지팡이를 들고 바다를 가르고 이스라엘 백성로 그 땅을 건너게 하라 하십니다.

어려움이 있을지라도 앞길이 보이지 않아도 앞으로 나아가는 것이 중요합니다. 하나님이 그 길을 열어 주실 것입니다. 우리가 우리 인생길을 열어 가는 것이 아니라 하나님이 열어 주셔야 우리가 갈 수 있습니다.

> 사람이 마음으로 자기의 길을 계획할지라도 그의 걸음을 인도하시는 이는 여호와시니라(잠 16:9).

길이 있어서 가는 것이 아니라 있다고 믿고 가는 거지요. 그것이 신앙입니다. 있어서 가는 길은 누구나 갈 수 있지만 있다고 믿고 가는 길은 아무나 갈 수 있는 것이 아닙니다. 믿음 있는 자만 갈 수 있는 것입니다. 하나님이 살아 계시다는 믿음을 가진 자만이 갈 수 있습니다.

그러기에 믿음 있는 자는 선지자이자 개척자입니다. 다른 사람이 현실의 어려움을 바라볼 때 믿음 있는 자는 벌써 그 현실의 어려움을 극복하고 믿음의 눈 들어 미래를 바라볼 수 있는 자입니다.

신앙은 그림을 그리듯 미래를 그리는 것입니다.

믿음은 바라는 것들의 실상이요 보이지 않는 것들의 증거이니(히 11:1).

이스라엘 백성이 나아갔을 때 그들만 간 것이 아닙니다. 그들 앞에 하나님의 사자가 인도했음을 보아야 합니다. 하나님의 사자가 이제 그들의 뒤로 옮겨 가매 그들과 함께 했던 구름 기둥도 앞에서 뒤로 옮겨 갔습니다. 그랬더니 애굽 진이 있던 곳에 구름과 어둠이 있고 이스라엘 백성이 있던 곳은 밝아서 바로가 이스라엘에 가까이 하지 못하게 되었던 것을 볼 수 있습니다(출 14:19-20).

신앙은 끝까지 가는 것입니다. '나는 선한 싸움을 싸우고 나의 달려갈 길을 마치고 믿음을 지켰다'는 바울의 고백처럼(딤후 4:7), 우리도 우리에게 주어진 길, 믿음의 길 달려가서 마치고 끝까지 믿음을 지켜야 할 것입니다.

6. 전 존재를 거는 신앙

드라마 <슬기로운 의사 생활> 제9회에 나온 에피소드입니다.
딸이 간암으로 입원합니다. 이식해야 하는데 아버지가 자신의 간을 주겠다 합니다. 병원에서는 아버지가 너무 연세도 많으시고 지방간도 심해서 만류합니다. 그 후 아버지가 한동안 병원에 나타나지 않는 겁니다. 사람들은 아버지가 간을 주고 싶지 않아서 오지 않는다고 오해합니다. 그러던 차에 딸은 갈수록 병이 심해져 갑니다. 어느 날 아버지가 나타나셨습니다. 살을 쏙 빼고 말입니다. 딸에게 간을 주기 위해 아버지가 하루 6시간씩 운동했다 합니다. 부모는 자식을 위해 모든 것을 줄 수 있는 존재죠. 예수 그리스도는 우리에게 전 존재를 주셨습니다. 그래서 우리를 살리셨습니다. 우리가 우리의 전 존재를 드려 신앙 생활해야 할 이유가 여기 있습니다.

오래전 교회 체육대회가 있었습니다. 햇볕 내리쬐는 운동장에서 다들 운동하는데 한 아이가 땅바닥에 그림을 그리며 놀고 있었죠. 그것을 본 아이 아빠가 아이가 방해되지 않을 정도로 옆에 슬쩍 서 주시더군요. 왜 그러시나 했더니 아이가 잘 놀 수 있도록 그늘을 만들어 주시는 것이었습니다. 아하, 아직 미혼이었던 나에게는 그 장면이 신선한 놀라움이자 깨달음을 주었습니다. '아빠가 된다는 것이 저런 거구나' 하고 말이죠. 시편 기자는 이렇게 말합니다.

> 여호와는 너를 지키시는 이시라 여호와께서 네 오른쪽에서 네 그늘이 되시나니(시 121:5).

하나님은 우리의 그늘이 되시는 분입니다. 우리를 지키시는 분입니다. 이것을 인정하면 믿음이 생깁니다.

우리가 하나님을 믿는다면 우리의 신앙이 살아 있음을 세상에 보여야 할 것입니다. 그러려면 신앙이 우리 속에 살아 있어야 합니다. 그동안 교회 출석하는 것으로 신앙을 유지해 왔다면 이제는 신앙이 우리 속에 살아 있도록 해야 합니다. 교회 출석만으로 그 사람이 하나님을 믿는다고 말할 수 없습니다. 제대로 믿어야 합니다. 존재를 걸고 믿어야 합니다. 일상에서 믿어야 합니다. 순간순간 믿어야 합니다. 호흡이 있는 한 믿어야 합니다.

그러기 위해 그 신앙을 우리 삶 속에 '적용'해야 합니다. 즉 그 신앙이 살아 있어야 합니다. 말씀을 읽으면 그 말씀을 삶에 적용해야 합니다. 강영안 교수는 말씀 묵상의 3단계를 '기도, 본문 읽기, 적용'이라 하면서 적용 부분을 강조한 해석학자 한스-게오르크 가다머를 언급합니다. 우리가 읽은 것을 제대로 '적용'하지 못하면 그 읽은 것을 '이해'하지 못했다는 것이 가다머의 논지라는 것이죠.[5] 우리가 하나님을 믿고 하나님의 말씀을 읽고 살아간다면 우리 삶 속에 신앙이 적용되어야 합니다.

그것이 참된 신앙이겠죠. 적용되지 못하는 신앙이 어떻게 신앙이 될 수 있겠습니까?

빅터 프랭클은 아우슈비츠를 경험한 사람 중 신앙을 버린 사람들보다 신앙이 더 깊어진 사람들이 많다고 합니다. 프랭클은 라 로슈푸코가 말한 이별이 사랑에 미치는 영향을 의역하면서 이렇게 말합니다.

> 큰 불꽃이 강풍에 더욱 거세어지는 반면 조그만 불꽃은 그로 인해 꺼져버리는 것처럼 강한 신앙은 곤경과 재난에 의해 더욱 굳건해지는 반면 연약한 믿음은 그로 인해 약화된다고 말할 수 있을 것이다.[6]

신앙이 삶 속에 적용되었기에 나온 반응일 겁니다.

우리의 신앙은 어떤가요? 우리는 신앙을 사후 세계를 책임져 주는 영생의 종신 보험으로만 가지고 있나요?

다시 말해 하나님을 믿는 신앙을 천국을 얻을 수 있는 화폐적 가치로만 가지고 있지는 않은지요. 믿음이 영생 티켓을 구할 수 있는 교환 가치로만 있다면, 그것이 진정한 믿음인지 물어야 할 것입니다.

세상이 흔들리면 우리 자신도 흔들릴 때가 많습니다. 그러나 우리에게는 '견결'(堅決)함이 필요합니다.

그 견결한 의지는 어디서 올까요?

마음에서 오지 싶습니다. 세상은 성공 지향적인 삶을 살라고 하더라도 우리 자신 만큼은 본질을 추구하며 살겠다는 그런 견결성 말입니다.

---

5 강영안, 『읽는다는 것』 (IVP, 2020), 158.
6 프랭클, 『죽음의 수용소에서』, 231.

그것이 어디 쉽겠습니까마는 그렇게 사는 것이 더 멋있는 삶 아닐까요?

세상이 정해 놓은 시간표대로 리듬대로 사는 것이 아니라 자신이 정한 기준대로 무엇보다 창조주 하나님이 원하시는 삶을 살아가는 그런 견결함이 있어야 할 것입니다. 그러기 위해 하나님을 믿는 굳건한 믿음이 있어야겠지요. 전 존재를 거는 믿음이 있어야 합니다.

바울이 고린도전서 15장 전체에 걸쳐 죽은 자의 부활을 언급하면서 결론을 맺는 말씀을 보면, "견실하며 흔들리지 말고 항상 주의 일에 더욱 힘쓰는 자들이 되라"(58절) 합니다. 그런데 여기서 '항상 주의 일에 힘쓰는 자들이 되라'는 번역이 아쉽습니다. NIV에 보니 "Alwasys give yourselves fully to the work of the Lord", 즉 "너 자신을 온전히/전적으로 주의 일에 드려라/헌신하라"는 의미입니다. 다시 말하면, 전 존재를 걸고 주의 일을 하라는 의미이지요. 죽을 수밖에 없는 죄인인 우리가 예수 그리스도로 말미암아 마지막 날에 부활하여 삼위일체 하나님과 영생 복락을 누릴 터이니 우리의 전 존재를 주님께 드리는 것은 당연한 것이지 싶습니다. 전 존재를 걸고 우리가 살아가는 자리에서 주님 위해 살아야 합니다. 그것이 살아 있고 역동적인 그리스도인의 모습이 아닐까 합니다.

본회퍼 목사가 히틀러 치하의 독일을 떠나 미국에 살면서 마음이 불편했습니다. 돌아갈 마음이 있었지요. 그러던 중 디모데후서 4:9("너는 어서 속히 내게로 오라")과 4:21("너는 겨울 전에 어서 오라")을 읽고 독일로 돌아가려고 결정합니다. 강영안 교수는 이 부분을 해석하면서 본회퍼가 '자신의 삶을 말씀 앞에 그대로 내어놓는 방식'으로 읽었다는 의미에서 본회퍼의 성경 읽기를 마이클 폴라니의 개념을 끌어들여 '인격적 읽기'로 해석합니다.[7] 이것이야말로 전 존재를 걸고 말씀을 읽는 것, 전 존재를 거는 신앙이겠지요.

---

[7] 강영안, 『읽는다는 것』, 196, 202.

7. 오늘 하루도 신앙으로 살며

먼 불빛[8] **(안도현)**

들녘 끝으로 불빛들이
일렬횡대로 줄지어 서 있는 만경평야
이 세상 개울물을 잠방잠방 맨처음 건너는
아이들 같구나
너희도 저녁밥 먹으러 가느냐
날 추운데 쉬운 일이 아니다 결코
저 스스로 몸에다 불을 켠다는 것
그리하여 남에게 먼 불빛이 된다는 것은
나는 오늘 하루 밥값을 했는가
못했는가 생각할수록 어두어지는구나

    시인은, 먼 불빛 하나도 불을 켜 어두운 밤에 다른 사람들에게 도움이 되는데, 자신은 하루 동안 살면서 먹은 밥값을 했는지 묻습니다. 그렇게 살지 못한 것 같은 여운을 남깁니다. 우리의 하루는 어떤가요? 우리도 물어야 할 것 같습니다. 하나님의 자녀답게 살았는가 말이죠. 빛으로 살았는지 말이죠. 그래서 우리 몸에다 삶에다 복음의 불을 켜서 어두운 시대를 살아가는 이들에게 먼 빛 하나 정도로 살았는지 말이죠.
    우리에게 주어진 매일매일을 신앙으로 살기 위해 매일매일 해야 할 일이 있습니다. 그것은 경건에 이르도록 늘 연마하는 것입니다. 바울이 디모데에게 이렇게 권면합니다.

---

8 안도현, 「외롭고 높고 쓸쓸한」(문학동네, 1994), 42.

> 망령되고 허탄한 신화를 버리고 경건에 이르도록 네 자신을 연단하라.
> (딤전 4:7).

매일매일 하나님을 믿으며 살기 위해 우리 자신을 날마다 말씀으로 연단해야 합니다. "예수의 좋은 일꾼"(딤전 4:6)이 되기 위해서는 "하나님의 말씀과 기도로 거룩"(딤전 4:5)해져야 합니다. 우리 안에 도사리고 있는 헛된 욕망과 야망과 신화를 벗어 버리고 진실로 겸허히 하나님 앞에 무릎 꿇어야 합니다.

경건은 하루의 태양이 우리에게 주어지는 것처럼 단지 우리에게 저절로 주어지는 것이 아니라, 말로 다 할 수 없는 하나님의 은혜 앞에 날마다 나아가는 철저한 훈련으로 주어질 것입니다. 그 훈련을 감당할 때 하나님 앞에 무릎 꿇는 우리 무릎은 결코 닳지 않을 것이며, 하나님 앞에 두 손 모으는 이 두 손은 결코 빈손이 되지 않을 것입니다.

그러한 믿음 가지고 믿지 않는 이들을 만납시다. 바울은 고린도교회 교인들에게 "유대인에게나 헬라인에게나 하나님의 교회에나" 걸림돌/거치는 자가 되지 말 것을 권면합니다(고전 10:32).

하나님의 교회에만 걸림돌이 되지 말라는 것이 아니라 당시 바울이 기독교와 비교하면서 언급했던 다른 두 축인 유대인과 헬라인에게도 거치는 자가 되지 말 것을 말합니다. 하나님을 믿는다고 다른 신앙을 가진 이들에게 함부로 행동하면 그것이 바로 걸림돌이 되는 것이지요. 신앙은 결코 다른 이들을 업신여기지 않습니다. 진리를 품었다고 믿지 않는 이들의 삶을 방해하는 자가 된다면 바른 신자도 바른 시민도 아닐 것입니다.

살아가다 보면 인생의 무게가 무거워 휘청거릴 때가 있습니다. 실패했을 때, 건강을 잃었을 때, 사랑하는 가족을 잃었을 때, 특히 코로나19로 인해 앞날이 안개 낀 것처럼 흐릿할 때 우리의 삶은 흔들립니다. 그러나 그러한 상황에도 흔들리지 않은 이들이 있습니다. 실팍한 마음을 가진 이들일 겁니다. 몸이 튼튼하다고 반드시 실팍한 것은 아닌 것 같습니다. 몸뿐만 아니라 마음의 중심이 견고한 이들이 실팍한 이들일 겁니다.

이 기간이 힘들더라도 흔들리지 말고 실팍한 삶을 살아갈 수 있기를 소망합니다. 그것은 바로 성부, 성자, 성령, 삼위일체 하나님 안에 있을 때만 가능할 것입니다. 그런 실팍한 믿음 가지고 이 세상 당당하게 살아갈 수 있기를 소망합니다.

Faith, Church and Life in Covid-19

제9장

내일을 희망하지 않는 죄

1. 기어서라도 가야 하는 인생

한때 인기 개그맨이었지만 어느 날 갑자기 눈이 보이지 않아 시각장애인으로 살아가는 이동우 씨가 있습니다. 어느 TV 프로그램에 나와서 그동안의 자신의 삶을 이야기하는 것을 본 적이 있습니다.

얼마나 힘들었을까요?

그런데 설상가상이라 했던가요. 그의 아내도 갑자기 뇌종양에 걸려 한쪽 청력을 잃었다 합니다. 의사는 '일하지 말라' 했다는데 남편이 저렇게 있으니 어떻게 일하지 않을 수 있겠습니까. 그러면서 '사는 게 그런 것 같다. 기어서라도 간다'는 말을 하더군요. 딸 하나 있는 가정인데 살아가는 모습이 눈물겹습니다. 인생은 어떻게든 살아야 합니다. '기어서라도' 말이지요. 기어서라도 가다 보면 희망의 샘물을 만날 것입니다.

정호승 시인이 탄광에서 일하는 광원을 취재했습니다. "소원이 무엇이냐"는 질문에 그는, "땅 위의 직업을 갖는 거"라 했다 합니다.[1] 땅 밑에서 일하니 땅 위의 그 어떤 일이든 부럽다는 의미일 것입니다. 하루빨리 여건

---

1 정호승, 『위안』, 50.

만 되면 어둠만이 있는 땅 밑에서 나와 밝은 햇살 아래 일할 수 있기를 소망할 것입니다. 그러나 땅 위에서 일하는 분들 가운데서도 땅 밑에서 일하는 분들이 생각하는 것만큼 그렇게 만족하지 못하고 살아가는 이들도 많을 것입니다. 그러니 따지고 보면 우리는 각자 어떤 형편에서든 지금보다 더 나은 삶을 살기를 소망합니다.

그런데 우리에게는 희망이라도 있을까요?

코로나19 이후 거리를 보면 마치 은하철도 999가 도착한, 생명체가 거의 살지 않은 어느 행성 같아 보입니다. 썰렁합니다. 이런 시간이 길어집니다. 우울증에 걸린 분들이 많아졌다고 합니다. 코로나19와 우울(blue)이 합쳐진 '코로나 블루'라는 단어도 등장했습니다.[2] 젊은이들은 코로나 이전부터 벌써 삼포세대(三抛世代)다 해서 연애, 결혼, 출산을 포기했습니다. 그러다가 집과 경력도 포기하는 오포세대(五抛世代)가 되었고, 희망/취미와 인간관계까지 포기하는 칠포세대(七抛世代)가 되었습니다. 급기야 이제는 'N포세대'라는 말이 등장했습니다.[3] 포기하는 것의 수가 한도 끝도 없다는 의미일 겁니다.

그런데 어쩌면 이런 포기라는 단어가 코로나19가 오면서 젊은이들에게만 적용되는 것이 아니라 사회 전반에 걸쳐 전 연령층으로 퍼지지 않을까 걱정입니다. 모르긴 몰라도 이 코로나19의 시간이 지나면 우리의 삶은 정말로 많이 달라질 것 같습니다. 세월 앞에 장사 없다는 말이 있듯이, 이 기간이 길어지며 안타까운 뉴스들을 종종 접합니다. LA에서도 마스크 사업으로 수십만 불을 투자했다가 사업 부진으로 재고가 쌓이자 목숨을 끊은 안타까운 사건이 있었습니다. 전문가들에 따르면 코로나19가 지난 이후 실업으로 인한 자살률이 급증할 것이라 합니다.[4]

---

2 https://jhealthmedia.joins.com/article/article_view.asp?pno=21636
3 https://ko.wikipedia.org/wiki/N포세대
4 https://news.mt.co.kr/mtview.php?no=2020072117280751647

어떻게 대처해야 할까요?

우리는 코로나19 이후에 코로나 블루를 극복하고 더 나은 삶을 희망할 수 있을까요?

교회는 더 나은 교회를 만들어 갈 수 있을까요?

사회는, 국가는, 세계는, 희망을 품을 수 있을까요?

스토리텔러이자 작가인 나오미 리드가 선교 단체 인터서브를 통해 아시아·아랍 지역에서 활동하는 선교사들의 이야기를 들으며 그들의 이야기를 『사막에 자두나무가 자란다』는 책에서 전해 줍니다.

리드가 그들의 이야기를 들으면서 던진 화두는 '험한 길임에도 사람들을 계속 걷게 하는 힘은 무엇인가', '삶이 정말 힘든 순간에도 하나님만을 신뢰하고 인내하며 계속 걸어간다는 것이 무엇을 의미하는가'였습니다.[5]

복음을 전하다 들키면 추방을 당하고 복음을 믿으면 박해와 자신들의 삶 전체를 송두리째 잃어버리는 것을 감당하며 그 험한 길을 가는 힘은 어디서 오는 것일까요?

코로나19 이후에도 우리는 이렇게 물어야 합니다. '우리를 이렇게 걷게 하는 힘은 무엇인가, 내일의 희망이 없다고 하는 시대에 하나님만을 믿고 살아간다는 것은 무엇을 의미하는가' 하고 말입니다. 그 힘은 바로 희망에서 올 것입니다. 생명이 있는 한 희망을 노래해야 합니다. 시를 노래해야 합니다.

---

[5] 나오미 리드, 『사막에 자두나무가 자란다』, 문세원 역 (앵커출판&미디어, 2020), 14, 16.

2. 그것이 비록 이루어질 수 없는 꿈이라 할지라도

코로나19의 시간을 보내며 어떠신지요?

우리는 '희망'이라는 단어를 떠올리다가도, 현실을 보는 순간 그 단어가 얼마나 추상적인지를, 얼마나 현실과 어울리지 않는지를, 문득 알아차릴 때가 있습니다. 우리는 희망이라도 품을 수 있을까요?

설령 품었다 하더라도, 우리가 품은 소망과 꿈이 이루어지지 않는다면, 어떻게 해야 하나요?

이병헌이 주연한 김지운 감독의 영화 <달콤한 인생>(2005) 마지막 나레이션에 다음과 같은 내용이 나옵니다.

> 어느 깊은 가을밤 잠에서 깨어난 제자가 울고 있었다.
> 그 모습을 본 스승이 기이하게 여겨 제자에게 물었다.
> "무서운 꿈을 꾸었느냐?"
> "아닙니다."
> "슬픈 꿈을 꾸었느냐?"
> "아닙니다. 달콤한 꿈을 꾸었습니다."
> "그런데 왜 그리 슬피 우느냐?"
> 제자는 흐르는 눈물을 닦아내며 나지막하게 말했다.
> "그 꿈은 이루어질 수 없기 때문입니다."

꿈이 있는데 이루어질 수 없다니요.

아니 그 꿈이 이루어질 수 없다는 것을 미리 알아 버리다니요. 꿈은 이루어질 것을 믿고 나갈 때, 아니 완전히 이루어질지 100% 확신하지 못하더라도, 그 꿈을 품고 살아간다는 것 자체가 희망이 되지요.

그런데 꿈 그 자체가 이미 이루어질 수 없다는 것을 알게 되면, 그 인생이 얼마나 슬프겠습니까?

그러나 먼저 그리 단정 짓지는 않았으면 합니다.

우리 앞에 놓인 여러 가지 일을 해결할 실마리가 여전히 보이지 않는다 할지라도 <달콤한 인생> 영화 곳곳에 나오는 유키 구라모토(Yuhki Kuramoto)의 <로망스>(Romance)를 들으며 호접몽에라도 빠져 보면 어떨까요?

현실의 어려움을 극복할 수 있는 힘은 때로는 객관적 데이터에서 오는 것이 아니라 상상과 예기치 못하는 순간에 그 어떤 방법을 통해서라도 불현듯 올 수 있기 때문입니다.

희망은 기다릴 줄 아는 인내심이 있어야 합니다. 작가들의 필독서인 『쓰기의 감각』을 쓴 앤 라모트는 어느 목사가 설교에서 '희망은 대변혁을 가져오는 인내심'이라 했던 것을 언급하며 '새벽은 반드시 올 것이다. 당신은 기다리고 주시하면서, 하던 일을 꾸준히 계속해야 한다. 절대 포기해선 안 된다'[6]라고 합니다. 희망은 바란다고 그저 주어지는 것이 아닐 것입니다. 인내하며 기다려야 합니다. 힘들 수 있습니다. 차라리 포기하고 다른 일을 하는 것이 빠르다고 생각할 수도 있습니다. 하지만 자신이 정말로 무엇인가를 소망한다면 그 소망을 이루어 가는 과정 자체도 사랑해야 할 것입니다. 인내심이 필요합니다. 그 인내심이 희망하는 자신에게 큰 선물을 줄 것입니다.

기다림이란 무엇일까요?

기다림은 무엇인가를 기다리는 쪽을 바라보는 것입니다. 버스를 기다리는 사람은 버스가 오는 쪽으로 고개를 돌리듯이, 좋은 소식이 오기를 기다리는 사람은 늘 우체통을 바라보거나 이메일을 확인하듯이, 전화를 기다리듯이 그렇게 인내하며 바라보는 것을 의미합니다.

---

6   앤 라모트, 『쓰기의 감각』, 최재경 역 (웅진지식하우스, 2018), 26.

하나님을 기다리는 사람 또한 하나님이 오시는 쪽을 바라보며 살아갑니다. 그러나 그 오시는 쪽이 꼭 저 위 하늘만은 아닐 것입니다. 하나님은 어디서든 오시기에 좌우, 아래 위, 앞뒤 모두 보아야 합니다.

우리 그리스도인들에게 하나님을 가장 기다리는 때는 언제일까요?

아마 고난 주간 특별히 성금요일과 부활절 사이일 겁니다.

이 사이에 무엇이 있습니까?

어떤 의미에서는 절망이요 허무요 고통만이 존재합니다. 그러나 그사이를 인내하며 기다린 사람들이 있었습니다. 부활은 십자가에서 바로 넘어가는 것이 아닙니다. 그사이에는 긴 기다림이 있었던 것입니다. 십자가와 부활 사이에 외면된 둘째 날, 즉 기다림의 날인 토요일을 보아야만 합니다.[7]

이날은 단순히 부활을 준비하기 위해 계란을 삶는 날이 아닐 것입니다. 철저히 무너져 버린 날, 하나님마저 아들을 포기하고 버리신(?) 날입니다.

그럼에도 기다린다는 것, 희망을 포기하지 못한다는 것, 그 믿음이야말로 진정한 믿음 아니겠습니까?

그 희망이야말로 진정한 희망 아니겠습니까?

인내하면서 말입니다. 바울 또한 이렇게 말했습니다.

> 우리가 선을 행하되 낙심하지 말지니 포기하지 아니하면 때가 이르매 거두리라(갈 6:9).

희망의 가장 큰 걸림돌은 낙심이며 포기입니다. 역사가 진보해 나아갈 때 맞닥뜨리는 많은 방해 요소는 어떻게든 극복할 수 있을 것 같은데, 자신의 내면에서 올라오는 낙심은 어떻게 할 방법이 없을 때가 있습니다. 희

---

[7] 십자가와 부활 사이를 다룬 '3일의 신학'에 대해 Alan Lewis, *Between Cross and Resurrection*(Eerdmans, 2001)를 참조해 보시기 바랍니다.

망에 초점을 맞추고 그 희망을 바라보며 나아가는데 그 희망이 시야에서 사라져 버리면 우리의 마음에는 근심과 포기가 어느새 자리 잡게 됩니다.

어떻게 이런 패배 의식을 극복할 수 있을까요?

답은 하나입니다. 마음에 희망을 품는 것입니다. 눈앞에 보이는 희망이 아니라 마음의 눈이 품는 희망 말입니다.

'실망하지 않고 포기하지 않으면 언젠가는 수확을 거둔다'는 말은 단순히 용기를 불어넣는 미사여구가 아닙니다. 약한 자에게, 절망에 빠진 자에게는 희망만이 가장 큰 힘입니다. 포기하지 않고 마음의 희망을 품고 나아가는 것만이 힘이 될 것입니다. 그렇게 나아가다 보면 언젠가는 그 마음의 희망이 마음 밖으로 현실화 될 것입니다. 그날을 꿈꾸며 포기하지 맙시다. 성령이 도우실 것입니다.

3. 기울어짐이 만들어 내는 변화

20세기에 그랬습니다. 옷의 지퍼를 올릴 때, 그 지퍼가 자신의 길로 가지 않고 옆의 옷 한 자락을 잡아먹어, 올라가도 내려가도 못한 적이 있었습니다. 한 세기가 지난 21세기에도 이 난제는 여전합니다.

이건 왜 못 고칠까요?

변해야 할 것이 있음에도 불구하고, 개선되어야 할 것이 있음에도 불구하고, 시간이 지나도 변하지 않고 있으면, 그것이 넓게는 인생이든 사회든 또는 좁게는 성격이든 인간관계든 세상을 바라보는 관점이든, 어색하지 싶습니다. 어색하면 바꾸면 되는데, 생각을 바꾸고 삶을 바꾸면 되는데, 그것이 그리 쉽지 않나 봅니다.

우리 모두는 자신의 삶이 앞으로 더 좋아지기를 소망합니다. 내일이 오늘보다 나쁜 날이 되기를 누가 바랄까요?

오늘보다 나쁜 삶을 바란다면 그것이 어찌 인생이겠습니까?
그러니 떠나온 인생은 돌아가면 안 되지요. 출애굽했으면 애굽으로 돌아가면 안 됩니다. 광야 생활이 힘들다고 애굽의 가마솥을 그리워하면 안 되지요. 그것은 역사의 퇴보요, 공동체의 죽음이요, 하나님에 대한 반역입니다.
우리가 과거를 돌아보아야 할 때는 미래의 희망과 연결될 때뿐이어야 합니다. 다시 말해 역사 속 인물들이 어떤 과정을 거쳐 왔는지, 하나님이 이스라엘 백성을 택하시고 그들과 맺으신 언약이 어떠했는지를 살펴볼 때 뿐이어야 합니다. 느헤미야도 예루살렘이 회복되기를 기도하며 과거 하나님이 맺으신 약속의 말씀을 떠올립니다.

> 옛적에 주께서 주의 종 모세에게 명령하여 이르시되 만일 너희가 범죄하면 내가 너희를 여러 나라 가운데에 흩을 것이요 만일 내게로 돌아와 내 계명을 지켜 행하면 너희 쫓긴 자가 하늘 끝에 있을지라도 내가 거기서부터 그들을 모아 내 이름을 두려고 택한 곳에 돌아오게 하리라 하신 말씀을 이제 청하건대 기억하옵소서(느 1:8-9).

하나님께 과거의 언약을 기억하셔서 내일의 희망을 주시라는 것이 느헤미야의 기도일 것입니다.
영화 <신과 함께>에서 건진 문장이 있습니다.
"지나간 슬픔에 새로운 눈물을 낭비하지 말라."
앞으로 살아가는 동안에도 흘릴 눈물이 많을 터이기에 과거의 슬픔에 사로잡히지 말라는 의미일 것입니다. 그리고 내일 비록 또 다른 슬픔에 눈물 흘릴지라도 그 눈물 뒤에 희망이 꽃필 것을 기대해 봅니다. 그러니 내일에 대한 희망을 어떻게든 찾아야 합니다.
오늘이 주어지고 내일이 올 것을 믿는 것은 우리가 살았던 과거의 삶의 방식을 바꾸라고 주어지는 것 아니겠습니까?

내일 나는 어제의 무엇을 바꿀까를 고민해 봅시다. 그런데 그 고민의 답이 오늘에 있는 것 같습니다. 어제를 돌이켜 보며 오늘을 새롭게 살 때 내일의 삶은 변할 것입니다.

그게 단순하지만 인생이지 않겠습니까?

짝수가 대칭, 평등, 균형, 조화, 평화를 상징한다면, 홀수는 비대칭, 불평등, 불균형, 부조화, 비평화를 상징합니다. 2:1이나 3:2나 4:3처럼 합해서 홀수인 것은 무엇인가 늘 모자라거나 기울어져 있습니다. 그러나 짝수는 일견 평온한 듯하지만, 역사의 진보는 늘 홀수가 감당했던 것 같습니다 (물론 그것이 퇴보로 결론 날 수도 있겠지요). 철학자 헤겔이 말하는 '정립'이 의미상 짝수에 해당한다면 '반정립'은 홀수에 해당한다고 할 수 있으며, 니체가 말하는 그리스 비극에서 질서를 중요시하는 '아폴론적 요소'가 짝수에 해당한다면, 역동적 변화를 시도하는 '디오니소스적 요소'는 홀수에 해당한다고 할 수 있을 것 같습니다. 여기서 변화는 '반정립'과 '디오니소스적 요소'에 의해 가능할 것입니다.

오른손을 삐끗해서 왼손을 사용합니다. 여간 불편한 것이 아님을 새삼 깨닫습니다. 하지만 사용해야 하기에 하게 됩니다. 늘 사용하던 손을 사용하지 못한다고 해서 그냥 가만히 있어서는 아니 될 것입니다.

또 그럴 사람이 어디 있겠습니까?

불편하더라도 살기 위해 사용합니다. 인생도 때론 그럴 때가 있는 것 같습니다. 그동안 살아온 삶의 방식이 아니라 해서 거부할 수 없습니다. 지금 삶이 삐걱거린다 해서 멈출 수 없습니다. 살기 위해 새로운 방식을 찾아야 합니다. 기울어진 상황에서 변화를 찾아야 합니다. 불편한 상황에서 돌파구를 마련해야 합니다. 그러나 시간은 걸릴 것입니다.

우리는 우리가 바라는 시대가 오지 않아 답답해할 때가 있습니다. 그러나 역사의 발전은 시간이 필요한 듯합니다. 오른손을 쓰지 못해 왼손을 쓸 때 적응이 필요하듯 변화된 상황에 적응하며 살아야 합니다. 그러다 보면 역사는 조금씩 발전할 것입니다. 그것이 비록 눈곱만큼만 발전하더라도 말입니다. 하루아침에 바라는 세상이 오지는 않습니다.

4. 희망을 품고 만들어 가는 사람들

정호승 시인의 <선암사 낙엽들은 해우소로 간다>[8]라는 시는 '희망을 품는 사람을 사랑하라' 합니다.

이제는 누구를 사랑하더라도
낙엽이 떨어질 때를 아는 사람을 사랑하라
이제는 누구를 사랑하더라도
낙엽이 왜 낮은 데로 떨어지는지를 아는 사람을 사랑하라
이제는 누구를 사랑하더라도
한 잎 낙엽으로 떨어질 수 있는 사람을 사랑하라
시월의 붉은 달이 지고
창밖에 따스한 불빛이 그리운 날
이제는 누구를 사랑하더라도
한 잎 낙엽으로 떨어져 썩을 수 있는 사람을 사랑하라
한 잎 낙엽으로 썩어
다시 봄을 기다리는 사람을 사랑하라
해마다 선암사 낙엽들은 해우소로 간다

---

[8] 정호승, 「여행」 (창비, 2013), 101.

"다시 봄을 기다리는 사람"은 희망을 품는 사람입니다. 그런데 그 희망은 그저 주어지지 않습니다. 썩어 새 생명을 품을 수 있는 사람에게 희망은 있습니다. 아름다운 나뭇잎에서 낙엽이 되어 썩어지는 전 과정을 아는 자만이 희망을 품을 수 있습니다. 희망은 관념도 아니며 환상도 아니지요. 현실의 아픔을 끌어안고 살아가는 이가 희망을 품으며 희망을 이룰 수 있을 겁니다. 그렇게 희망을 품은 이들이 함께 만나 세상을 만들어 가야 합니다.

느헤미야는 예루살렘 성벽이 허물어진 것을 보았지만 절망(despair)하지 않고 사람들과 함께 성벽을 중수(repair)했습니다(느 3장). 누가 혼자서 성벽을 보수하지 않고 많은 사람들이 조금씩 성벽의 부분 부분들을 보수한 것을 보게 됩니다. 역사라고 하는 것은 영웅 같은 어느 특정인의 등장도 중요하겠지만, 같은 뜻을 품은 이들이 서로 도와주며 만들어 가는 것도 중요할 것입니다. 그래서, 언어 장난 좀 하면, 희망은 'despair'를 'repair'로 바꾸는 과정에 생기는 것인지도 모르겠습니다.

무엇인가를 조립하는 것을 잘하지 못합니다. 어릴 때 많이 해 보지 못해서 그런 것 같다는 핑계를 대 봅니다. 아내가 산 물건을 조립해야 하는데 난감합니다. 레고 놀이를 좋아하는 아들이 설명서를 보고는 시작합니다. 아빠가 되어서 못하겠다고 물러설 수도 없지요. 그런데 하나씩 설명서대로 맞추어 가니 재미있네요. 딸이 또 합류했습니다. 함께 도와주며 완성하니 전 과정이 머릿속에 그려집니다.

어느 한 부분만 알아서는 전 과정을 알 수 없습니다. 중간중간 힘든 부분들을 극복하는 과정도 중요하더군요. 늘 완성품만을 사용해 왔지 조립하기는 처음이라 뿌듯한 마음도 들고 아이들과 함께했기에 추억 하나 더 생긴 것 같아 마음이 흐뭇하네요. 인생은 이렇게 함께 만들어 가는 것이지요. 희망 또한 더불어 살아가는 이들과 함께 만들어 가는 것일 겁니다.

희망을 만들어 가는 사람들은 아마도 장애물이 있을 때 돌파구를 찾는 사람들일 겁니다. 음식으로 치면 고추장 같은 존재들이라고나 할까요. 밥

맛 없을 때 고추장 약간 찍어 먹어도 입맛이 돌아옵니다. 더운 여름 고향 집 들마루에 앉아 저녁이면 입이 큰 그릇에 보리밥, 생나물, 된장찌개 넣고 고추장으로 비벼 먹던 그 밥이 맛있었습니다. 그 맛을 아들이 또한 좋아합니다.

아들은 고추장보다는 된장/쌈장을 더 좋아하지만 같은 계열 아니겠습니까?

먹을 만한 반찬이 없으면 된장을 꺼내 먹습니다. 두부도 그냥 먹지 않고 언제나 된장과 함께 비벼 먹습니다. 거의 모든 식사에 된장을 옆에 끼고 한동안 살더군요. 기가 차서 농담 삼아 '피자에도 발라 먹어 보지' 했더니 그건 아니랍니다. 그런데 드디어 핫도그를 해 먹던 빵을 가져오더니 거기에 된장을 바르기 시작했습니다. 한 입 베어 물고는 "음~ 음~" 소리를 냅니다. 맛있다는 이야기지요. 멀지 않았습니다. 언젠가는 피자에도 된장 바를 날이 올 것입니다.

된장 피자!

어떤가요?

이런 것 보면 어쩌면 우리 조선인의 피부 속에는 붉은 피 대신 피보다 더 붉은 고추장이 흐르고 있는지도 모르겠습니다. 그러지 않고서야 대대손손 이렇게도 신기한 명약이 거의 모든 이의 마음을 사로잡을 수는 없지 않나요. 대한민국 역사는 그런 의미에서 '고추장 전이의 역사'인지도 모르겠습니다. 삶의 활력을 얻기 위해 된장이나 고추장 같은 활력 에너지가 필요합니다. 우리 삶 중간중간 고추장, 된장 같은 활력소가 있어야 하지 않겠습니까. 그 말은 어떠한 일이 있더라도 어떻게든 희망을 품고 희망을 만들며 살아야 한다는 의미일 것입니다.

5. 중심을 잡고 걸어가는 이들

몇 년 전 일입니다. 무슨 이유인진 모르겠지만 집 앞 맥도날드가 문을 닫았습니다. 하루아침에 '영업 중지' 사인만을 붙여 놓은 채 맥도날드가 길을 잃은 지 한두 달 되었습니다. 일주일에 한두 번 들러 커피 마시며 책 보던 곳인데 폐가(?)로 변하니 저도 덩달아 길을 잃었습니다. 길 건너 커피빈(Coffee Bean)이 있긴 하지만 맥도날드보다 약간 비싼 것도 있고 공간이 좁은 탓에 좀 오래 앉아 있으면 눈치도 보이기도 해서 자주 가지 않게 되었습니다. 거기서도 길을 잃었습니다.

그러던 어느 날 그 공간이 더워 밖에 마련된 자리에 앉아 봤습니다. 의외로 통로 길이라 시원하다 못해 쌀쌀하더군요. 더운 LA에 자연 바람이 부는 시원한 곳은 그야말로 선물이지요. 책 읽기에 딱 좋았습니다. 잃은 길을 다시 찾은 느낌이었습니다. 그러고 보니 '길은 어디에나 있습니다. 다만 두 눈 들어 찾아보지 않았을 뿐이지요.'

어느 공항에서 갈아타야 하는데 그러려면 공항 밖으로 나가 도로를 건너 조금 가야 한다더군요. 혼자 찾아갈 자신이 없어 하는 사이 어느 미국 여자가 간다기에 따라붙었습니다. 그랬더니 저 보고 '앞 못 보는 사람이 앞 못 보는 사람을 인도하는 격'이라며 그 표현을 아는지 묻습니다. 성경에 나온 표현이지요. 그렇게 걷고 걸어서 목적지에 도착했습니다. 그러고 보니 앞 못 보는 사람이 앞 못 보는 사람을 인도한 격이 아니네요. 비록 모르더라도 비록 보지 못하더라도 걷고 찾는 자에게 길은 반드시 있는 법이지요. 길은 그냥 지도로 있는 것이 아니라 걸어가야 생기는 것 같습니다.

박노해 시인의 <굽이 돌아가는 길>이라는 시가 있습니다.

곧은 길 끊어져 길이 없다고
주저앉지 마십시오
돌아서지 마십시오
삶은 가는 것입니다
그래도 가는 것입니다
우리가 살아 있다는 건
아직도 가야 할 길이 있다는 것.[9]

곧은 길이 아니어도 걷기에 힘겨운 꼬불꼬불한 길이라 할지라도 살아 있기에 그 길 걸어가면 되겠지요.

길은 길 아닌 곳에 있을 때 그리운 법입니다. 그런데 길 아닌 곳에서 길만 그리워할 것이 아니라 그곳에서도 길을 만들어 걸어갈 수 있어야 할 것 같습니다. 정호승 시인은 "일생에 한 번쯤은 광야나 사막에 홀로 서 있어 보아야 한다"고 했습니다. 이때 사막은 실제 사막일 수 있고 자신의 삶을 사막화하는 삶의 사막일 수 있습니다. 그런 사막을 걸어가다 보면 "삶의 절대적 조건"으로 간주했던 것들이 아무것도 아님을 깨닫게 된다는 것이지요. 그러면서 "젊을 때는 산을 바라보아야 하고, 나이가 들면 사막을 바라보아야 한다"고 합니다.[10]

코로나19로 인해 우리는 어쩌면 한 번도 걸어가 보지 못한 길 아닌 길에 서 있는지도 모르겠습니다. 그런데 무작정 서 있기만 할 수는 없지요. 그동안 우리 모두가 암묵적으로 동의했던 삶의 철학이나 조건들이 절대적이었는지를 질문하는 시간이면 좋겠습니다. 절대적으로 있어야만 한다고 생각했던 것들이 없어도 무방한 것들은 없는지를 일상의 길 아닌 곳에서

---

9 박노해, 「사람만이 희망이다」, 102.
10 정호승, 『위안』, 33-34.

질문하고 길을 만들어 걸어가야 할 것 같습니다.

그런데 그런 길 가기 위해 필요한 것이 있습니다. 중심일 것입니다. 바람이 불면 부는 대로 흔들리다가, 멈추면 다시 제자리로 돌아오는, 그래서 중심을 다시 잡는 나뭇가지들이 멋있어 보입니다.

그런데 그 중심을 잡는 것이 무엇일까?

결국 뿌리이겠죠. 흔들리되 흔들리지 않는 중심이 있어야 합니다.

개그맨 신동엽이 어느 방송에서 대부업체에 빚진 25세 아들에게 하는 말을 들었습니다. 그의 엄마는 빚진 아들 때문에 심지어 자살까지도 생각했다고 합니다. 신동엽이 그 청년에게 자신의 가정사를 언급하면서 충고해 줍니다. 자신이 25살 때 엄마가 돌아가셨다고 합니다. 그에게는 큰형이 있는데 어릴 때 귓병을 앓아서 청각장애인이 되었다는 것입니다. 그런데 어머니가 아들을 치료해 주지 못했다는 죄책감 때문에 스트레스로 화병이 생겼습니다. 그러다가 50대 중반의 나이로 돌아가셨다고 합니다. 그러면서 그 청년에게 이렇게 말합니다.

> 지금부터 정신 똑바로 차리셔야 한다. 지금 하는 모든 행동이 엄마의 수명을 단축시킨다고 생각하라. 술 먹고 사고 치고, 술 먹고 아침에 못 일어나는 그 모든 것이 엄마와 빨리 이별하려는 발악이라고 생각하라.[11]

그 말을 들으니 마음이 숙연해집니다. 맞는 말이기에 그렇습니다.

신동엽이 이런 생각을 어떻게 했을까요?

그것은 엄마를 잃었던 사건이 그의 심장에 남아 있어서 마음을 아프게 했기에 가진 삶의 통찰일 것입니다. 그에게는 자신의 중심을 잡아 주는 엄마의 이야기가 있기에 다른 사람의 마음 또한 터치하지 싶습니다.

---

11 https://www.youtube.com/watch?v=CN74nzpz8X0&t=143s

때로는 사람이 우직하게 중심을 잡고 서 있는 '동상'처럼 보일 때가 있습니다. 세상의 모진 바람에도 묵묵히 견딜 것 같은 그런 사람.

그런 사람을 본 적이 있는지요?

그런 사람은 세상 사람들이 추구하는 그런 성공을 추구하는 사람은 아닐 것입니다.

성공한 사람은 누구를 말하는 걸까요?

인생이 철저하게 돈으로 굴러가고 사람들이 알아주는 어느 정도의 사회적 위치에 올라 서 있는 사람이 성공한 사람일까요?

사람 사는 세상에는 비교 의식이라는 것이 물질적 성공을 부추기며 "저 높은 곳을 향하여" 날마다 나아가게 합니다.

그런 사람들은 다른 사람보다 물질적인 면에서나 사회적인 면에서 뒤처지는 것을 견디기 어려워합니다. 여기에는 정치적 신념에 있어서 진보적 사람이든 보수적 사람이든 구분이 없습니다.

그러나 돈의 많고 적음을 따지지 않고, 사회적 높고 낮음의 시선을 의식하지 않고, 자기가 하고 싶은 일에 미쳐서 하는 사람이 성공한 사람일 것이며 동상 같은 사람일 것입니다. 우리에게는 그런 사람이 필요합니다. 아니 우리가 그런 동상 같은 사람이 될 필요가 있는 것 같습니다. 중심을 잡고서 말이죠.

그런데 안타깝게도 그 중심을 우리 스스로 잡아야 하는데 그러지 못할 때가 많습니다. 나약한 인간이기에 그렇습니다. 그럴 때는 창조주요, 섭리자요, 성화자이신 삼위일체 하나님께 우리의 뿌리를 두어야 할 것입니다.

6. 오늘 하루도 삼위일체 하나님께 소망을 두며

여름이 되면 LA, 전기가 부족한지 종종 전기가 나가곤 합니다. 그래서 그런지 시에서 계획적으로 전기공급을 일정 시간 중단할 때도 있습니다. 그렇게 어둠 속에 있다 보면 빛의 소중함을 깨닫게 됩니다. 마찬가지로 일상적인 것이 고맙다고 느끼는 것은 그것이 부재해 봐야 깨닫게 되는 것 같습니다. 부재의 불편함을 느껴 보면 일상의 편리함이 얼마나 고마운 것인지를 알 수 있지요. 마찬가지로 희망은 희망이 부재할 경우 희망하게 됩니다. 절망에 빠져 있을 때 희망은 커지지요.

성경은 우리에게 내일을 희망하라고 주시는 메시지입니다. 창조부터 종말까지는 희망의 역사일 겁니다. 하나님의 말씀은 비록 지금 힘들고 어려울지라도 삼위일체 하나님과 함께하며 믿음의 식구들과 함께할 그 마지막을 희망하라고 어쩌면 '명령'합니다. 그러니 희망하지 않는 것은 '죄'인지도 모르겠습니다. 칼 바르트는 '교만, 기만, 태만'을 죄의 3종 세트로 보았습니다. 이것을 희망과도 연관 짓는다면 희망하기를 게을리하는 것도, 더 나아가 희망하지 않는 것은 죄일 겁니다.

위르겐 몰트만도 자신의 『희망의 신학』에서 '절망의 죄'를 언급하며, 요한 크리소스토무스의 말을 인용합니다.

> 우리를 멸망에 빠뜨리는 것은 죄라기보다는 차라리 절망이다.

이것은 '절망하는 죄'를 의미합니다. 곧 절망하는 것이 죄라는 의미입니다. 그리고 희망을 "'존재하지 않는 곳'을 바라보는 것이 아니라, '아직은 존재하지 않지만' 언젠가는 존재할 수 있는 곳을 바라보"는 것이라 했습니다.[12] '존재하지 않는 곳'과 '아직은 존재하지 않지만 언젠가는 존재할 수 있는 곳'은 엄연히 차이가 있지요. 지금 비록 존재하지 않는다는 점에서는 둘 사이에 차이가 없지만, 그것이 끝이 아니라 언젠가는 존재할 것을 믿고 소망한다는 점에서는 엄청난 큰 차이가 있음을 보게 됩니다.

삼위일체 하나님이 우주를 창조하시고 여전히 역사를 이끌어가시는데, 우리가 살아갈 희망없이 살아간다면 그 자체가 하나님을 믿지 않는 것일 수 있을 것 같습니다. 그러니 희망하지 않는 것 자체가 죄일 것입니다. 어떤 상황이더라도 희망해야 합니다. 아담과 하와에게도 심지어 동생을 죽인 가인에게도 희망을 주셨습니다. 성경의 인물들은 우리와 성정이 같은 인물이지만 희망할 수 없는 시간에도 내일의 희망을 품으며 살아간 이들이기에 특별한 사람들인지도 모르겠습니다. 그러니 우리도 희망을 가져야 할 것입니다.

매년 한 해의 마지막 날을 보내면서 우리는 별로 한 것 없이 한 해를 보낸 것 같아 씁쓸할 때도 있습니다. 그러기에 새해에는 가슴 뛰는 일을 해 보고 싶은 마음이 들 때가 많지요. 그것이 어디 한 해의 마지막 날에만 해당되겠습니까. 돌아본다는 것, 한 해의 마지막 날, 한 달의 마지막 날, 일주일의 마지막 날, 하루의 마지막 시간, 돌아보면 모든 출발은 한 호흡에서 시작하는 것 같습니다. 그러니 호흡 한번 가다듬고 희망을 노래합시다.

영국 축구 리그(EPL) 경기를 보니 4등까지는 UEFA(the Union of European Football Associations) 챔피언스 리그에 나갈 수 있고 5, 6등은 UEFA 유로파 리그에 출전할 수 있습니다. 그런데 한 경기 차이로 챔피언스 리그에 못 나가고 UEFA에 나가는 경우가 있고 한 경기 차이로 UEFA마저 못 나가는 경우가 있습니다. 그에 해당하는 팀은 '그때 그 경기를 이겼어야 했는데' 하는 그런 아쉬움이 있을 겁니다. 후회하지 않기 위해서는 매 경기 최

---

12 위르겐 몰트만, 『희망의 신학』, 이신건 역 (대한기독교서회, 2002), 30, 32.

선을 다할 수밖에 없는 것 같습니다.

코로나19 시간을 보내면서 우리는 코로나19 이후를 생각하지 않을 수 없습니다. 그때 후회하지 않기 위해 지금 우리는 매 순간 최선을 다하는 수밖에 없는 것 같습니다. 모두가 다시금 새로운 일상을 맞이하기 위해, 자신과 공동체와 사회와 국가와 세계를 살리기 위해, 최선의 노력을 다하는 수밖에 없을 겁니다.

조국 떠나 힘든 이민 생활이라는 디아스포라의 삶을 살아가기에 더욱이 희망이 있어야 합니다.

그런데 삶의 소망을 어디에 두고 살아가고 있나요?

희망 자체이신 하나님께 소망을 두고 살 수 있기를 소망합니다. 마치 하루의 태양은 어떤 일이 있어도 떠오르는 것처럼, 꽃은 어떤 일이 있어도 피는 것처럼, 계절은 어떤 일이 있어도 돌아오는 것처럼, 희망은 선택이 아니라 어떤 일이 있어도 품어야 할 것입니다. 정말로 어떤 일이 있어도 말이죠.

창밖을 봅니다. 고즈넉한 분위기에 취해 있는데 새 한 마리 눈앞에 날아갑니다. 나도 모르게 '새가 날아든다. 웬갖 잡새가 날아든다'라는 노래가 순간 머릿속을 스칩니다. 속되도다, 속되도다. 아름다운 시(詩)나 찬양이 흘러야 하는데 말입니다. 무의식은 아닌 척하지 못하나 봅니다. 세상 많은 사람이 노래를 좋아하지만 한국 사람만큼 노래 좋아하는 사람도 없는 것 같습니다.

한국에 수많은 노래방이 그것을 보여 주지 않습니까?

미국에서는 술 한 잔 하고 길거리에 비틀거리고 노래 부르다가는 바로 잡혀가지만 한국에서는 동네 골목길에서 어르신들 술 한 잔 드시고 노래하시는 분들 자주 볼 수 있었습니다. 지금은 잘 모르겠지만 말입니다. 그 노래들을 들어 보면 슬픈 노래도 있고 즐거운 노래도 있고 온갖 노래가 다 나옵니다. 그 만큼 노래를 좋아하는 민족이 우리 민족인 것 같습니다.

그런데, 세상에는 내가 부르고 싶은 노래도 많지만 불러야 하는 노래 또한 있습니다. 부르고 싶은 노래가 세상의 유행가라면, 불러야 하는 노래는 하나님을 향한 찬양입니다. 부르고 싶은 유행가에도 좋은 노래가 많습니다. 이분법으로 나눠서 예수 믿는 사람은 유행가를 듣지도 부르지도 말아야 한다고 말하는 것은 복음의 내용과 맞지 않습니다. 유행가도 좋은 것들 들어 보면 좋은 가사를 가지고 있는 노래가 많습니다. 인생에 많은 도움이 됩니다. 그럼에도 불구하고 우리가 궁극적으로 불러야 하는 노래는 하나님을 찬양하는 노래여야 합니다.

왜 그렇습니까?

하나님이 우리 존재의 처음과 마지막이 되기 때문입니다. 그 하나님이 살아 계신 한 희망을 노래할 수 있어야 합니다. 시를 노래할 수 있어야 합니다.

구약학자 월터 브루그만은, 코로나19를 묵상하면서 쓴 『다시 춤추기 시작할 때까지』에서, 주님이 예루살렘에 마지막으로 입성하실 때 이스라엘 백성이 종려나무 가지를 꺾어서 외쳤던 "호산나"는 '환호'였지만, 원래는 "간구하오니, 우리를 구원하소서!"라는 '간청'이었다고 합니다.[13] 우리가 주님을 찬양하는 것은 기쁨의 환호이지만, 그 환호 속에는 '우리를 지금의 어려움, 특히나 코로나19에서 건져 주옵소서'라는 간절한 호소가 내포되어 있기도 합니다. 우리는 바이러스 하나 어찌할 수 없으니 하나님이 도와주셔야 합니다.

무엇이 우리에게 희망을 줍니까?

무엇이 우리를 희망하게 만들어 줍니까?

앞에서 언급한 나오미 리드의 화두, '무엇이 험한 길에도 계속 걷게 하는가'를 생각하며 희망을 나누었으면 합니다.

---

[13] 월터 브루그만, 『다시 춤추기 시작할 때까지』, 신지철 역 (IVP, 2020), 20.

있잖아요 그대가 걸어온 인생 이야기 들려줄 수 있나요
한 세상 살아온 그대만의 이야기를 말입니다
있잖아요 밤하늘에 써 놓은 그대만의 이야기 들려줄 수 있나요
힘겹고 지칠 때 그대를 그렇게 걷게 해 준 그 이야기를 말이죠
그대의 이야기가 지친 영혼들을 일으킨다면
그대의 시가 사막에 꽃 하나 피울 수 있다면
때로는 힘들고 어려워도 희망을 이야기하면 좋겠습니다.
시를 노래하면 좋겠습니다. 그대를 축복합니다.

Faith, Church and Life
in Covid-19

제10장

포스트 코로나19 한국교회 과제

우리는 여우가 올라가도 무너질 교회를 짓고 있는가?

1. 일상의 삶을 하나씩 지워 가면 무엇이 남을까?

중세 신(神) 중심 시대를 지나 등장한 것은 근대 인간 중심 시대였습니다. 이 시대로 들어서면서 인간 이성을 중시한 나머지 역사는 진보한다고 확신해 왔습니다. 그러다가 20세기 들어 양차 세계 대전을 겪으면서 낙관론적 사고에 급제동이 걸리게 되었지요. 이런 역사 인식에 반대할 이는 거의 없을 겁니다.

그러나 그러한 세계 대전도 사실 지금의 코로나19 사태에 비해서는 전 지구적 이슈라 할 수 없을 것 같습니다. 그만큼 코로나19는 어느 곳도 예외 없이 전 세계적으로 퍼져 있습니다. 이는 전 지구인의 목숨과 직접적으로 연관되어 있기 때문일 겁니다. 우리는 그야말로 말 그대로 예측할 수 없는 미증유의 시대를 살아가는 것 같습니다.

'미래'(未來)는 '아직 오지 않음'을 의미합니다. 뜻 자체는 우리가 보통 이 단어를 사용할 때 갖는 어떤 희망과 설렘의 느낌과는 사뭇 다르게 김빠진 콜라를 마실 때처럼 밍밍합니다. '아직 오지 않은' 그 시간에 대해 미리 무언가를 이야기할 때면 더 그러하며, 모르는데 전망해야 하니 사실 난감하기도 합니다. 더욱이 코로나19 시대를 살면서 지금 상황도 설명할 수 없는데 아직 오지 않은 미래의 모습이 어떨까를 이야기하는 것은 '눈 감고 어두운 산길을 가라'고 명령하는 것처럼 무모한 듯도 합니다.

지금처럼 미래를 예측하기 어려운 적이 있었을까요?

미래학자들이나 트랜드 분석가들의 진단을 들어봐도 불투명합니다. 다만 우리는 무엇인가를 하기보다는 그동안 해 오던 무엇인가를 줄이거나 하지 않고 있습니다. 학교에 가지 않고, 교회에 가지 않고, 식당에 가지 않고, 큰 쇼핑몰에 가지 않고, 미용실에 가지 않고, 영화관에 가지 않고, 체육 시설에 가지 않고, 여행을 가지 않고, 서점에 가지 않고, 등등 수많은 곳에 가지 않고 수많은 것을 하지 않고 있습니다. 그야말로 언컨텍트(Un-contact) 사회가 되어 버린 것 같습니다. 이러한 진단을 부정할 분은 없을 겁니다. 역사적 좌우 이념을 떠나, 신앙의 진보 보수 이념을 떠나, 눈앞에 드러난 팩트는 모두 공감할 것입니다.

인기 강사 김미경 씨가 자신이 운영하는 김미경 TV 유튜브에서, 컨설턴트 전문가인 김용섭 씨가 쓴 『언컨택트』라는 책을 소개하더군요.[1] 사람들과 접촉하지 않을 세상이 도래한다는 것이죠.

그런데 이렇게 사람들과 접촉하던 것을 하나씩 하나씩 줄여 가면 무엇이 남을까요?

또 그런 와중에 우리는 무엇 하고 있나요?

그런데 가만히 보면 언컨택트 시대에도 기존에 해 오던 것을 여전히 하고 있지 않나요?

학교에 가지 않는다고 공부하지 않는 것이 아니며, 교회에 가지 않는다고 예배드리지 않는 것이 아니며, 식당에 가지 않는다고 밥 먹지 않는 것은 아니며, 쇼핑몰에 가지 않는다고 소비를 하지 않는 것이 아니며, 미용실에 가지 않는다고 이발하지 않는 것이 아니며, 영화관에 가지 않는다고

---

[1] https://www.youtube.com/watch?v=7aoaZaKNr_Q

영화를 보지 않는 것이 아니며, 체육 시설에 가지 않는다고 운동을 하지 않는 것이 아니며, 여행을 가지 않는다고 여행하지 않는 것이 아니며, 서점에 가지 않는다고 책을 읽지 않는 것이 아닌 것 같습니다.

우리는 다만 그동안 해 오던 대면과 접촉의 방식 아닌 것으로 그 모든 일을 하고 있지요. 형식은 바뀌어도 내용은 놓치지 않고 있으니 바뀌어 가는 형식에 어떻게 적응하며 살지를 고민해야 할 것입니다.

교회는 어떤가요?

코로나19 이후 교회의 미래 또한 아직 오지 않은 교회의 모습을 의미합니다. 그 미래의 교회 모습은 정해진 것이 없습니다. 아직 오지 않은 교회의 미래 모습은 지금 우리가 여기서 만들어 가는 것이지 싶습니다. 미래는 늘 미래에 있습니다. 그 미래의 교회 모습을 우리가 미래의 어느 시점에서 본다 해도 교회의 미래는 여전히 아직 오지 않은 것입니다. 그러니 지금 우리가 만들어 가는 교회가 내일의 교회 모습을 보여 줄 것입니다.

다시금 질문합니다.

포스트 코로나19 교회는 어떤 모습일까요?

「중앙일보」 보도에 따르면, 개신교는 흔히 '6만 교회, 15만 성직자, 1000만 성도'라 합니다. 그런데 이들 6만 개 교회 중 80%가량이 50명 미만(대부분 10-20명 정도)의 교인이 있는 미자립 소형 교회라 합니다. 평소에도 월세 내기가 힘든데 온라인 예배로 모이지 않으니 더 어렵게 된 것이지요. 대형 교회도 물론 상당한 헌금이 줄었으니 힘든 것은 마찬가지일 겁니다.[2]

이러한 상황에서 우리는 무엇을 해야 하나요?

교회를 '모이는 교회'와 '흩어지는 교회'로 구분하고 정의해 왔습니다. 그런데 코로나19로 인해 이러한 정의를 약간 수정해야 할 것 같습니다.

---

[2] "예배 봐도, 안 봐도 망한다 … 코로나에 개척교회 생사 기로", 「중앙일보」, 2020.6.7.

과거에는 모였기에 '모이는 교회'라 할 수 있습니다. 코로나19로 흩어졌으니 '흩어진 교회'라 할 수 있고요. 현재는 몇몇 교회가 조금씩 모이고 있다는 점에서 '모이는 교회'로, 앞으로 완전히 모여야 한다는 의미에서 '모여야 할 교회'로 이름 지을 수 있을 것 같습니다. 모였던 교회는 과거 완료형이고, 흩어진 교회는 과거형이고, 모이는 교회는 현재형이며, 모여야 할 교회는 미래형입니다. 그러니 우리는 현재 흩어진 교회와 모이는 교회 그 어디 즈음에 있겠지요.

그러면 우리의 고민과 질문은 자연히 '어떻게 흩어진 교회에서 모여야 할 교회로 옮겨갈 수 있을까'일 겁니다.

아니면 그냥 흩어진 채로 있는 것이 좋은지요, 모여야 할 필요가 없다고 여기는 건지요?

다시금 모여야 하지 않겠습니까?

그런데 그 모습이 과거 교회 모습을 완전히 회복할 것이라고 보는 이는 아마도 없을 겁니다. 상당히 다를 것 같다는 생각을 해 봅니다. '모였던 교회'와 '모여야 할 교회'는 결코 같지 않을 것입니다. 이는 그사이에 교회가 흩어져 보았기 때문입니다. 그 경험을 무시한 채 아무 일 없었다는 듯 다시금 모일 수는 없을 겁니다. 우리 스스로가 그 아픔을 경험했기에 결코 같을 수 없을 겁니다.

그렇다면 다시 모여야 할 교회의 모습은 어떨까요?

한국교회가 새로운 시대에 적응하기 위해 무엇을 해야 하는지 한 번 살펴보고자 합니다.

2. 교회와 세상

교회의 과제를 제시하려면 교회로 바로 들어갈 것이 아니라 그 교회가 놓여 있는 세상을 볼 필요가 있습니다. 이는 그 세상이 하나님이 창조하신 공간이기에 그렇습니다. 우리는 자신이 살아가는 자리를 벗어나 어떤 것을 말하는 것이 쉽지 않습니다. 자신의 삶의 자리가 신학교이면 사변적이기 쉽고 현실적이기 어렵습니다. 자신의 삶의 자리가 교회이면 교회를 벗어난 언어를 사용하기가 쉽지 않습니다.

그러나 우리는 신학교에 있든, 교회에 있든, 어디에 있든 삶의 자리는 세상입니다. 그 세상에서 서로 만나야 합니다. 신학의 언어를 세상이 이해할 수 있도록, 교회의 언어를 세상이 좀 알아들을 수 있도록 해 주어야 합니다. 코로나19도 세상 전체에 퍼져 있기에 그렇습니다. 신학이 공공의 영역을 놓치지 말아야 할 이유가 여기에 있습니다. 공적 신학은 여기서 가능할 것이며 그 내용도 다층적이어야 합니다.

공적 공간에서 신학이 의미 있기 위해서 그리스도인들이 창조 신앙과 역사 의식을 지녀야 합니다.

우리 그리스도인은 "태초에 하나님이 천지를 창조하시니라"(창 1:1)는 말씀을 잘 압니다. 다른 말씀은 암송 못 해도 이 말씀만큼은 암송하지요.

그런데 그 의미가 무엇인가요?

단순히 과학을 배척하기 위한 수준으로 이 말씀을 사용하나요?

하나님이 창조주이심을 고백하는 것은, 하나님 외에 그 어떤 것도 믿어서는 안 된다는 것을 의미할 뿐만 아니라, 어느 누가 누구를 착취할 수 없고, 어느 인종이 다른 인종을 차별할 수 없으며, 만인은 창조주 하나님 앞에서 평등하다는 것을 의미합니다. 이것을 부정하는 것은 그 어떤 이단보다도 더한 이단이지요. 이렇게 좀 거칠게 이야기하는 것은, 우리 기독교 신앙이 창조주 하나님을 고백하는 본래적 의미를 놓치고, 그동안 화석화

된 교리를 지키기 위해 이 놀라운 기독교의 고백을 간과하는 것을 그냥 묵인할 수만은 없기 때문입니다.

더욱이 이 창조 신앙과 더불어 그리스도인들은 누구보다 더 역사 의식을 가져야 합니다. 아니 창조 신앙이 제대로 정립이 되면 역사 의식은 당연히 따라오는 것이지요. 이는 삼위일체 하나님이 창조하시고 섭리해 가시는 역사이기에 그렇습니다. 역사 의식을 지닌다는 것은 역사 속에서 무엇이 옳고 그른지 인식한다는 것이지요. 다시 말해 거짓 뉴스는 일단 제거해야 한다는 의미입니다.[3]

자신들이 바라는 바를 팩트 체크도 하지 않고 말하는 경우가 많습니다. 그리고 팩트가 나왔음에도 불구하고 그 믿는 바를 바꾸지 않는 것은 자신이 지키는 이념에 따라 자신이 바라는 것을 역사적 사실 위에 두는 것이라 할 수 있을 것입니다.

그것이야말로 철학자 포이어바흐가 말하는 '자기의식의 반영'이 아니고 무엇이겠습니까?

마이클 프로스트와 앨런 허쉬는 '제자'는 '역사를 만드는 자'라 했습니다.[4] 우리가 정말로 주님의 제자라고 한다면 우리가 살아가는 역사를 만들어 가는 자이어야 할 것입니다.

주님의 제자인데 역사에는 관심이 없이 살아간다면 그것이 어찌 참된 제자이겠습니까?

교회가 역사와 세상에 대한 바른 인식을 가지고, 교회도 정비하고, 세상에 바른 대안들을 제시할 수 있어야 할 것입니다. 교회 스스로 세상과 만

---

[3] 예를 들면, 김정은 사망을 확신하는 언론과 정치인들의 말이 있었습니다. 몇 주간 그가 나타나지 않으니 그렇게 생각할 만도 했을 겁니다. 그런데 그가 나타났습니다. 그가 나타났는데도 그가 죽었을 것이라고 말했던 이들 중 진심으로 자신의 발언에 대해 사과하는 이를 보지 못했습니다. 그가 나타났을 때 그들은 아마도 "니가 왜 거기서 나와" 하며 뒤 목을 잡았을지도 모르겠습니다.

[4] 프로스트, 허쉬, 『새로운 교회가 온다』, 273.

나기 위해 다양한 컨텐츠를 계발해야 합니다. 거룩의 언어는 세상 언어가 없는 곳에서 사용되는 것이 아닐 것입니다. 세상 속에서 거룩의 언어를 전하기 위해서는 교회가 세상으로 들어가야 합니다. 다시 말해 세상과 만나야 합니다. 만나는 방식도 다양해야 합니다.

바벨론 포로 후, 유다 백성이 예루살렘 성벽을 재건할 때, 자신들의 마음만을 정결하게 한 것이 아닙니다. 제사장들과 레위 사람들은 자신들의 "몸을 정결하게 하고 또 백성과 성문과 성벽을 정결하게"(느 12:30) 했음을 볼 수 있습니다. 몸을 정결하게 하며 성문과 성벽도 정결하게 한 것을 보면, 우리가 정결하게 가꾸어야 하는 것은, 우리의 몸뿐만이 아니라 모든 것이어야 하는 것으로 해석해도 무방할 것 같습니다.

농담 한 번 하죠. 그동안 '속'이 썩었습니다. '성'(sacred)이 '속'(secular)을 떠나 버렸기 때문입니다. 그런데 코로나19로 인해 '성'이 '성'을 떠나 '속'으로 나아오게 되었습니다. 그러니 이제는 성과 속을 이분법적으로 말할 수 없게 되었습니다. 그동안 하나님 나라와 이 땅, 교회와 교회 밖, 주일과 평일을 이분법적 도식으로 나눈 것이 사실이죠. 그리고 하나님 나라, 교회, 주일을 성스럽게 여기고, 이 땅과 교회 밖과 평일을 속되게 여겼습니다. 그런데 코로나19로 인해 이러한 성과 속의 분리선이 무너질 것 같습니다. 코로나19가 어쩌면 우리에게 '속'에서 '성'으로 살 것을 강제적으로 요구하며, 그리스도인이라면 어떻게 살아야 하는지 보여 달라고 요구하는지도 모르겠습니다.

3. 가난한 자와 약자를 돌봐야 할 교회

영화 <내부자들>에서 지방 출신의 검사가 어떤 이유로 정직됩니다. 살려 달라고 부장 검사에게 호소할 때, 부장 검사가 그에게 농담조로 이렇게 말합니다.

"잘하지 그랬어. 아니면 잘 좀 태어나든가."

농담이지만 그 말에는 우리 사회가 묵인하고 있는 진실 하나가 내포되어 있습니다. 그것은 아직도 우리 사회가 고대 노예제나 중세 봉건제 같은 신분 사회에 살고 있다는 것입니다. 가난의 문제를 해결하기 위해 존재의 태생을 고려해야 한다면, 그건 비참한 사회임에 틀림없을 겁니다.

고독도로에서 나와 신호를 기다리는데 노숙인 한 분이 모자를 벗고는 갑자기 도로로 뛰어듭니다. 가만히 보니 누군가가 창문을 열고 건네주는 돈을 받기 위해서입니다. 그는 그 돈이 너무나도 반가웠고 갈급했기에, 창문 열고 돈을 내미는 손짓에 모자를 벗고 눈동자를 크게 하고는 뛰어간 것입니다. 짐작하건대 그의 눈은 언제나 사람을 향해 있을 것이며 그중에서 돈 주는 이들을 찾을 겁니다.

그러고 보니 돈은 가진 자에게서 가지지 못한 자에게로 흐르고, 돈을 갈망하는 시선은 그 돈을 받는 자에게서 주는 자에게로 흐르지 싶습니다. 돈을 매개로 주는 자와 받는 자의 시선이 마주칩니다. 가난의 문제가 있는 한 늘 언제나 돈을 갈망하는 노숙인의 처연한 시선은 멈추지 않겠죠.

언컨텍트 시대에 가난의 문제는 더욱더 심해질 것 같습니다. 당장 어머어마한 수의 일자리가 사라진다니 가난의 문제를 어떻게 극복해야 할지 고민을 기울여야 합니다. 칼 폴라니 연구소의 홍기빈 소장이 <시사 자키 정관용입니다> CBS 라디오 프로그램에 나와서 코로나 이후를 언급하며 몇 가지 삶의 원칙을 제시하더군요.

첫째, 사회적 방역 시스템을 구축하자고 합니다. 개인 차원의 건강 관리가 아니라 사회적 건강 프로그램을 만들자는 것이지요.

둘째, 경제 활동 조직인데 시장 경제는 아니라고 합니다. 국가가 고용을 보장하는 제도로 가자고 제안합니다. 여기에 용기가 필요하다고 합니다.

셋째, '무한한 욕망을 무한히 긍정해야 하는가'라는 질문을 제기합니다. 삶에 자제가 필요하다는 것이지요. 그렇지만 홍 소장은 '원래대로의 일상'(business as usual)으로 돌아갈 수 없으니 우리의 삶의 방식을 재고할 필요가 있다고 합니다. 사람도 사회도 자연도 더불어 살아가는 세상이 필요하다는 것이지요.[5]

이 세 원칙 중 두 번째인 국가가 고용을 보장하자는 주장은 가난의 문제를 해결하려는 중요한 제안이라 생각합니다. 코로나19 이후 전 세계적으로 국가가 시민들에게 일정 금액의 재정을 지원하는 것도 아마 그런 방책 중 하나일 거라 여겨집니다. 가난의 문제를 해결하기 위해 태생을 고려하는 것이 어불성설이듯, 개인이 가난의 문제를 해결하도록 그냥 두는 것도 무자비한 일이라 여겨집니다.

이러한 가난의 문제가 더욱더 심각해질 코로나19 이후 개인이 할 일이 있고, 사회가 할 일이 있을 테지만 교회가 할 일이 많을 겁니다.

누구보다 가난과 사회적 약자에 대해 목소리를 내야 하는 것이 교회 아니겠습니까?

4. 교회 과제 1: 교회에 대한 재조명(건물 신학 아닌 공유 신학)

코로나19 이전에는 교회/성전/예배당에서 예배드리는 것을 고민한 적이 없었습니다. 당연히 예배는 교회에서 드리는 것으로 생각했지요. 그러나 코로나19 이후 교회에 가지 못하니 예배가 무엇인지, 교회가 무엇인지, 교회와 성전과 예배당의 차이가 무엇인지에 대해 다양한 의견들이 나오기

---

[5] https://www.youtube.com/watch?v=AY6zCCt5Swk(4/20/2020)

시작했습니다(여기서는 구분 없이 사용하고자 합니다). 물론 그중에는 '교회는 건물이다, 아니다, 교회는 우리 자신이다'라는 다소 한 측면만을 강조하는 소모적 논쟁도 있었고요. 신학자 한스 큉은 교회를 '객관적 실체'로 보는 것은 '실체론적인 그릇된 교회관'이라 하여, '인간 없이 교회란 없다'고 했지요.[6] 상당히 많은 부분에서 동의합니다. 그렇지만 현실에 보이는 교회를 외면할 수도 없지요. 그러니 두 가지 측면 모두를 동시에 볼 필요가 있는 것 같습니다.

디트리히 본회퍼 목사도 교회의 가시적 형태와 비가시적 형태를 설명합니다.

> 교회는 예배하고 서로를 위해 활동하는 공동체로서 가시적이다. 교회는 종말론적 실체로서, '그리스도의 몸'으로서 비가시적이다.[7]

가시적 교회를 건물로 보고, 비가시적 교회를, 바울이 말한 것처럼, "너희는 그리스도의 몸"(고전 3:16)이라 했으니, 우리 자신으로 본다면, 교회든 성전이든 예배당이든 용어 가지고 논쟁하는 것은 그렇게 의미가 없다고 여겨집니다. 다만 그 의미는 들여다볼 필요가 있을 겁니다.

예배에 대한 재해석은 교회 건물에 대한 재해석과 연관되어 있습니다. 온라인 예배를 드리면서 이제는 교회 건물에서 예배드리지 않는다고 예배가 아니라고 말하지 않습니다. 그동안 기존 교회와 성도들은 교회 예배당에 와서 예배드리지 않고 신앙 생활하는 이들을 '가나안 성도'라 하여 이상한 시선으로 봐온 것이 사실이죠. 어떻게 신앙 생활을 교회에 오지 않고 할 수 있냐고 말이죠. 일정 부분 타당한 지적이기도 합니다.

---

6 한스 큉, 『교회란 무엇인가』, 이홍근 역 (분도출판사, 1978), 89, 91.
7 디트리히 본회퍼, 『성도의 교제』, 유석성, 이신건 역 (대한기독교서회, 2010), 124.

그런데 코로나19로 인해 그렇게 말했던 분들이 어쩔 수 없이 가나안 성도의 삶을 직접 경험해 보게 된 것이지요. 그러니 이제는 함부로 가나안 성도들을 비판하지 못할 것 같습니다. 이는 자신이 하고 있거나 연관된 것은 비판하지 않는 인간 본성 때문이겠죠. 이제 온라인으로 예배드리는 것을 예배가 아니라고 부정하는 이는 아무도 없을 겁니다.

그동안 교회는 '건물'에 치중한 것이 사실입니다. 예배당에 와서 예배드려야 예배드린 것으로 생각했으니까요. 그러니 예배드릴 공간 하나는 있어야 한다고 생각했죠. 신학도 이에 따라 '건물 신학'을 만들어 가기 시작했습니다. 하워드 스나이더는 이런 현상을 복음과 교회 건물을 비교해서 설명합니다.

> 복음은 '가라'고 하지만 교회 건물은 '머물라'고 한다. 복음은 '잃어버린 자를 찾으라' 말하지만 우리의 교회는 '잃어버린 자들이 교회를 찾게 하라'고 말한다.[8]

이러한 통찰은 코로나19 이전이었으면 그저 교회 현실을 모르는 학자의 추상적 언어로만 취급되었을 것이며 그렇게 설득력이 없었을 겁니다. 그러나 예배당에서 예배드리지 못하고 흩어져 보니 이 구분이 무엇을 의미하는지 명확해지네요.

그런데 가라면 어디로 가나요?

세상 아닌가요?

성전을 살리기 위해서 교회가 건물의 경계선을 넘어가면 좋겠습니다. 교회 안에 있다고 교회가 살아나는 것이 아닐 것입니다. 교회 밖으로 나가 자신이 가는 곳에서 교회가 되어야 합니다. 오라고만 하지 말고 목회자

---

[8] 프로스트, 허쉬, 『새로운 교회가 온다』, 135 재인용.

들이 밖으로 나가야 할 것 같습니다. 홍익대학교 건축과 유현준 교수가 포스트 코로나 시대를 조명하면서 '건물과 권력'의 관계를 설명한 것에 일부 수긍이 되었습니다. 그동안은 '사무실에서 권력이 형성되었는데 코로나로 인해 재택근무를 하다 보니 권력이 흔들리고 있다'는 것이죠.

종교 권력도 비슷하다 합니다. 교회에 모여야 권력이 생긴다는 거죠. 예배 시간에 긴 의자에 앉혀서 (목회자가 있는) 한 방향을 바라보면 그 안에 서 있는 사람이 권력이 생긴다고 합니다. 공간을 통해 권력을 창출한 쪽은 그 권력을 유지하려 한다는 거에요. 그러니 권력을 쥐고 있는 쪽은 변화에 저항할 것'이라 합니다.⁹

간단히 말하면 권력이 건물에서 나온다는 것입니다. 그런데 이렇게 건물 즉 예배당만을 고집하면 결코 포스트 코로나 시대를 대비하지 못할 것 같습니다.

당장 그런 조짐이 나타나기 시작하지 않습니까?

조금씩 예배당에서 예배드리기 시작했음에도 불구하고 어떤 교회는 기존 성도들의 30%, 어떤 교회는 50%, 또 어떤 교회는 90% 정도가 예배당에 오지 않는다고 합니다. 그러니 자연 헌금이 줄어드는 것은 당연하겠지요. 헌금이 줄면 목회자 사례비도 줄어들 것이고 선교비도 줄겠지요. 그러면 목회자가 어쩔 수 없이 이중직을 가져야 하거나 아니면 아내들이 직장을 다녀야 할 것입니다. 선교사들도 마찬가지일 것입니다.

그런데 이렇게 팬데믹이 한 번으로 끝나는 것이 아니라 합니다. 전문가들에 따르면 여러 번 올 수 있다 하는데 그렇다면 예배당을 중심으로 하는 신앙 생활에는 어려움이 있을 겁니다. 정말로 교회 건물을 이야기하고자 한다면, 건물이나 공간을 가지지 못한 교회들을 어떻게 도울 수 있을 것인지 고민하고 대책을 마련하는 것이 더 생산적이지 싶습니다.

---

9   https://www.youtube.com/watch?v=s1RYeQZokJM

코로나19 기간 동안 교회가 이사 간다는 글을 종종 읽습니다. 이 코로나 기간에 예측되었던 일이지 싶습니다. 가슴이 아프네요. 앞에서도 말씀드렸지만, 자체 건물을 가지지 못한 교회들, 즉 세 들어 사는 교회는 렌트비 감당하기 쉽지 않을 겁니다.

그러니 어떻게 이 우울한 어려움을 극복할 수 있을까요?

대안 중 하나는 예배당 공유일 겁니다. 건물을 가진 교회가 건물 없는 교회에 오픈할 수 있어야 합니다.

이곳 LA 기독교 방송국 중 하나인 CTS에서 개척교회 온라인 예배를 지원한다는 반갑고 기쁜 소식을 들었습니다. 자체 건물이 없는 교회는 인력이 부족한 것이 당연하죠. 이 둘은 맞물려 있습니다. 예배당이 없다는 것은 사람이 없다는 것이고, 사람이 없으니 그런 기술적 인력이 부족한 것은 당연하겠죠. 그러다 보니 코로나19로 인해 미자립 교회가 예배 영상을 준비하는 데 상당한 기술적 어려움이 있을 겁니다. 그래서 방송국이 그런 어려움이 있는 교회에 장소를 제공해 주고 영상을 녹화해 주더군요. 이런 실제적 협력이 필요합니다.

「한국기독공보」 6월 11일 자 기사에 따르면, 한국 통합 측 서울북노회가 2020년 6월 9일에 열린 제74차 정기노회에서 '예배처소공유제'(공유 예배당 제도)를 총회에 헌의하기로 했다고 합니다. 예배처소공유제는 이미 미국에서는 시행되고 있는 '건물이 있는 교회와 예배당 사용 시간을 조정하거나 혹은 몇몇 작은 교회가 연합해 한 건물을 임대하고 예배당을 공유하는 제도'를 의미합니다. 이러한 건의 사항이 올라온 것은 그만큼 요구하는 교회가 많기 때문일 겁니다. 코로나19 이후 어려운 재정 상황을 돌파하기 위해서는 필요한 제도가 아닌가 생각해 봅니다. 그리고 이것이 그리스도의 사랑을 나누는 것이지 싶습니다.

5. 교회 과제 2: 목회자의 변화(전 존재를 거는 신앙과 자기 비움)

목사는 설교하는 자입니다. 그런데 종교개혁 이후 중요한 기독교적 자원이 된 설교가 흔들릴 때가 많습니다. 이는 일부 목회자가 신학이 없어서이기도 하겠지만 신학을 왜곡하기도 해서 그런 것 같습니다. 설교가 흔들리니 교회가 흔들리고, 교회가 흔들리니 기독교 전체가 흔들립니다. 이런 구조 속에서는 신자가 세상에서 신자로 살기 어려운 것은 당연하지 싶습니다. 이러한 때에 다시금 목회자의 거룩하고 중요한 사역인 설교를 회복하고 신학을 회복할 필요가 있을 것 같습니다.

존 파이퍼는 자신의 책 『강해의 희열』을 마틴 로이드 존스에게 헌정하면서 그를 이렇게 표현하고 있습니다.

> 하나님의 말씀으로 장난치지 않은 마틴 로이드 존스에게[10]

설교자에 대한 최고의 예우가 아닐까 싶습니다. 파이퍼 목사가 이렇게 말하는 것 같습니다. "하나님의 말씀으로 장난치지 말아야 합니다. 하나님의 말씀으로 자기주장을 관철하려 하지 않아야 합니다. 하나님의 말씀으로 정치적 이슈를 포장하지 말아야 합니다. 설교자는 무엇보다 자신의 언어에 진정성이 있어야 합니다"라고 말이죠.

어떤 목사님을 처음 만났는데 "감사합니다"는 말을 하더군요.

'무엇을 내게 감사하지?'

순간 속으로 생각했던 적이 있습니다. 다른 목사님을 만났습니다. 그분도 "감사합니다" 하더군요. 처음 만나는 사람에게 감사하다는 말을 하는 게 보통 사람들의 언어에는 없습니다.

---

[10] 존 파이퍼, 『강해의 희열』, 윤종석 역 (두란노, 2019), 7.

그러면 목사들이 쓰는 이 언어는 뭘까요?

거룩한 언어인가요?

진정성을 담아야 합니다. 마음을 담아야 합니다.

그래야 그 말이 상대방의 가슴에 가닿지 않겠습니까?

언젠가 학교 졸업 사은회 때 졸업생들이 사전에 각 교수에게 가장 좋아하는 말씀을 받아서 멋진 캘리그라피로 말씀을 담아 액자로 만들어 주더군요. 교수들이 탄성을 질렀습니다. 제가 나눈 것은 로마서 말씀이었습니다.

우리가 살아도 주를 위하여 살고 죽어도 주를 위하여 죽나니 그러므로 사나 죽으나 우리가 주의 것이로다(롬 14:8).

한마디 할 수 있는 시간이 있어서 다음과 비슷한 말을 덧붙였습니다. "(아이돌 노래 가사를 패러디하면서) 교인인 듯 교인 아닌 교인 같은 교인이 있습니다. 성경은 이들을 '외식하는 자'라 부르고 누군가는 이들을 '종교인'이라 부릅니다. 교회인 듯 교회 아닌 교회 같은 교회가 있습니다. 누군가는 이 모임을 '거짓 공동체'라 부릅니다. 목사인 듯 목사 아닌 목사 같은 목사가 있습니다. 성경은 이들을 '삯꾼'이라 부릅니다."

우리는 어디에 있습니까?

이제는 예수님이 침 튀겨 가며 이야기하는 '복음의 본질'로 들어가야 하고 예수 그 자체로 돌아가야 합니다. 그러니 개인이든 공동체든 그 어떤 형태로든 예수의 이름으로 장사하지 말아야 합니다. 본질을 추구합시다. 그것 하며 살기에도 인생이 짧지 않나요. 요즘 '복음이면 충분'하다, '예수면 충분'하다는 말을 많이 하는데, 이 말을 기독교 이외의 것들을 배제하자는 쪽으로 무게 중심을 기울여 해석하면 곤란합니다. 본 의미는 복음과 예수 그리스도를 위해 자신의 '전 존재'를 걸고 살자는 말일 겁니다.

우리에게도 이러한 결단이 필요합니다. 비록 앞날이 밝지 않을지라도, 상황과 조건을 넘어서 역사하시는 하나님을 고백한다면, 그 어디나 하늘나라 아닌가요. 그런 삶의 고백을 우리 모두 하면 좋겠습니다.

성도들이 단순히 교회 '다니는' 것으로 구원받는 것이 아님을 가르치고 설교했다면, 이제는 삶의 자리에서 신앙 생활 한다는 것이 정말로 무엇을 의미하는지를, 삶의 자리에서 참신자의 삶을 사는 것이 바른 신앙임을 목회자가 반드시 가르쳐야 할 것입니다. 체험적 설교를 강조하는 퓨리턴리폼드신학교 총장인 조엘 비키는 설교자가 하나님의 심판대 앞에 설 때 하나님의 말씀을 어떻게 전했는지를 말씀드려야 하며 동시에 성도들의 영혼과 양심에 복음을 '생생하게' 전하려 하지 않았다면 '화'가 있을 것이라 직언합니다.[11] 더욱이 리처드 백스터가 말하는 것처럼, 영적인 의사로서 설교자가 잘못된 처방전을 내릴 때, "영혼의 살인자"[12]가 될 수 있다는 엄중한 경고를 기억해야 할 것입니다.

무엇보다 목사든 성도든 자기를 지우려는 마음의 노력을 해야 할 것 같습니다. 자기 마음속에 자기만 들어 있으면 하나님이 계실 공간이 없게 되죠. 하나님이 계시도록 하려면 자신을 채우고 있는 여러 가지 것을 지우는 연습을 해야 합니다. 헨리 나우웬은 수도원에 있으면서 하나님을 마음에 모시지 못하게 하는 예들을 다음과 같이 열거합니다.

> '바깥세상에 사는' 누군가가 기억해 주길 바라는 마음으로 우편함 근처를 서성거린다면, 친구들이 어떻게 생각할지 또는 생각을 해 주기는 하려는지 안달복달 궁금해한다면, 어떤 의미로든 공동체에서 탁월한 존재가 되려는 마음을 은근히 품고 있다면, 손님들이 이름을 들먹이며 찾아 주는 환상을 버리

---

11 조엘 비키, 『설교에 관하여』, 송동민 역 (복있는사람, 2019), 46.
12 비키, 『설교에 관하여』, 42.

지 않고 있다면, 원장이나 다른 수도사들이 특별한 관심을 보여 주길 기대한다면, 더 흥미로운 일과 자극적인 사건들을 끊임없이 추구한다면.[13]

우리는 수도원에 살지는 않지만 일상에서 이런 마음들을 가지고 살지는 않나요?

이런 것들이 우리의 마음을 채우고 있다면 우리는 그만큼 하나님과 거리를 두고 산다고 할 수 있을 것 같습니다. 그러니 누구보다 교회 안에서 사람들 앞에 서는 목회자가 자신을 지우는 연습을 해야 할 것입니다. 사람들이 바라보는 시선에 자신의 존재 가치를 느낄 것이 아니라 자신의 시선을 하나님을 향해 두어야 사람들의 시선이 없더라도 허망하지 않겠지요. 그것이 자신을 지우는 것이겠지요.

6. 교회 과제 3: 교단을 넘어 일치로 나아가는 신앙

성도들이 온라인 예배를 드리면서 자신이 매주 교회 가서 드리던 예배와는 다른 경험을 할 때도 있을 겁니다. 무슨 이야기인가 하면, 이런저런 이유로 다른 교회나 다른 교단의 예배를 경험할 때도 있을 겁니다. 예배는 시작되었는데 본인이 출석하는 교회의 온라인 시스템이 불안정하면 어쩔 수 없이 다른 교회를 검색해서 예배를 드립니다.

본인이 출석하는 교회가 아니라고 예배드리지 않아야 하는 것은 아니지요. 예배가 우선 중요하기 때문입니다. 그러다 보면, 이단을 제외한 경우, 그 교회가 어느 교단에 속한지도 모르거나 아니면 다른 교단인지 알아도 말씀을 들을 때가 있습니다.

---

[13] 나우웬, 『제네시 일기』, 90.

그런데 그렇게 다른 교단의 예배를 드리다 보니 그들의 예배와 자신이 속한 교회의 예배가 그렇게 다른 것이 없음을 보게 됩니다. 부르는 찬양도, 듣는 말씀 내용도, 예배 형식도 비슷한 것을 본다면 그런 질문을 하게 될 것 같습니다.

'비슷한데 왜 이렇게 많은 교단이 있지?'

'무슨 차이가 있지?'

그렇게 궁금한 것을 조금씩 알아 가다 보면 몇 가지 교리적인 부분에서만 차이가 있는데 교단이 나뉜 것도 알게 될 것입니다. 즉, 교단 간에 차이보다는 공통점이 더 많음도 알게 될 것입니다.

그런데 현실에서는 450여 개의 교단이 있다는 사실을 안다면 어떨까요?

사실 교인들은 자신들이 어느 교단에 속한지도 잘 모르는 경우가 많죠. 그리고 교단을 선택해서 가는 경우를 제외하면 장로교 가정에서 자란 이들은 대부분 장로교에서 신앙 생활을 하고 또 그렇게 장로교 목회자가 되죠. 타교단에 계신 분들도 거의 비슷할 겁니다. 이렇게 태생적으로 교단이 정해지다 보니 다른 교단을 모를 뿐만 아니라 다른 교단들의 좀 다른 신학을 때로는 이상한 눈으로 보기도 했지요. 하지만 정치적 이슈로 혹은 자그마한 교리 차이로 교단을 탈퇴하고 새로운 교단을 만드는 것을 너무도 쉽게 생각하는 관행을 이제는 벗어나야 할 것입니다. 만일 그렇지 않는다면 성도들은 주님의 말씀보다는 자신이 속한 교회와 교단의 교리만을 진리라 여기는 기형적 신앙 생활을 할지도 모르겠습니다.

이 분열의 죄과를 어떻게 감당할까요?

그런데 이제 성도들은 온라인 예배를 통해 다양한 예배를 경험하면서 교단들 사이에 별로 다를 것이 없음을 확인했으니 굳이 어느 특정 교단을 고집하지 않을 것 같기도 합니다. 예배도 자신에게 맞는 예배를 찾아가겠죠. 이상하게 볼 것이 아니라 다양한 예배를 드릴 수 있는 기회가 주어진다는 점에서 긍정적 현상이라고도 할 수 있을 것 같습니다. 그런 점에서 이제 앞으로 성도들은 교단을 넘어서 신앙 생활 할 것으로 예상이 됩니다. 이렇게 다양한 예배를 경험하다 보면 다양성 속에서 서로를 조금씩 인정하는 흐름이 형성될지도 모르겠습니다. 그것이 교회 일치와 연합 운동의 시작이 아닐까 생각해 봅니다. 분열된 교단이 코로나19를 통해 일치를 추구하는 쪽으로 나아간다면 역사적 아이러니 속에 숨어 있는 하나님의 역사하심이 분명 있을 거라 여겨집니다.

이제 개교회들은 교단은 다를지라도 서로 삼위일체 하나님을 고백한다는 공통분모가 있으니 서로를 인정하고 도울 수 있어야 합니다. 돕는다는 것은 사랑한다는 것입니다. 자기 교회만 살겠다는 이기심은 예수님이 주신 "서로 사랑하라"(요 13:34)는 새 계명을 지키지 않는 것일 겁니다. 그렇다면 '사랑하는 모습에 제자인 줄 알 것'이라 예수님이 말씀하셨으니(요 13:35) 서로 돕고 사랑하지 않으면 '제자'가 아닌 것이 되겠지요. 개교회가 속한 교단뿐만 아니라 타교단과도 공존할 수 있어야 할 것입니다.

개교회를 넘어, 교단을 넘어 신앙 생활 한다면, 이제 교회 일치 운동인 에큐메니컬 운동에 대한 보다 구체적이고 공개적인 담론을 펼쳐야 할 것입니다. 우리는 니케아-콘스탄티노플 신앙 고백의 4가지 교회 표식으로 고백하는 "나는 하나의, 거룩한, 보편적, 사도적 교회를 믿습니다"를 정말로 진지하게 고백해야 할 것입니다. 그렇다면 이 네 가지 표식이 정말로 한국교회에 적용되고 있는지 질문해야 합니다.

정말로 한국교회는 분열이 아닌 하나를 지향하고 있는가, 정말로 한국교회는 그리스도를 삶으로 따르는 거룩한 공동체가 되고자 하는가, 정말로 개교회에 고립되지 않고 보편적 과제를 수행하고 있는가, 정말로 그리스도를 실제로 따랐던 사도들의 삶처럼 사도적 증인의 삶을 살고 있는가 하는 질문 말이죠.

7. 교회 과제 4: 가정이 교회 되기

코로나19 이후 사회는 어떤 의미에서 '원시 공산 사회'로 회귀할 수도 있을 것 같습니다. 거창하게 표현했지만, 실은 가족 중심의 자급자족 사회 유형을 의미합니다. 물론 모든 것을 가족 안에서 마련할 수 없습니다. 하지만 가정에서 거의 모든 것을 온라인으로 해야 하는 시대가 되었으니 가정이 절대적으로 중요하게 될 것입니다. 직장 일도 가정에서 하는 경우가 많습니다. 아이들은 집에서 온라인으로 수업합니다. 대학에 들어가면서 타주(他州)로 가던 아이들도 온라인으로 수업을 하고 학교 기숙사도 오픈하지 않으니 집에서 지내게 됩니다. 가정에서 일하고, 공부하고, 놀기도 해야 하니, 그만큼 가정이 중요한 공간이 된 것이 사실이지요.

코로나19가 오면서 예배도 가정에서 온라인으로 드립니다. 그러나 만일 온라인 예배마저 힘들게 된다면 남는 건 가정 예배입니다. 그런 의미에서 가정이 교회가 되어야 합니다. 보통 자녀들의 신앙은 교회에 맡겼죠. 주일날 교회 보내고 주중에 성경 공부가 있으면 교회에 보내면서 자녀들의 신앙을 어떤 의미로 교회에 위탁해 온 것이죠. 그러나 지금 물론 출석하는 교회에서 목회자들이 SNS를 통해 자녀들을 열심히 양육하지만 아무래도 부족한 점이 있을 겁니다. 그런 부분을 가정에서 부모들이 채워 주어야 합니다. 그렇게 하기 위해 부모가 더욱더 말씀을 읽고 신앙의 모범을 보여야 할 것입니다. 아이들의 신앙을 부모가 책임진다는 마음으로 말이죠.

2018년 1월 초부터 가정 예배를 드리기 시작했습니다. 물론 그 전에 아내와 함께 예배를 드린 적이 있었지만, 하나님의 말씀이 어느 순간 '양질 전환의 법칙'이 적용되면서, 제 잔소리가 첨가되더군요. '말씀의 잔소리화' 내지는 '잔소리의 말씀화' 말이죠. 그러니 예배가 지속이 안 된 것은 당연했겠죠. 그러다가 아이들과 함께, 매주 금요일, 토요일, 주일(때론 겨울 방학에는 매일) 온 가족이 한 테이블에 앉아서 말씀을 읽기 시작했습니다.

사도행전을 시작으로 해서 출애굽기, 창세기, 요한복음, 베드로전서, 베드로후서, 여호수아, 사무엘상, 사무엘하, 열왕기상, 열왕기하, 다니엘, 요나, 히브리서, 야고보서, 에스라, 느헤미야, 에스더, 고린도전서, 고린도후서, 사사기, 마태복음, 잠언을 읽고 있습니다. 코로나19 이후 의도적으로 읽은 본문은 에스라, 느헤미야, 에스더입니다. 교회도 가지 못하고 격리된 채로 있는 모습이 마치 바벨론 포로기를 살아가는 유다 민족의 이야기 같아서 말입니다.

가정 예배 방법은 본문 한 장을 같이 읽습니다. 아이들이 한국말이 서툴다 보니 영어로 돌아가며 읽습니다. 이후 제가 한국말로 설명하며 중간중간 아이들이 이해하기 어려운 것이 있으면 영어로 조금 합니다. 그런 다음 한 명씩 마음에 닿는 말씀을 나눕니다. 아이들은 주로 영어로 하고 아내와 저는 주로 한국말로 하는데도 의사소통이 되지요. 이건 대부분의 이민 가정에서 일어나는 놀라운 현상일 겁니다. 한 가족 안에 언어로 인한 다양성이 형성됩니다. 이민 교회 안에 영어 목회(English Ministry, EM)와 한국어 목회(Korean Ministry, KM)가 하나로 통합된 유형이죠. 또 부모 자녀 연합예배가 이루어지니 세대 간 통합예배 유형입니다. 이 모델을 코로나19 이후 한국교회에 적용하지 못하라는 법은 없는 것 같습니다.

가정 예배의 유익도 다양합니다. 가정 예배를 통해 무엇보다 아이들과 이야기하는 시간이 많아지니 아이들이 무엇을 고민하는지 어떤 것에 관심을 두고 사는지 알게 되더군요. 공부 잘하는 것은 바라지도 않습니다. 다만 하나님의 말씀 안에서 밝고 건강하게만 자라기를 소망하지요. 언젠가는 아들이 자신의 일상에서 얻은 소중한 경험들을 나누더군요. 학교에서 믿지 않은 친구 한 명이 처음으로 자기에게 와서 기도해 달라고 했다는 것이에요. 아들이 그 친구한테 교회 가자거나 예수님에 대해 이야기하지도 않았는데 아들이 크리스천 클럽에서 활동하는 모습을 보고 그렇게 기도 부탁을 해 왔던 것입니다. 또 자살까지 시도했던 친구가 수련회에서 자신의 삶을 나누는 것을 아들이 들어 주었다는 것입니다. 그 이야기를 하면서 아들이 웁니다. 아이들에게서 배웁니다.

말씀을 나누다 보면 신학 토론도 벌어집니다. 아이들의 질문이 날카로울 때가 있습니다. 신정론에 관한 질문, 신앙과 과학에 관한 질문, 신 존재에 대한 질문, 정치 사회에 관한 질문, 교회론에 대한 질문 등 다양합니다.

이런 질문을 아이들은 하는데 부모가 얼마만큼 대답할 준비가 되어 있을까요?

그리고 교회학교도 아이들과 이런 토론을 나눌 수 있는 장을 마련하면 좋겠습니다. 아이들의 질문에 부모나 교회가 제대로 답해 주지 못하면 아이들은 고등학교 때까지 마지못해 교회에 가 주지만 대학 가서는 부모를 떠남과 동시에 교회를 떠나게 되는 경우가 많습니다. 이런 것을 미연에 방지하기 위해서라도 아이들과 솔직한 신앙과 신학 토론을 할 수 있어야 할 것입니다.

때로는 가정 분위기가 냉랭할 때가 있습니다. 그러면 서로 마주 앉고 싶지 않을 때가 있지요. 하지만 서로 정한 시간이니 그 시간이면 얼굴을 마주 보며 앉습니다. 그러다 보면 냉랭한 것도 풀리더군요. 아이들이 나중에 커서 마주하고 싶지 않은 이들이 있을 때 어떻게 극복하는지도 가정에서 먼저 배우게 되지 않을까요. 가정 예배, 여러모로 좋습니다. 이렇게라도 해야지요.

가정이 없으면 이제 자기 자신이 예배자가 되어야 합니다. 교회에서 예배가 없더라도, 온라인 예배를 드리지 못하더라도, 가정이 없더라도, 자신이 예배자가 되어야 합니다.

8. 교회 과제 5: 성육신적 선교

앞에서 '교회와 세상'을 이분법적으로 보지 말고 교회 건물에 갇히지 않은 신앙 생활을 하자고 제안했습니다. 그 선상에서 보자면 선교도 자연스럽게 이해될 수 있을 것 같습니다. 선교는 우리의 신앙의 언어를 함부로 믿지 않은 이들에게 강압적으로 전하는 것이 아닐 것입니다. 게리 채프먼의 유명한 『5가지 사랑의 언어』라는 책을 잘 아실 겁니다. 부부 사이를 진단하는 상담 책입니다. 아무리 자신이 사랑하는 사람에게 아름다운 말로 달콤한 말로 고백해도 상대방이 그 말을 이해하지 못하면 그만이라고 합니다. 그러면서 자신의 제1언어로 말할 것이 아니라 상대방의 제1언어를 배워 그 언어로 사랑을 고백해야 상대방이 이해할 수 있고 받아들일 수 있다는 것이지요.[14] 저는 이것을 기독교 변증학의 핵심적인 방법적 도구라 생각합니다.

이제는 교회에서만 통용되는 언어를 세상에 그대로 이식할 것이 아니라 세상의 언어를 배워야 합니다. 그 언어를 사용해서 그들과 공공의 자리에서 이야기해 보면 좋겠습니다. 이곳 LA 한인 마켓에서 파는 식품 포장지를 보니 한글, 한문, 영어, 불어가 자리하고 있습니다.

음식 하나 파는데도 이렇게 소비자의 시선을 잡아 보려고 상품 이름을 번역한다면, 복음을 전하기 위해서는 이보다 더한 노력을 해야 하지 않겠습니까?

세상 사람들과 우리 그리스도인은 인간이기에 공통의 언어를 지니고 있습니다. 그 공통 언어를 사용해 그들과 대화해야 합니다. 그들이 무슨 언어를 쓰는지, 무슨 고민을 하는지를 파악해서 그들과 우리의 공통 언어로 기독교의 언어를 번역할 수 있어야 할 것입니다. 이러한 사고와 시도를 하

---

14 게리 채프먼, 『5가지 사랑의 언어』, 장동숙 역 (생명의말씀사, 2003) 참조.

지 않고 여전히 교회 언어를 그들에게 주입만 하고자 한다면 기독교는 점점 더 세상에 설 자리가 없을 겁니다.

무엇인지 몰라 보이지 않는 상품을 누가 살 것이며 들리지 않는 복음을 누가 듣겠습니까?

어느 신학자는, '성육신' 자체가 하나님이 인간으로 '번역'되었다고 하더군요. 공감합니다. 하나님이 인간으로 번역되지 인간이 하나님으로 번역될 수 없습니다. 하나님이 세계를 사랑하셨기에 하나님 자신을 인간으로 번역시킨 것이지요. 이것을 우리는 '은혜'라 합니다. 기독교가 세상을 사랑한다면, 세상을 예수 그리스도의 십자가로 변화시키기를 원한다면, 신앙의 언어뿐만 아니라 우리 스스로를 번역해야 할 것입니다. 이러한 번역을 '변질이다', '타락이다', '혼합이다' 하지 않기를 바랍니다.

언제까지 그렇게 세상과 담쌓고 살아가는 순수만 고집하시겠습니까? 그리고 그것이 정말로 순수인가요?

세상으로 나가 복음을 증거할 때 선교하는 주체의 마음도 중요한 것 같습니다. 믿지 않는 이들을 강권하여 주의 집을 채우려는 목적이 아니라 '잃어버린 한 마리 양'을 찾아서 그들의 아픔이 무엇인지 들어 주고 공감해 주는 그 마음이 필요하지 싶습니다. 말씀만 전한다고 듣는 것이 아니지요. 수많은 방송 매체로 전한다고 믿지 않은 이가 듣는 것이 아닐 것입니다. 복음을 듣지 못했다는 핑계를 무마시키기 위해 복음을 증거하는 것이 아닐 것입니다. 그렇다면 그들이 복음을 듣도록 해 주어야 합니다. 이것이 바울이 말한 "그런즉 그들이 믿지 아니하는 이를 어찌 부르리요 듣지도 못한 이를 어찌 믿으리요 전파하는 자가 없이 어찌 들으리요"(롬 10:14)의 본래적 의미일 겁니다.

믿지 않는 이들을 찾아가 복음이 들리도록 전파하지 않는데 그들이 어찌 듣겠습니까?

복음이 들리지 않는데 어찌 믿겠습니까?

이제는 전도나 선교가 믿지 않은 이들이 듣든지 아니 듣든지 선포하는 자기 만족적 선교로는 선교적 사명을 감당했다고 말하기 어려울 것입니다.

믿지 않은 이들과 친구라도 되어 보면 좋겠습니다.

그들이 무엇을 원하는지, 그들이 기독교에 대해 어떤 언어를 쓰는지, 교회에 대해 어떻게 평가하는지, 들어봐야 하지 않겠습니까?

이러한 기회가 코로나19를 통해 예기치 않게 열렸다고 생각합니다. 어떠한 방법을 써서라도, 요즘 말로 오프라인과 온라인(off and online)을 합쳐 '올라인'(All-line)을 사용해서, 세상과 소통해야 합니다. 유튜브나 카톡이나 페이스북을 통해 세상과 접속해야 합니다. 영어 자막을 넣으면 전 세계와도 소통할 수 있습니다.

교회와 세상의 경계선이 흐려졌으니 이제는 세계가 우리 개교회의 교구가 될 수 있습니다. 선교의 범위가 확연히 넓어졌고 그 방식이 직접적일 수 있으니 매우 긍정적이라 할 수 있을 겁니다.

프로스트와 허쉬는 교인들이 교회 들어갈 때 "이곳은 하나님의 집이니 경외감과 정숙함으로 들어갈지니라"라는 문구를 본다고 합니다. 그들은 이 문구 자체를 비판할 것은 없지만 이 문구가 하나님이 '오직 여기에만' 계신다는 메시지를 준다고 합니다.[15]

다르게 좀 생각해 보면 어떨까요?

교회에 붙은 그 문구는 맞는 말이기에 그대로 두고, 교인들이 예배를 마치고 세상으로 나갈 때, 이런 문구를 제시하면 어떨까요?

세상은 삼위일체 하나님이 창조하신 곳이며 보시기에 좋았다고 하신 곳이니 매일매일 하나님의 말씀을 살아 낼지니라.

---

15 프로스트, 허쉬, 『새로운 교회가 온다』, 136.

교회 안팎에서 하나님을 중심에 두고 예배드리며 살아가는 것이야말로 교회와 세상을 분리해서 살아가는 신앙의 간극을 극복할 수 있는 중요한 길이 되지 않을까 생각합니다. 그것이 또한 선교이겠지요.

이제까지 데려오기를 힘썼지만 그래도 되지 않았다면 이제는 방법을 좀 바꾸어야 합니다. 불신자들을 그들의 문화에서 '끄집어내는'(extrational) 혹은 교회로 '끌어모으는'(attractional)[16] 기독교 세계(Christendom) 시기의 교회 전도는 21세기에, 특히 코로나19 이후에는 효력이 약화될 것으로 추측됩니다. 끌어모아도 오지 않을 것 같습니다. 그렇다면 교회가 나가는 수밖에 없습니다. 선교적 교회의 성육신적 방법은 세상으로 가는 것입니다. 그런데 우리에게는 구체적인 방안이 별로 없는 듯합니다. 그래서 프로스트는 "만약 교회가 세상 속에서 하나님을 만날 수 있는 장소를 수많은 비그리스도인들이 다가갈 수도 없고 참여할 생각도 없는 특정 시간과 장소에 제한해 버린다면 그것은 복음을 확실하게 방해하는 것"[17]이라 합니다.

핵심은 교회가 세상을 향해 오라고만 하지 말고 교회가 그들을 찾아가야 합니다. 구체적 방법은 신학자와 목회자가 머리를 맞대고 찾아내야 할 것입니다. 어떤 드라마에 엄마가 아들에게 "가자 어디로든" 하더군요. 이 말은 사실 슬픈 말입니다. 선교사들이 부득이한 경우 다음 행선지가 정해지지 않은 채 선교지를 떠날 때, 목회자들이 또 그렇게 목회지를 떠날 때, 사업이 망한 어느 가정의 가장이 식구들을 데리고 살던 집을 떠날 때, 그렇게 말하는 경우가 있습니다. 코로나19 이후 우리는 이런 마음으로 살아야 합니다. 어디로든 가자고 말입니다. 정해진 곳이 없어도 가야 합니다. 어느 방향으로 시대가 갈지 모르지만 어디로든 가야 합니다.

---

16 프로스트, 허쉬, 『새로운 교회가 온다』, 399. 프로스트와 허쉬는 '성육신적 선교'의 4가지 목표를 제시한다. '진정한 연결, 진정한 보여 줌, 진정한 다가감, 진정한 만남'이 그것이다. 140-143.

17 프로스트, 허쉬, 『새로운 교회가 온다』, 86.

9. 교회의 과제 6: 교회 다시 회복하기

산책하는 동네에 이런 팻말이 있습니다.

> DRIVE LIKE YOUR KIDS LIVE HERE
> (당신의 아이들이 여기 산다고 생각하고 운전하십시오)

이 문구의 핵심은 '조심히 운전하세요'일 겁니다. 그러나 때로는 부차적이거나 숨겨진 이면의 표현이 더 깊은 메시지를 줄 때가 있습니다. 이 팻말은 '여기서뿐만 아니라 어디서나 당신의 자녀가 산다는 생각으로 조심히 운전하세요'라는 의미를 전해 주는 듯합니다.

이 말을 교회에 가지 못하거나 가는 것이 제한적인 코로나19 상황에 적용해 보면 다음과 같이 말할 수 있을 것 같습니다.

'교회에서 신앙 생활하는 것처럼 여러분의 삶에서 신앙 생활 하십시오. 그리고 더 나아가 여러분이 가는 곳 어디서든지 참그리스도인으로 사십시오.'

우리는 우리의 삶의 터전에서 참그리스도인으로 살아야 합니다. 그러나 이렇게 사는 것이 쉽지 않음을 우리 모두가 알지요. 수시로 넘어집니다. 그러니 당연히 우리 자신의 신앙을 잡아 줄 공동체가 있어야 합니다. 이는 우리가 본질상 공동체를 지향하는 관계적 존재이기에 그렇습니다.

또한, 약한 인간인지라 공동체와 떨어져 있으면 쉽게 무너지고 게을러지기 때문에 교회가 필요합니다.

당장 온라인으로 예배드릴 때 주일날 교회 가듯 준비하지 않은 경우가 있지 않습니까?

그러니 어느 트로트 노래 가사를 이렇게 바꾸어 보면 어떨까요. '목사도 성도도 꽃이랍니다 혼자 두지 말아요.' 혼자 신앙 생활하는 것이 아니라 교회 공동체 속에서 함께 신앙 생활해야 하는 이유가 여기 있지 싶습니다.

우리는 암몬 사람 도비야가 유다 사람들이 바벨론 포로 후 예루살렘으로 돌아와 성벽을 재건할 때 말했던 "그들이 건축하는 돌 성벽은 여우가 올라가도 곧 무너지리라"(느 4:3)라는 조롱에 어떻게 반응해야 할까요?

한국교회를 이렇게 두면 무너지지 않으리라는 보장은 없을 것 같습니다. 모여야 합니다. 그리고 다시금 모일 날이 있겠지요. 바벨론에 포로로 잡혀갔다 돌아온 이들의 마음가짐이 달랐던 것처럼, 코로나19로 인해 흩어졌다 모인 교인들은 분명 이전 모습과 다를 것입니다. 마음가짐도, 교회를 바라보는 관점도, 세상을 바라보는 관점도 말이죠. '교회가 정말로 소중한 곳이구나' 하는 생각과 함께 '세상도 무시하고 외면할 곳이 아니라 하나님이 창조하신 곳'이기에 잘 가꾸어 가야 할 공간임을 깨달았으니 말입니다.

교회를 다시 회복해야 합니다. 여우가 아닌 코끼리가 올라가서 흔들어도 든든히 설 수 있도록 교회를 회복해야 합니다. 조롱에 맞서는 방법은 조롱이 아닙니다. 그 조롱이 틀렸다는 것을 보여 주기만 하면 됩니다. 든든히 서 있으면 되는 것이지요. 그러기 위해서라도 교회가 세상과 막역한 사이가 되어야 합니다.

그래야 세상에 무슨 목소리라도 낼 수 있지 않겠습니까?

교회의 목소리를 세상이 듣지 않으려 한다면, 세상에 대한 교회의 자세를 고쳐야 할 것입니다. 그래야 세상이 들으려 하겠지요.

최근에 미국 경찰들이 한쪽 무릎을 꿇는 모습을 보셨을 겁니다. 저는 어떤 설명 없이 사진으로만 그 모습을 처음 보았을 때 어떤 거룩한 의식을 치르는 줄 알았습니다. 그런데 알고 봤더니 그 자세는 용서를 구하는 측면과 시민들과 함께하겠다는 연대의 의미를 지니는 몸짓이라 하더군요. 무릎 꿇는 문화가 없는 그들에게 그 정도 자세만으로 상당히 낮아진 모습이라는 것이죠. 그런데 그 모습을 보면서 이들은 우리 한국인들에게 무릎 꿇는 문화를 배워야겠구나 하는 생각을 했습니다. 진정으로 용서를 구하고 함께하고자 하는 마음이라면 두 무릎을 꿇어야죠. 상징은 의미를 동반하기 때문입니다. 한쪽 무릎 꿇으며 여전히 폼 나게 자신을 포장하는 용서 구함이 아니라 두 무릎을 꿇어 시민들의 마음을 얻어야 할 것입니다.

우리 교회가 세상에 보여야 하는 자세는 진정으로 무릎 꿇는 모습이어야 합니다. 물론 정치인들이나 종교인들이 무릎 꿇는 이벤트를 하긴 합니다만 진정성이 있으면 좋겠습니다. 교회가 무슨 잘못을 했냐고요? 세상의 마음을 얻기 위해서 그리고 세상을 바르게 인도하지 못했음을 시인하는 차원에서 무릎 꿇을 필요가 있을 것 같습니다. 개혁교회 전통 안에 '행하지 않은 죄'가 분명히 있기 때문입니다.

<슬기로운 의사 생활> 제10회에 나온 에피소드입니다. 의사는 환자에게 관장을 하라 하고 환자는 하기 싫다고 합니다. 그러자 전공의가 어떻게 해야 하는지 다른 의사에게 조언을 구합니다.

관장 안 하면 위험한데 "그냥 냅둬요?"

하니, 그 의사가 "환자 죽일거야?

당장가서 환자 관장해 새끼야"하며 심한 말을 합니다. 그러고는 "니가 갖고 있는 모든 어휘력, IQ, EQ, 초능력 다 동원해서 환자 설득해서 관장해. 의사가 환자 포기하면 그날로 의사는 끝이야." 합니다. 환자가 싫다고 거부해도 의사는 환자를 살려야 하는 의무가 있는 것이지요. 목사가 성도를 포기하면 그날로 목사는 끝인 것과 같습니다. 신학교 교수가 학생을 포기하면 그날로 교수는 끝인 것과 같습니다. 우리에게 주어진 사명을 포기하면 그날로 우리 인생은 끝인 것으로 봐야 합니다.

그런데 결국 그 환자가 관장을 했습니다. '어떻게 했냐'고 동료들이 물으니 '아무리 생각해도 아이디어가 떠오르지 않아서 무릎 꿇고 빌었다' 합니다. '자신이 짤릴 수 있으니 봐 달라고 하면서' 말이죠. 때로는 환자는 의사가 사용하는 권력형 언어보다 마음을 사로잡는 진정성 있는 태도에 설득당할 때가 있는 것 같습니다. 교회가 세상과 만나야 할 태도를 보여 주는 듯합니다.

미국 신학의 아버지라 할 수 있는 조너선 에드워즈가 이렇게 말합니다.

행하지 않음으로써 짓는 죄 또는 태만의 죄 역시 행함으로써 짓는 죄만큼 하나님의 명령을 어기는 것이다. 마태복음 25장에서 그리스도는 왼편에 있는 사람들이 태만의 죄 때문에 정죄 받아 영원한 불로 들어가도록 저주를 받는다.

에드워즈는 도둑, 포악자, 사기꾼, 술주정뱅이, 중상하는 자, 거짓말쟁이가 아니라 해서 그 사람이 "그리스도인의 삶을 살고 있다고 말해서는 안 된다"고 합니다. "복음에 합당한 삶"을 살기 위해서는 헌신적이고, 겸손하고, 화평하고, 사랑이 많으며, "다른 사람을 유익하게 하는 삶을 살아야 한다"고 합니다. 이런 것이 없으면 "그리스도의 법을 순종하지 않는 것'이라 합니다.[18]

마태복음 25장의 이 본문은 민중 신학, 해방 신학, 흑인 신학만이 인용하는 본문이 아니라 성경 말씀이기에 그 어떤 신학이라도 수용해야 하는 본문일 것입니다. 에드워즈의 말을 지금 상황으로 풀면 우리가 이 세상에 정의와 평화와 약자와 창조 질서(생태) 문제에 관심을 두지 않으면 참된 그리스도인의 삶을 사는 것이 아니라는 말로도 해석할 수 있을 것 같습니다. 교회가 세상과 만나기 위해 이 일부터 해야 합니다. 교회가 세상에 행한 태만의 죄가 있음을 고백하며 세상으로 나간다면 세상이 그래도 교회의 목소리를 좀 듣지 않겠습니까.

---

18 조너선 에드워즈, 『신앙감정론』, 존 스미스 편집, 정성욱 역 (부흥과개혁사, 2005), 544.

10. 뉴 노멀 시대 뉴 크리스천 되기

　요즘 많이들 '뉴 노멀'(new normal) 시대가 되었다고 합니다. 코로나19로 인해 새로운 현상이 '일상'이 되어 버린 것입니다. 즉 세상이 바뀌어 간다는 의미입니다. 사람이 좋아하는 취향에도 변화가 있습니다. 내 경우는, 마시면 속이 시커멓게 물들어 버릴 것 같은 블랙커피를 이제는 다 마십니다. 변했나 봅니다. 익숙해졌나 봅니다.

　인생의 쓴맛도 살아가다 보면 익숙해지겠지요. 끼니때 밥 아닌 피자와 스파게티와 햄버거를 먹어도 밥 생각이 전혀 나지 않다니, 변했나 봅니다. 체중 관리를 하느라 저녁을 먹지 않아도 내가 여전히 이 땅 가운데 숨 쉬고 살아가다니, 변했나 봅니다. 자동차 이름과 자동차 회사명에 관심이 없어 무엇이 차 이름인지 무엇이 차를 만든 회사 이름인지 구분도 못 한 내가 운전하고 다니다니, 변했나 봅니다.

　클래식 음악을 들으면 몸이 아픈 것 같았던 내가 이제는 FM 91.5 채널로 손이 가다니, 변했나 봅니다. 사람은 그렇게 변하는 자신을 받아들이며 살아갑니다.

　코로나19로 인해 세상은 급박하게 변해 가고 있습니다. 그리고 그 변화가 이제 일상이 되어 버렸습니다. 뉴 노멀 시대에 서두에서 언급한 것처럼, 대면보다는 비대면으로 일상을 살아갑니다. 그렇다면 '올드 노멀'이 진짜 노멀이고 '뉴 노멀'은 일시적 현상이라고 말할 수 없을 것 같습니다. 그 말은 '뉴 노멀'이 지속될 것이라는 이야기입니다. 이러한 뉴 노멀 시대에 우리 기독교도 새로운 모습으로 거듭나야 할 것입니다.

　선교학자인 레슬리 뉴비긴의 말처럼 "복음은 변함이 없습니다만 세상은 변하고 있으니" 그 복음을 전하는 방식도 변해야 할 것입니다.[19] 바뀐 상

---

[19] 레슬리 뉴비긴, 『변화하는 세상 변함없는 복음』, 폴 웨스턴 편집, 홍병룡 역 (아바서원, 2014) 참조.

황에 복음의 형식이 발맞추어 가야 하는데 복음이 바뀌면 안 되죠.

그런데 그동안 교회가 사실 어떤 의미에서 반대로 성도들의 형편에 따라 복음을 변질시키지 않았나요?

그들의 삶이 부하여 기쁨과 평안의 설교만을 원하면 십자가와 진정한 복음 이야기보다는 번영 신학이라는 이름으로 복과 긍정적 삶의 태도를 더 강조했습니다. 이것은 어떤 의미에서 철저한 복음의 왜곡일 것입니다.

복음의 본질을 붙잡아야 합니다. 그리고 뉴 노멀 사회에서 교회와 우리는 '뉴 처치'(new church)와 '뉴 크리스천'(new christian)이 되어야 합니다. 그렇지 않은 이상 우리는 늘 언제나 옛날만 그리워하는 '꼰대 교회'가 될지도 모르겠습니다. '나 때'만 이야기하는 '라떼 크리스천'이 될지도 모르겠습니다. 그러나 여기서 '뉴'(new)는 변하는 시대에 카멜레온처럼 약삭빠르게 대처하는 그런 이미지가 아니라, 어떤 시대가 되었다 하더라도, 삼위일체 하나님을 고백하고 복음대로 살고자 하는 진짜 그리스도인을 의미할 것입니다.

이것이 바울이 말한 "새로운 피조물"(고후 5:17)이 아니겠습니까?

코로나19 이후 이제 교회든 성도든 자신이 새로운 피조물인지, 진짜인지를 스스로 고민하고 답해야 합니다. 그동안 예배당 출석으로 성도인지 아닌지가 구분되었다면 이제는 정말로 자신의 삶에서 삼위일체 하나님을 신실하게 믿고 그분의 말씀 따라 사는 자가 '진짜' 그리스도인이고 '새로운' 그리스도인일 겁니다. 바울도 고린도교회 교인들에게 "너희는 믿음 안에 있는가 너희 자신을 시험하고 너희 자신을 확증하라"(고후 13:5)고 권면합니다. 우리 스스로 정말로 주님께서 말씀하시는 믿음 안에 있는지 질문하고, 만일 우리 자신이 정말로 그러하다면, 그것을 입증해야 할 것입니다. 단순히 믿고 안 믿고의 문제는 아닌 것 같습니다. 그 믿음 대로 사는지를 스스로 확증해야 할 것입니다.

이렇게 자신의 정체성을 돌아보며 어떤 상황에서도 주님 믿으며 살아가기로 다짐하는 진짜 '남은 자'들이 있는 한 기독교와 교회는 희망이 있습니다.

나는 유수된 사람들이 희망을 먹고 산다는 것을 안다(아이스킬로스).[20]

코로나19라는 전 지구적 억압적(?) 상황에 유수된 자들로 살아가면서 우리 교회에 필요한 것은 '희망'입니다. 다시금 우리의 가슴을 뛰게 하고, 교회의 십자가 불을 밝히고, 교회 문을 열고, 서로를 맞을 준비를 하는 그런 희망을 갖고 살 필요가 있습니다.

하나님은 교회와 더불어 세상을 회복하시기를 원하십니다. 그리고 하나님은 그렇게 하실 수 있으시다고 믿습니다. 그런데 여기서도 하나님은 우리를 동역자로 사용하실 것입니다. 우리는 하나님의 동역자로 쓰임 받아야 하는데, 바울의 고백을 엮어 보면 '바울은 심고 아볼로는 물을 주었으되, 하나님이 자라게' 하셨습니다. 심는 이나 물 주는 이는 그러나 아무것도 아님을 고백합니다(고전 3:7). 하지만 그렇다고 아무것도 아닌 것이 진짜 아무것도 아닌 것이 아니지요. 바울은 자신과 아볼로를 "하나님의 동역자들"(고전 3:9)이라 합니다. 아무것도 아닌데 하나님의 동역자이죠. 우리도 '아무것도 아닌 하나님의 동역자'이니 교회와 우리가 살아가는 세상을 회복하는 일에 동역해야 할 것입니다.

예수님은 우리가 세상에 살아갈 때 소금과 빛이 되라 말씀하십니다(마 5:13-14). 빛과 소금은 우리 그리스도인의 존재론적이며 실천적 상징입니다. 그러니 우리는 세상에 빛과 소금이 되어야 합니다.

그런데 어떻게 빛을 비추며 어떻게 짠맛을 낼 수 있을까요?

세상 사람들에게 교회에 오라 해서 주보 나눠 주듯이 빛과 소금을 조금씩 나눠 주면 될까요?

그렇게 할 것이 아니라 그리스도인이 세상으로 나가서 빛과 소금으로 살아야 할 것입니다.

---

[20] 마이클 프로스트, 『위험한 교회』, 이대헌 역 (SFC, 2009), 12 재인용.

무엇이 더 세상을 밝게 할까요?

교회에 오는 숫자는 한정되어 있습니다. 하지만 빛과 소금인 우리가, 교회가, 세상에 나가면 교회에 오는 이보다 더 많은 사람을 만날 수 있습니다. 그래서 거기서 빛과 소금으로 살아가면 훨씬 더 세상은 밝아지고 훨씬 더 세상은 싱싱해질 것입니다. 이 상상이 현실이 되기를 소망합니다.

시인 기형도는 <나리 나리 개나리>라는 시에서 "봄은 살아 있지 않은 것은 묻지 않는다"[21] 했습니다. 살아 있어야 합니다. 한국교회가 살아 있기를 소망합니다. 코로나19라는 겨울을 살아 내어 다시 오는 봄에 꽃 피어 서로 안부를 물을 수 있기를 소망합니다. 꽃 이야기 하니 갑자기 궁금하네요.

꽃은 왜 자신의 줄기 혹은 가지 끝에 필까요?

조금은 안정적인 중간에 꽃 피지 않고 가장 많이 흔들리는 끝에 피는 이유가 무엇일까요?

잘은 모르겠지만, 꽃이 그렇게 말하는 듯합니다.

'바람아 아무리 불고 흔들어 봐라. 나는 네가 가장 많이 흔드는 곳에서 내 꽃 피운다.'

가장 많이 흔들리는 지점에 꽃이 피는 것은 꽃의 담대함이자 역설적으로 꽃의 아름다움일 겁니다.

코로나19로 인해 세상도 교회도 흔들립니다. 그러나 교회는 중심을 잡아야지요. 꽃처럼 담대해야지요. 그리고 아무리 흔들려도 꽃 피워야지요. 이 기간이 지나면 교회도 다시금 꽃 필 날이 올 것입니다. 허술한 신앙이 이단이 활동하는 계기가 되게 할 수 있으니, 하나님 말씀에 굳건히 서서 단단하게 무장하고, 예수 십자가 바라보며, 성령의 도우심을 간구하며, 세상 속에서 하나님 나라를 이루어 가는 그런 그리스도인, 그런 교회 되기를 소망합니다.

---

21 기형도, 「입 속의 검은 잎」(문학과지성사, 1989), 88.

Faith, Church and Life
in Covid-19

나가는 말

　기회를 잘 잡는 사람이 있습니다. 기회라고 하는 것은 어느 특정인에게만 주어지는 것은 아닐 것입니다. 유독 그런 기회를 잘 포착하여 자기 것으로 만드는 사람이 있습니다. 현실에 민감한 이들일 겁니다. 부정적으로만 볼 것은 아닌 것 같습니다. 그런 기회를 잡으려면 그만큼 민감하고 그만큼 갈급해야 발빨게 기회를 기회로 잡을 것입니다.
　코로나19로 인해 세상이 재편되는 과정에서 발빨게 대처하는 이들이 있습니다. 위기라고 하지만 누군가에게는 기회입니다. 준비된 자에게는 위기가 기회이지요. 단순히 위기를 위기로만 여기고 코로나19 이전으로 돌아가기만을 바라는 것은 정말 현실을 제대로 이해하지 못하는 것이라 할 수 있을 것 같습니다. 성공을 위해 그렇게 대처하는 것이 아니라 살기 위해 그렇게 해야 할 것입니다. 그리고 묵묵히 현실을 견디며 살아가는 진득함도 있어야 할 것입니다. 세상 변화에는 민감하게 대처해야 하지만 자신의 인생 목적에 대해서는 견결하게 밀고 나가는 한결같은 뚝심이 필요한 것 같습니다.
　교회도 마찬가지일 겁니다. 코로나19가 지나면 과거로 돌아갈 수 있겠지 하고 막연히 생각만 해서는 결코 미래를 제대로 준비하지 못할지도 모르겠습니다. 예수님이 오실 때 등불을 준비하지 못한 다섯 처녀가 아닌 등불을 준비한 다섯 처녀가 될 수 있으면 좋겠습니다. 기름을 준비하고 안 하고의 차이는 미래를 생각하고 안 하고의 차이와 같다 할 수 있습니다.

그러나 그러한 준비를 시지프가 무조건 돌을 정상으로 굴리며 올라가는 '성실함'으로 간주해서도 아니 될 것입니다. 정상에 올라간 돌은 또 밑으로 떨어집니다. 떨어진 돌을 굴리러 다시 밑으로 걸어가면서 '다시 올리면 되지' 하는 자위적 다짐과 열심은 바람직하지 못할 것입니다.[1]

코로나19로 인해 모든 것이 위기입니다. 이런 때 앞장서서 이 위기를 헤쳐 갈 등불을 준비하는 사람이 필요합니다. 가만히 있어서는 아니 될 것입니다. 소위 예언자적 첨병이 필요합니다. 앞장서 돌파구를 만들어 가는 그런 인물, 그런 단체, 그런 교회가 필요합니다.

그런 첨병, 어디 없는지요?

그런 인물은 비전을 보고 대안을 만드는 이들일 겁니다. 그런 인물은 시대 밖에서 오는 것이 아니라 이 시대에서 나오지 싶습니다. 그런 첨병은 일상의 삶 가운데서도 만날 수 있는 이들일 겁니다. 역사를 고민하고 시대를 분석하고 앞으로의 미래를 예측할 수 있는 인물, 즉 예언자적 영성을 지닌 인물, 니체가 말하는 '초인'(Übermensch) 같은 인물이 첨병이 될 것입니다.

물론 모든 역사를 이끌어 가시는 분은 삼위일체 하나님이시기에 하나님이 역사를 바른길로 인도하실 것입니다. 그렇지만 하나님은 동역자를 필요로 하십니다.

코로나19 이후 산책하는 길 바로 옆 어느 집 앞마당에 조약돌로 꾸며진 메시지가 등장했습니다. 두 주에 한 번 정도 메시지가 바뀌던데 누가 그 메시지를 쓰는지 궁금했습니다. 어느 날 보니 고등학교 여학생이 글씨를 만들고 있더군요. 이런 메시지였습니다.

---

1   카뮈, 『시지프 신화』, 182, 185.

희망하며 살아남으십시오(Keep Hope and Alive),
우리는 바이러스보다 강합니다(We are stronger than a virus),
당신은 견고한 바위입니다(You Rock),
증오를 이기는 사랑(Love over Hate),
하나의 세계, 하나의 사랑(One World One love),
다른 사람에게 힘을 북돋을 때 우리도 기운이 솟습니다(We rise by lifting others).

코로나 이전에는 보지 못하던 장면이었습니다.

그 학생은 무엇을 말하고 싶었을까요?

그 학생도 세상에 자기 마음을 말하고 싶었을 것이고 힘이 되는 메시지를 보내고 싶었을 겁니다. "희망하며 살아남으십시오"는 어떤 일이 있어도 희망을 붙잡고 살아남을 수 있기를 명령하는 것 같습니다. "우리는 바이러스보다 강합니다"는 코로나19가 아무리 기승을 부리더라도 우리가 이길 것이라는 확신을 보여 주는 말입니다. 전 세계적으로 많은 사람이 죽었지만, 특히 미국에서 상당한 수의 사람이 죽었지만, 우리는 강하기에 이길 것이라는 의미겠지요.

"당신은 견고한 바위입니다"는 흔들리지 말라고 호소하는 것 같습니다. "증오를 이기는 사랑"과 "하나의 세계, 하나의 사랑"은 아무리 세상에 증오가 강하다 해도 사랑이 증오를 이기며, 하나의 같은 세계에 살고 있으니 하나 되는 사랑으로 서로 사랑하자는 의미일 겁니다. "다른 사람에게 힘을 북돋을 때 우리도 기운이 솟습니다"는 여러 가지 사정으로 지쳐 힘들어하는 이들에게 용기를 줄 때 모두가 힘낼 수 있다는 의미일 겁니다.

서로가 서로에게 메시지를 전하되 그 메시지가 서로에게 힘을 주고 용기를 주고 소망을 주는 그런 메시지가 되면 좋겠습니다. 우리 그리스도인이, 교회가 이 역할을 정말로 잘 감당했으면 합니다.

그러기 위해 살아 있는 신앙을 가져야 할 것입니다. 우리에게 필요한 것은 진정한 '회심'입니다. 마음을 돌리는 것이지요. 입이 두 개인 것이 '회'(回)의 뜻입니다. 그러나 진정한 회심은 입, 즉 말을 돌이키는 것뿐만 아니라 삶을 돌이키는 것이겠지요. 전 존재를 걸면서 말입니다.

하나님이 이사야를 통해 이스라엘 백성에게 말씀하십니다.

> 너희는 각기 악한 길에서 돌이키며 너희의 길과 행위를 아름답게 하라 (렘 18:11).

"아름답게 하라"가 NIV에서는 'reform', 즉 '개혁하라'로 번역되어 있습니다. 형태를 바꾸고 돌이키는 것이 개혁의 의미입니다. 그것도 나쁜 길, 잘못된 길에서 말이죠. 그렇게 개혁하면 그것이 또한 아름다움일 겁니다. 코로나19 이후 말만으로는 우리의 신앙과 교회를 회복할 수 없습니다. 시대의 변화를 읽고 개혁교회 모토처럼 우리 스스로 개혁해야 합니다. 그러면 우리도 코로나19 이후에 시와 아름다움을 노래할 수 있을 겁니다.

코로나19로 온 세상이 혼란스러운 가운데 2020년 8월 4일 레바논 수도 베이루트에서 마치 핵폭탄을 연상케 하는 대규모 폭발이 있었습니다. 이 폭발로 100여 명이 죽고 4천 명 정도가 부상했습니다. 그 수는 증가하고 있습니다. 세상이 어떻게 될지 걱정되는 2021년입니다.

이런 때에 교회가 된다는 것이 무엇을 의미할까요?

교회만 유지하면 교회가 되는 건가요?

교회가 공적 영역에 관심을 두어야 하며 목소리 또한 낼 수 있어야 합니다. 그런데 교회가 교회에만 관심이 있는 것 같습니다.

어떻게 교회를 회복할 것인가, 어떻게 성도를 다시금 교회로 나오게 할 것인가에만 관심이 있는 것 같습니다. 교회가 세상의 아픔을 외면하고, 시대적 사유에 무능하고, 세상에 무관심하다면, 그만큼 세상도 교회의 아픔을 외면하고 교회에 무관심할 것입니다.

베이루트에서 폭발이 있은 다음 날 어느 부서진 집 안에서 <천부여 의지 없어서> 찬송가 피아노 연주가 들립니다. 다른 가족들이 청소하는 가운데 할머니 한 분이 마스크를 쓰신 채 연주하십니다.[2] 그 연주를 들으면서 아픔 속에서도 노래할 수 있으며, 고통 속에서 찬양할 수 있으며, 눈물 속에서도 우리는 시 한 편 노래할 수 있구나, 하는 생각을 해 봅니다.

살다 보면 가뭇없이 사라지는 것들이 참 많습니다. 한때는 분명하고, 확연하고, 명약관화하며, 영원할 것 같던 것들도 어느새 손가락 사이로 물이 빠져나가듯 사라진 것들이 많습니다. 그런데 때로는 가뭇없이 사라진 것조차 모르고 살아갈 때도 있습니다.

그렇다면 잊지 말아야 할 것은 무엇일까요?

코로나19 이후 모든 것이 사라지더라도 사라져서는 아니 될 것이 분명있을 것 같습니다. 그것은 바로 하나님에 대한 믿음일 겁니다.

만일 우리 존재의 근거인 하나님을 믿는 믿음마저 가뭇없이 우리의 일상에서 사라진다면, 그 삶이야말로 얼마나 허망하겠습니까?

어쩔 수 없이 잊어야 할 것들도 있지만 삼위일체 하나님만큼은 그리고 하나님의 가없는 사랑만큼은 잊어서는 아니 될 것입니다.

코로나19가 우리를 전방위적으로 압박한다 해도 믿음만큼은 잃지 않기를 소망합니다. 바울의 고백으로 다시금 마음을 잡아 보았으면 합니다.

> 우리가 사방으로 욱여쌈을 당하여도 싸이지 아니하며 답답한 일을 당하여도 낙심하지 아니하며 박해를 받아도 버린 바 되지 아니하며 거꾸러뜨림을 당하여도 망하지 아니하고 우리가 항상 예수의 죽음을 몸에 짊어짐은 예수의 생명이 또한 우리 몸에 나타나게 하려 함이라(고후 4:8-10).

---

[2] https://www.instagram.com/p/CDhFKNJJhhY/?utm_source=ig_web_copy_link

아멘!
예수님의 생명을 우리 몸에 지닌 채 코로나 일상 속 소망의 씨앗 하나 품으며 살 수 있기를 바랍니다.

CLC 도서 안내

마가복음 읽기: 일상과 신앙
박동식 지음 | 신국판 | 364면

일상의 신앙에 무지한 한국교회 그리스도인을 위한 박동식 목사의 마가복음 메시지. 저자는 '일상'이라는 키워드로 마가복음을 다시 읽어 냈다. 다방면의 독서와 일상생활에서 가져온 예화는 마가복음이 얼마나 우리의 일상과 가까운 책인지 깨닫게 할 뿐만 아니라, 마가복음의 말씀이 어떻게 우리의 일상에 적용될 수 있는지를 보여 준다.